职业本科金融学系列精品教材

丛书主编 肖凌 等

金融学基础

王江波 主编

厦门大学出版社
XIAMEN UNIVERSITY PRESS
国家一级出版社
全国百佳图书出版单位

图书在版编目(CIP)数据

金融学基础 / 王江波主编. -- 厦门 ：厦门大学出版社，2023.11

职业本科金融学系列精品教材 / 肖凌等主编

ISBN 978-7-5615-9166-6

Ⅰ. ①金… Ⅱ. ①王… Ⅲ. ①金融学-高等学校-教材 Ⅳ. ①F830

中国版本图书馆CIP数据核字(2023)第207488号

出版人 郑文礼
责任编辑 潘 瑛
美术编辑 李夏凌
技术编辑 朱 楷

出版发行 厦门大学出版社
社 址 厦门市软件园二期望海路 39 号
邮政编码 361008
总 机 0592-2181111 0592-2181406(传真)
营销中心 0592-2184458 0592-2181365
网 址 http://www.xmupress.com
邮 箱 xmup@xmupress.com
印 刷 厦门市竞成印刷有限公司

开本 787 mm×1 092 mm 1/16
印张 19
字数 370 千字
版次 2023 年 11 月第 1 版
印次 2023 年 11 月第 1 次印刷
定价 58.00 元

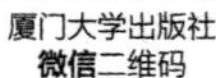
厦门大学出版社
微信二维码

厦门大学出版社
微博二维码

前言 FOREWORD

金融是国家重要的核心竞争力，推动金融业高质量发展是实现中国式现代化的重要经济基础。以习近平新时代中国特色社会主义思想为指导，坚持正确办学方向，坚持立德树人，遵循教育办学规律，对职业教育工作提出了更高要求。为适应当前金融发展新业态及数字化转型变革对金融人才培养提出的新要求，契合当前职业教育本科层次办学的新需求，笔者对传统《金融学基础》教材的内容和形式进行迭代更新，精心编写了本教材。

金融学基础是经济管理类专业的入门基础课程，旨在帮助学生系统掌握金融学的基础理论框架和知识体系，培养分析金融现象、解决金融问题的能力。本教材遵循与时俱进的编写理念，注重融入党的二十大精神，弘扬中国特色的金融改革与实践成果。教材内容紧跟技术变革与产业发展前沿，以当前金融业高质量发展对技术技能型金融人才培养的新要求为指引，以“学生学习与发展成效”为核心，进一步凸显职业教育的办学类型定位。

本教材具有如下鲜明特色：

一是坚持立德树人，深化课程思政。教材坚持立德树人，德技并修，弘扬和培育社会主义核心价值观，推动思想政治教育与技术技能培养融合统一，推进习近平新时代中国特色社会主义思想、“党的领导”相关内容进教材。教材在内容、案例、实训项目等方面更加凸显时代底色，注重讲好中国金融故事，厚植人文素养，着力培养拥有“四个自信”的时代新人。

二是坚持理实融通，深化产教融合。教材设计贯彻理实一体化设计理念，注重理论教学与实践训练相融通，增强教学目标的适应性、教材内容的先进性和学习成效的达成度。教材以金融专业人才培养为基本遵循原则，以“货币—信用—金融机构—金融市场—货币理论—通货膨胀与通货紧缩—宏观调控—国际金融—金融监管”为逻辑主线，在内容编排上及时更新新技术、新规范和典型案例，有机融入职业岗位、技能大赛及职业等级证书新元素，瞄准产业岗位需求，对接职业标准和工作过程，强化教材对人才培养及课程目标的支撑度。

三是坚持数字转型，深化教材改革。数字化教材被视为撬动课堂教学改革及教育改革的重要支点，是教育数字化转型的重要抓手。为契合这一趋势，本教材配备了丰富的数字化资源，通过二维码有机链接微课、动画、视频、知识图谱、习题等相关拓展资源，以生动形象的方式满足学生不受时空限制的个性化、智能化和定制化学习需求，赋能学习成效提升。

本教材由深圳职业技术大学王江波担任主编，并完成总撰定稿。深圳职业技术大学郑永森、廖祺、李长生等参与了编写工作。特别感谢厦门大学出版社的编辑们给予的宝贵意见和建议，她们为教材出版做出了大量细致而艰苦的努力。

由于编者水平有限，书中疏漏在所难免，恳请广大专家和读者批评指正，便于后续改进。

编　者

2023年9月1日

目录 CONTENTS

CONTENTS

第一章　货币与货币制度

学习目标

知识目标

1. 了解货币的产生及其形态演变；
2. 掌握货币的定义与职能；
3. 理解货币制度的构成及其演变；
4. 熟悉中国货币制度的变迁历史。

能力目标

1. 能追踪并分析数字货币的发展趋势及其影响；
2. 能识别货币在经济运行中的不同职能；
3. 会运用货币制度的演变规律解释货币现象；
4. 会分析我国不同历史时期的货币制度特点。

素养目标

1. 深化对数字货币潜在风险的认识，建立风险意识；
2. 自觉维护人民币制度，培养爱国情怀，增强使命担当；
3. 传承中国货币文化，培养民族自豪感，坚定文化自信。

知识图谱

货币与货币制度
货币的产生与发展
Z1.货币的产生
Z2.货币形态的演变
J1.能追踪并分析数字货币的发展趋势及其影响
货币的本质与职能
Z1.货币的本质
Z2.货币的职能
J1.能识别货币在经济运行中的不同职能
货币制度及其演变
Z1.货币制度及其构成要素
Z2.货币制度的演变
J1.会运用货币制度的演变规律解释货币现象
我国货币制度的变迁历史
Z1.我国货币制度的变迁历史
J1.会分析我国不同历史时期的货币制度特点
R1.钱币里的中国主题调研报告
R2.数字货币调研报告
S1.深化对数字货币潜在风险的认识，建立风险意识
S2.自觉维护人民币制度，培养爱国情怀，增强使命担当
S3.传承中国货币文化，培养民族自豪感，坚定文化自信
知识点
技能点
思政点
学习成果

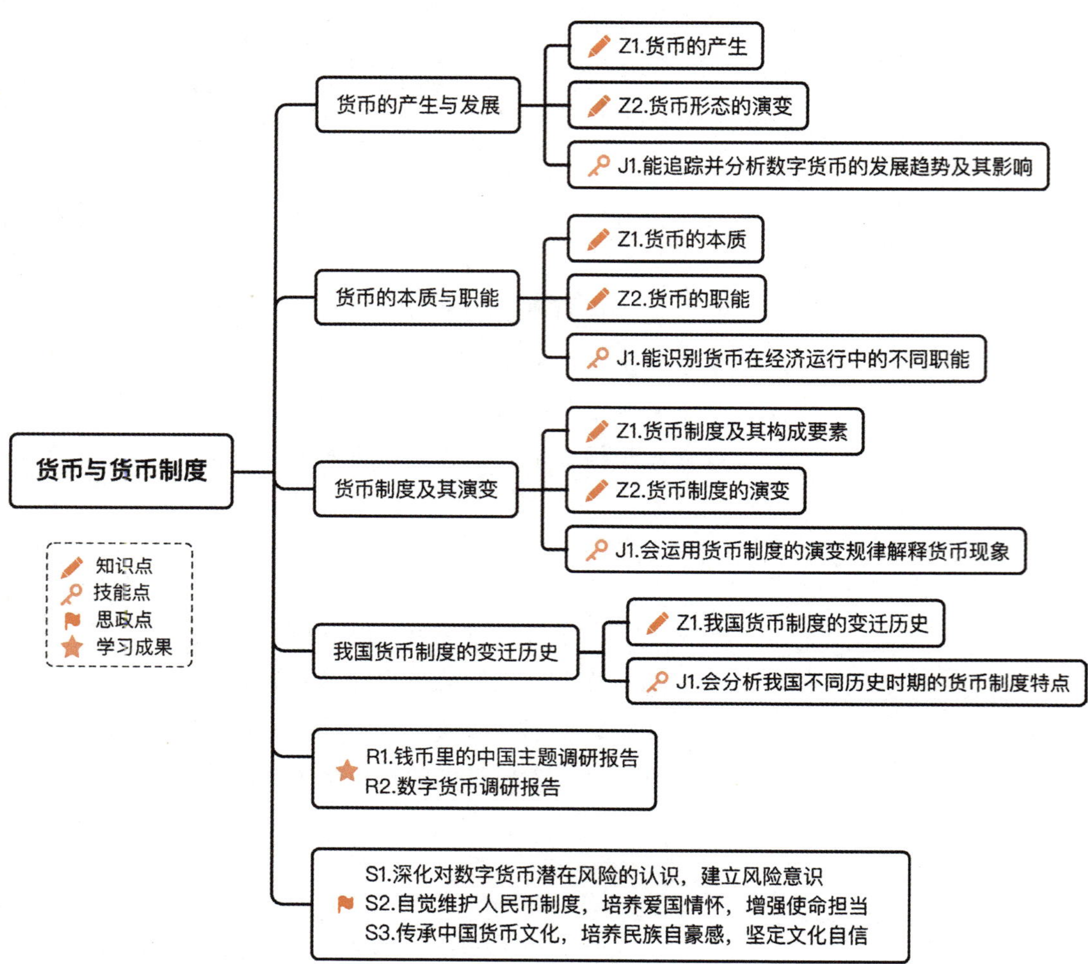

引导案例

从纸质交子到数字货币的文明传承

货币形态的演变与人类社会文明的发展息息相关。公元1023年，北宋政府在成都设益州交子务，并“置抄纸院，以革伪造之弊”，严格交子印制过程。这便是我国最早由政府正式发行的纸币——“官交子”。早期的交子是一种存款凭证，在政府背书下代替金属货币流通，推动了商品经济的繁荣发展。交子是人类社会最早的信用货币试验，是中国货币文化的结晶。一千年之后，数字货币的出现正改变着传统货币的金融生态，也将变革未来经济的发展模式。中国在数字货币的技术研发、试点应用、制度保障等方面已走在世界前列，将再次引领货币金融领域的创新变革。

货币作为金融最基本的构成要素，是理解金融问题的关键。那么，货币是什么？货币是怎么产生的？货币最终会消亡吗？通过本章学习，我们将理解并掌握货币的产生与发展、货币的本质与职能、货币制度及其演变，了解并探究中国货币制度的变迁历史。

第一节　货币的产生与发展

一、货币的产生

回溯人类社会的发展历程，起初并无货币存在。到了原始社会后期，由于社会生产力的发展，生产者在满足自身需求后产生了剩余产品，于是原始部落之间便出现了最初的物物交换需求。随着生产的发展以及社会分工的出现，交换逐渐演变为高频次的社会行为，交换的数量与范围日益扩大。物物交换的前提条件是交换的物品对双方都有使用价值且价值等量，同时还要具备时间和需求的双重巧合性。要解决这种供求关系的矛盾性，客观上需要一种能被普遍接受的商品来充当交换媒介，即一般等价物。于是物物交换的直接交换就转变为以一般等价物为媒介的间接交换。

微课1–1：货币的产生与发展

人类社会早期充当一般等价物的商品并不固定，贝壳、粮食、布匹、牲畜、象牙、可可豆等都曾被使用。经过漫长的岁月演变，当某种商品被固定充当一般等价物时，货币的形式便固化了下来。在整个世界范围内，金属货币逐渐占据了主导地位。可见，货币是人类社会长期演化发展的产物。

二、货币形态的演变

货币形态，也称货币形式，即用什么材料充当货币。几千年来，出现了贝壳、牲畜、黄金、白银等形形色色的货币形式，货币的形态也呈现出从低级到高级、从具象化到抽象化的演化特征，先后演变出实物货币、金属货币、代用货币、信用货币、电子货币和数字货币等六种货币形态。

（一）实物货币

实物货币是人类历史上最古老的货币。实物货币又称商品货币，是指以自然界存在的或加工生产的某种物品来充当货币。在人类社会早期，牲畜、贝壳、布匹等都曾作为实物货币使用。我国在夏商和西周时期曾使用贝壳作为货币，非洲和印度等地曾以象牙作为货币，欧洲早期以牛、羊作为货币，美洲曾以烟草和可可豆等充当货币。

实物货币与原始社会落后的生产方式相适应，存在一些明显的缺点，如体积大、价值小，不易分割，不便携带，不适合作为价值标准和价值贮藏手段。随着商品生产流通速度加快和范围不断扩大，实物货币逐步被金属货币取代。

战俘营里的货币[①]

二战期间，在纳粹的战俘集中营里流通着一种特殊的实物货币——香烟。当时的红十字会设法向战俘营提供各种人道主义物品，如食物、衣服和香烟等。由于数量有限，这些物品只能以平均主义的原则在战俘之间分配，而无法顾及每个战俘的特定偏好。于是战俘们根据自己的偏好进行物品交换。

为使交换能顺利进行，需要有一种物品来充当交易媒介，即特殊的货币。在战俘营中，究竟哪种物品适合做交易媒介呢？许多战俘营不约而同地选择了香烟。战俘们用香烟来进行计价和交易，如 1 根香肠值 10 根香烟，1 件衬衣值 80 根香烟等，替别人洗 1 件衣服则可换得 2 根香烟。有了这样一种交易媒介后，战俘之间的交换就方便多了。

---

① 易纲，吴有昌. 货币银行学[M]. 上海：格致出版社，上海人民出版社，2014：26.

思考讨论：

1. 香烟为什么会成为战俘营中流通的货币？
2. 结合实物货币，谈谈你对货币本质的理解。

（二）金属货币

金属货币是指以金属作为币材的货币。随着金属矿藏的发现，以及开采和冶炼技术的发展，金属逐渐成为充当币材的最佳选择。金属具有如下优点：质地均匀，易于分割保管，价值较高，耐腐蚀，且便于携带。

金属货币经历了由贱金属到贵金属，由称量货币到铸币，由私人铸币到国家铸币的演变过程。铸造货币的金属最初以铜等贱金属为主，如中国商朝的铜贝。贱金属与初步发展起来的商品经济是相适应的，但后来存在货币与生产生活争夺原材料的问题，且由于价值量较低，不太适合大宗交易。于是币材由铜等贱金属逐步向金和银等贵金属过渡。金属货币每次交易时要称其重量并估其成色，如英镑的"镑"、五铢钱的"铢"都属于重量单位，从中可以看出称量货币的痕迹。随着商人阶层的出现，一些信誉好的商人在货币金属块上打上印记，标明其重量和成色进行流通，于是出现了早期的私人铸币。当商品交换突破了区域和市场的范围时，金属货币的重量和成色也要求更高权威的认证，于是国家开始管理货币，出现了由政府印记证明，统一铸造成一定形状，且具有规定重量和成色的国家铸币。

（三）代用货币

代用货币是指在贵金属货币流通下，代替金属货币流通的货币符号。由于金属货币在大宗交易时，存在携带、分割等诸多不便，货币供给也会受到贵金属产量的限制，于是作为其替代物的代用货币出现了。代用货币通常是纸质的，能够和金属货币进行自由兑换。代用货币具有如下优点：便于保管、携带和运送，节省了黄金、白银等币材的使用，降低了运送成本与风险。

由于代用货币的发行量受贵金属准备的限制，难以满足经济社会的发展需要，因此，代用货币的发行也逐步由完全的贵金属准备过渡到部分的贵金属准备，直至最后的发行完全不准备贵金属。因此，以银行券为代表的代用货币经历了两个发展阶段，即可兑换阶段和不可兑换阶段，前者属于代用货币阶段，而后者本质上属于信用货币阶段。

（四）信用货币

信用货币是以信用作为保证，通过信用渠道发行和流通的货币。信用货币是代用货币进一步发展的产物，本质上是一种货币符号，完全依靠银行信用与政府信用而流通。

信用货币是货币发展史的重大飞跃。信用货币具有以下特征：完全脱离了与贵金属的联系，不能兑换成贵金属，其发行不再需要进行贵金属准备。信用货币的主要形态是纸币，由货币当局垄断货币发行权，并强制流通。

信用货币发行完全摆脱了贵金属准备的限制，只受到商品经济发展规模和市场规模的限制。政府可以通过货币政策来控制和管理信用货币的发行流通，使之成为实现国家宏观经济目标的重要手段。但政府如果不加以控制，放任滥发货币，则会因货币超发而导致通货膨胀，使民众对政府和货币丧失信心，引发经济社会的一系列问题。

（五）电子货币

在科技迅速发展的今天，货币的形态逐渐向虚拟化的方向发展，出现了电子货币。根据巴塞尔银行监管委员会的定义，电子货币是指在零售支付机制中，通过销售终端、不同的电子设备之间以及在公开网络上执行支付的“储值”和预付支付机制。电子货币通常利用电子支付系统，如银行借记卡、贷记卡、电子钱包、电子支票等进行交易和支付活动，在系统内部自动实现货币的转移。电子货币具有使用简便、安全、迅速、可靠等优点，推动了无现金社会的到来。

电子货币交易通常采取第三方支付模式。第三方支付是指具备一定实力和信誉保障的独立机构，通过与银联或网联对接而促成交易双方进行交易的网络支付模式。目前国内的第三方支付工具主要有支付宝、微信支付、云闪付、银联商务、银联在线等。

（六）数字货币

数字货币是一种基于数字技术的货币形式，也被称为加密货币或虚拟货币，通过区块链技术进行管理和交易。数字货币的出现给人类经济社会发展带来了新的挑战和机遇。根据发行主体不同，数字货币可分为法定数字货币（中央银行数字货币、数字账户等）与非法定数字货币（私人或机构数字货币等）。这里主要介绍我国的法定数字货币，即数字人民币。

拓展阅读 1–1：我国数字人民币的发展

数字人民币是中国人民银行（央行）发行的一种全新的数字化支付货币，以政府信用作为背书，具有无限法偿性。数字人民币具有如下特征：

1. 数字人民币是央行发行的法定货币。数字人民币具备货币的价值尺度、交易媒介、价值贮藏等基本功能，与实物人民币一样是法定货币。数字人民币的发行、流通管理机制与实物人民币一致，但以数字形式实现价值转移。

2. 数字人民币采取中心化管理、双层运营。数字人民币发行权属于国家，央行在数字人民币运营体系中处于中心地位，负责向作为指定运营机构的商业银行发行数字人民币并进行全生命周期管理，指定运营机构及相关商业机构负责向社会公众提供数字人民币兑换和流通服务。

3. 数字人民币主要定位于现金类支付凭证（M_0），将与实物人民币长期并存。数字人民币与实物人民币都是央行对公众的负债，具有同等法律地位和经济价值。数字人民币将与实物人民币并行发行，央行会对二者共同统计、协同分析、统筹管理。

4. 数字人民币是一种零售型数字货币，主要用于满足国内零售支付需求，进一步提高零售支付系统效能，降低全社会零售支付成本。

5. 在数字化零售支付体系中，数字人民币和指定运营机构的电子账户资金具有通用性，共同构成现金类支付工具。

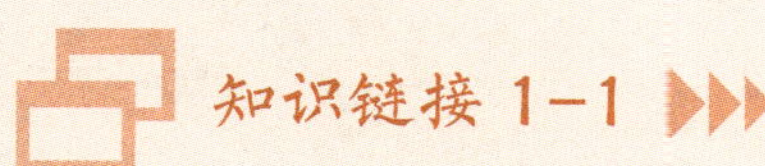

中国人民银行等部门印发《关于进一步防范和处置虚拟货币交易炒作风险的通知》

2021 年 9 月，中国人民银行等部门印发《关于进一步防范和处置虚拟货币交易炒作风险的通知》，明确指出比特币、以太币等虚拟货币非货币当局发行，均不具有与法定货币等同的法律地位，不能作为货币在市场上流通。虚拟货币兑换、作为中央对手方买卖虚拟货币、为虚拟货币交易提供撮合服务、代币发行融资以及虚拟货币衍生品交易等虚拟货币相关业务全部属于非法金融活动，一律严格禁止，坚决依法取缔；境外虚拟货币交易所通过互联网向我国境内居民提供服务同样属于非法金融活动。

（一）虚拟货币不具有与法定货币等同的法律地位。比特币、以太币、泰达币等虚拟货币具有非货币当局发行、使用加密技术及分布式账户或类似技术、以数字化形式存在等主要特点，不具有法偿性，不应且不能作为货币在市场上流通使用。

（二）虚拟货币相关业务活动属于非法金融活动。开展法定货币与虚拟货币兑换业务、虚拟货币之间的兑换业务、作为中央对手方买卖虚拟货币、为虚拟货币交易提供信息中介和定价服务、代币发行融资以及虚拟货币衍生品交易等虚拟货币相关业务活动涉嫌非法发售代币票券、擅自公开发行证券、非法经营期货业务、非法集资等非法金融活动，一律严格禁止，坚决依法取缔。对于开展相关非法金融活动构成犯罪的，依法追究刑事责任。

（三）境外虚拟货币交易所通过互联网向我国境内居民提供服务同样属于非法金融活动。对于相关境外虚拟货币交易所的境内工作人员，以及明知或应知其从事虚拟货币相关业务，仍为其提供营销宣传、支付结算、技术支持等服务的法人、非法人组织和自然人，依法追究有关责任。

（四）参与虚拟货币投资交易活动存在法律风险。任何法人、非法人组织和自然人投资虚拟货币及相关衍生品，违背公序良俗的，相关民事法律行为无效，由此引发的损失由其自行承担；涉嫌破坏金融秩序、危害金融安全的，由相关部门依法查处。

资料来源：中国人民银行官方网站。

第二节　货币的本质与职能

一、货币的本质

（一）日常观念中的货币

货币在现代社会扮演着重要角色，人们的吃穿住医行都离不开货币。日常生活中，人们常将货币等同于现金或财富，然而金融学中的货币具有特定的含义。购物时我们询问“需要多少钱”，这里，我们将货币视为用于支付商品或劳务的通货，即现金。但货币的范畴显然比现金更广泛，信用卡、支票与现金一样，都可以用来购买商品或劳务。我们说“某某人很有钱”，这里，我们把货币等同于财富，但财富还包含其他形式的资产，比如股票、房产、汽车等。显然，货币的范畴比财富要窄一些，它仅仅是社会财富的一部分。由此可见，日常观念中的货币与金融学中的货币范畴并不等同。

微课 1–2：货币的本质与职能

（二）金融学中的货币

经济学家基于对货币本质属性的不同认识，也给出了不同的定义。

1. 从一般等价物的角度来定义货币

马克思把货币的本质界定为从商品中分离出来的、固定地充当一般等价物的特殊商品，并能反映一定的社会生产关系。

（1）货币是商品。随着商品交换由早期的简单价值形式逐步演变成扩大的复杂价值形式，再到后来的一般价值形式（即某一商品成为一般等价物，用来与所有商品进行交换），产生了一般等价物的客观需求。经过长期探索，人们发现金银等贵金属最适宜充当一般等价物，并固定下来。正如马克思的论断“金银天然不是货币，但货币天然是金银”。金银所具有的特殊自然属性，使它们天然的最适宜于充当货币。因此，货币首先具有商品的属性。

（2）货币是固定地充当一般等价物的特殊商品。货币的特殊性体现在：首先，货币是价值的一般代表和衡量尺度。一切商品的价值都要用货币来表现和衡量，只有交换到货币，生产劳动才能为社会所承认。货币作为一般交换媒介，具有和一切商品相交换的能力，在商品交换中起到媒介作用。普通商品只能满足人们某一特定的需要，而不能与一切商品相交换。

（3）货币体现一定的社会生产关系。马克思指出，货币代表着一种社会生产关系，却又采取了具有一定属性的自然物的形式。货币作为一般等价物反映了商品生产者之间的交换关系，体现了不同商品生产者通过等价交换的形式来实现他们之间的社会联系。

2. 从货币的职能角度来定义货币

从货币职能的角度来定义货币的主要有货币金属论和货币名目论。

（1）货币金属论，又称金属主义的货币论，主要从货币的价值尺度、贮藏手段等职能出发来界定货币本质，将贵金属等同于货币，认为货币是一种商品，必须具有金属内容和实质价值，货币的价值是由其内在的金属价值所决定。

（2）货币名目论，主要从交易媒介、支付手段等职能来界定货币本质，否认货币的商品性和货币的实质价值，认为重要的不在于货币的金属内容，而在于它们的票面价格，货币只是由国家规定的符号，只在名目上存在。

基于货币的职能角度，马歇尔认为货币是在一定时间或地点购买商品或劳务时，或支付开支时能毫不迟疑地为人们所普遍接受的东西。凯恩斯认为货币是具有一般购买力的、能被用来结清债务合同的价格的东西。弗里德曼认为货币是“购买力的暂栖所”，货币具有为一般人所能接受的交易媒介的职能。

综上所述，马克思揭示了货币的本质属性，即货币是从商品中分离出来的、固定地充当一般等价物的特殊商品，并能反映一定的社会生产关系。从广义上理解，货币是指在商品和劳务支付中或债务清偿中被社会普遍接受的，充当一般等价物的东西。

二、货币的职能

货币的职能是指货币具有的功能及其在经济社会中发挥的作用。货币的职能主要包括价值尺度、交易媒介、支付手段、贮藏手段、世界货币五项。

（一）价值尺度

价值尺度是指货币能以自身的价值来衡量其他商品的价值大小，这是货币最重要、最基本的职能。正如衡量长度的尺子本身有长度，称东西的砝码本身有重量一样，衡量商品价值的货币本身也具有价值。在商品交换过程中，货币成为一般等价物，可以表现任何商品的价值，商品价值的大小就表现为货币的多少。

货币在执行价值尺度职能时，只需要观念上的货币即可。比如，一件衣服标价 100 元，这里的标价执行的是货币的价值尺度职能，将商品的价值以货币化的方式予以呈现。每个国家的货币名称不同，我国采用人民币作为货币的名称，货币单位是元。

货币执行价值尺度职能时要通过价格标准这个中间环节完成，具体体现是价格。价格是商品价值量的货币表现，它主要受商品价值量、货币价值量和货币数量三个因素的影响。

（二）交易媒介

交易媒介是指货币在商品与劳务交换中充当交换的媒介。在商品交换过程中，商品出卖者把商品转化为货币，然后再用货币去购买其他商品。在商品经济下，专业化分工越来越细，人们只生产一种商品而又需要其他多种商品，于是交换成为必然。在货币出现以前，商品交换是直接的物物交换，但由于以物易物的交换往往受到时间和需求双重巧合的限制，因此需要一种能够被交易双方普遍接受的特殊商品来专门充当交易媒介，货币的出现降低了交易的搜寻成本，丰富了交易形式，提高了交易效率。

货币执行交易媒介的职能，首先必须是现实的货币，体现“一手交钱，一手交货”。其次，可以是不足值的货币或货币符号。人们只关心货币能否换回自己所需要的东西，而货币形态以及货币是否足值并不重要。因此，使用贱金属铸币或者发行货币符号的纸币，使得执行交易媒介职能的货币逐渐脱离了贵金属准备的必要性。

货币在执行交易媒介时，商品交换分离成买和卖两个独立的环节。买卖行为的分离，推动了商品经济的发展，但同时商品买和卖的脱节，可能会出现商品生产的无序状态，导致供求失衡和生产相对过剩，从而产生潜在经济危机的可能性。

（三）贮藏手段

贮藏手段是指货币退出流通领域充当社会财富的一般代表而储存起来的职能。货币能够执行贮藏手段的职能，是因为它作为一般等价物，自身具有价值，可以用来购买一切商品。

货币具有贮藏手段的职能，可以自发地调节货币流通量，起到蓄水池的作用。当市场上商品流通收缩，流通中货币过多时，一部分货币就会退出流通界而被贮藏起来；反之，当市场上商品流通扩大，对货币的需要量增加时，有一部分处于贮藏状态的货币，又会重新进入流通。

传统的观点认为只有现实的、足值的货币，人们才愿意贮藏。关于纸币能否具备贮藏价值的问题，关键在于其所代表的购买力是否保持稳定。可见，即使纸币能执行贮藏手段的职能，也是有条件并且是不稳定的。随着经济的发展，持有货币并非唯一的价值贮藏手段。人们可以通过持有票据、股票、债券、不动产等资产来贮藏价值。人们倾向于持有现金和存款，部分原因在于现金和存款具有较强的流动性，可以直接实现购买力，而其他资产往往需要先转换成为货币才能兑现购买力。

（四）支付手段

支付手段是指货币作为独立的价值形式进行单方面运动（如清偿债务、预收货款、支付工资等）时所执行的职能。货币作为支付手段是适应商品生产和商品交换的发展需要而产生的。

当商品和劳务交易的发生与货币的对等支付同时发生时，货币发挥交易媒介职能。当商品和劳务交易的发生与货币的对等支付存在时间上的分离时，货币发挥了支付手段的职能。以上便是货币执行交易媒介与支付手段职能之间的主要区别。

货币作为支付手段进一步扩大了商品经济的矛盾。在赊买赊卖的情况下，买卖双方的关系已经不再是简单的买卖关系，而是成为一种债权债务关系。随着参与交易者之间形成了复杂的债务链条，产生了债务危机的可能性。

（五）世界货币

世界货币是指货币在世界市场上作为一般等价物被各国普遍接受的职能。世界货币除作为价值尺度之外，还是国际支付手段、购买手段和财富转移手段。例如，作为购买手段完成国际贸易往来，作为支付手段平衡国际收支差额，作为国际财富转移的手段支付战争赔款、输出货币资本等。

拓展阅读 1–2：2022 年人民币国际化报告

早期的世界货币是足值的金银，脱离了铸币的地域性。为了适应世界市场的流通，各个国家必须贮藏一定量的金银作为准备金。当前，随着金本位制和布雷顿森林体系的相继解体，以及黄金的非货币化，一些具有国际影响力的大国货币成为全球普遍接受的硬通货，履行了世界货币的职能，比如，人民币、美元、英镑、欧元、日元。

第三节 货币制度及其演变

一、货币制度及其构成要素

货币制度是一个国家以法律形式确定的货币流通的结构、体系和组织形式，简称“币制”。换句话说，是国家为了适应经济社会发展的需要，而对货币的发行与流通所制定的一系列法律或法令。

货币制度包含以下构成要素：规定货币材料，规定货币单位，规定货币的铸造、发行和流通程序，规定货币法定支付偿还能力，规定货币发行准备制度。

（一）规定货币材料

规定货币材料是指确定用何种材料作为货币，由此形成不同的货币制度。比如，以黄金作为法定币材的货币制度，就是金本位制度。以白银作为法定币材的货币制度，就是银本位制度。按照币材标准，人类历史上曾出现过金属货币制度和信用货币制度两种主要的类型。如图1–1所示。

微课1–3：货币制度及其构成要素

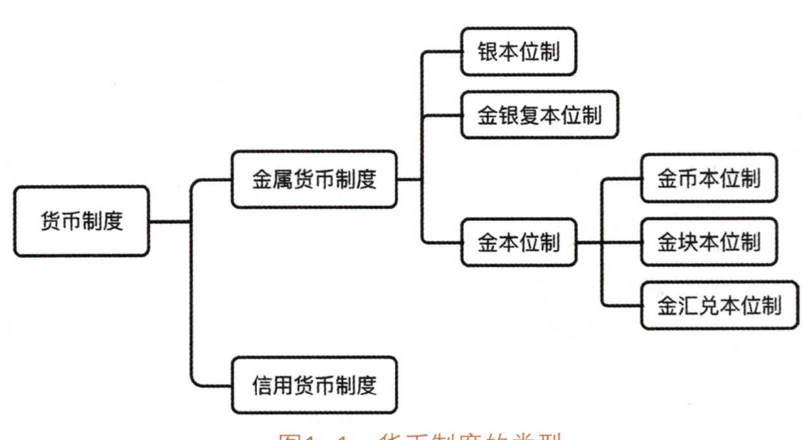

图1–1 货币制度的类型

（二）规定货币单位

货币单位是货币本身的计量单位，包括规定货币单位的名称和价值量。

大多数国家的货币单位名称就是货币名称，比如美国的货币单位名称与货币名称都是“美元”，英国的货币单位名称与货币名称都是“英镑”

等。中国情况特殊，货币名称是“人民币”，货币单位名称是“元”，国内习惯用“RMB”简写表示“人民币”，而人民币在国际贸易中的规范货币符号为“CNY”。

在金属货币制度下，货币单位的价值量是每个货币单位所包含的金属重量和成色。比如英国于1816年颁布的《金本位制度法案》规定货币单位为“英镑”，每英镑含纯金7.97克。中国北洋政府1914年颁布的《国币条例》规定：货币单位为“元”，1元含纯银23.977克。在现代信用货币制度下，货币的发行不再以金银等贵金属作为准备，确定货币单位的价值量则依据本国货币与外国货币的比率，即汇率。

（三）规定货币的铸造、发行和流通程序

本位币也称主币，是国家法律规定的标准货币，是一国流通中的基本通货。金属货币制度下，本位币由国家按照相关法律铸造成一定形状、重量和成色的“铸币”并打上印记。本位币多以贵金属为币材，属于足值通货，即法定含金量与实际含金量相等，可由国家铸造或自由铸造。自由铸造是指公民可以把金属材料送到国家的铸币厂请求铸成本位币。辅币是本位币单位以下的小面额货币，主要用于小额交易和找零。比如，人民币的单位为元，人民币辅币单位为角、分。辅币多用贱金属铸造，是非足值通货，由国家垄断铸造。在信用货币制度下，贵金属铸币退出流通，本位币和辅币制度得以保留下来。

（四）规定货币法定支付偿还能力

货币的法定支付偿还能力分为无限法偿和有限法偿。无限法偿是指法律规定不论用于何种支付，每次支付的数额不受限制，任何人都不得拒绝接受。有限法偿是指法律规定在一次支付中的最高限额，若超过限额，对方可以拒绝接受。在金属货币制度下，本位币具有无限法偿能力，辅币具有有限法偿能力。信用货币制度下，纸币具有无限法偿能力。《中华人民共和国中国人民银行法》第十六条规定，中华人民共和国的法定货币是人民币。以人民币支付中华人民共和国境内的一切公共的和私人的债务，任何单位和个人不得拒收。

（五）规定货币发行准备制度

货币发行准备制度是为约束货币发行规模维护货币信用而制定的，要求货币发行者在发行货币时必须以某种金属或资产作为发行准备。准备制度是一国货币发行的物质基础。在金属货币制度下，货币发行以法律规定的贵金属作为发行准备。在信用货币制度下，各国货币发行准备制度的内容并不一致，但一般包括黄金、外汇等。

外汇是指下列以外币表示的可以用作国际清偿的支付手段和资产：外币现钞，包括纸币、铸币；外币支付凭证或者支付工具，包括票据、银行存款凭证、银行卡等；外币有价证券，包括债券、股票等；特别提款权和其他外汇资产。

二、货币制度的演变

以币材作为划分依据，货币制度的演进主要经历了金属货币制度和信用货币制度两个阶段。其中金属货币制度包括银本位制、金银复本位制、金本位制。

（一）银本位制

微课 1-4：货币制度的演变历史

银本位制是指以白银作为币材的货币制度，它是最早的货币制度之一。银本位制具有如下特征：

1. 以白银作为本位币币材，具有无限法偿能力；
2. 本位币的法定价值与所含白银的实际价值相等；
3. 本位币可以自由铸造和熔化。

银本位制于 16—19 世纪在世界许多国家盛行。银本位制度存在一定的缺陷，一是白银的价值相对较小，二是白银价值不稳定。由于白银储藏量丰富，随着白银的开采技术的提高，世界白银产量激增，导致银价大幅跌落，白银价值不断降低。为了稳定经济社会的发展，各个国家逐渐放弃了银本位制。

（二）金银复本位制

金银复本位制是指以黄金、白银作为币材，规定两种本位币同时流通使用的货币制度。随着哥伦布发现美洲大陆，墨西哥、秘鲁的银矿及巴西的金矿的开采，使得大量的金银流入欧洲，商品交易中对黄金和白银的需求增加，客观上促进了金银复本位制的建立。16—18 世纪，欧洲国家纷纷建立金银复本位制。

金银复本位制具有如下特征：以黄金、白银作为本位币币材，均具有无限法偿能力。两种本位币都可以自由铸造和熔化。

金银复本位制随着时间的演变，先后出现三种不同的形式。

1. 平行本位制

平行本位制下金币与银币按照其实际价值进行流通，国家对两种本位币的兑换比价不加限制，即兑换比价由金币与银币的市场价格来决定。由于金银的市价不断变化，两种本位币的兑换比价也在不断变化，由此导致商品的双重价格变动频繁。这就使得货币价值尺度职能的发挥受到影响，对商品价值的衡量缺乏统一的标准。因此，平行本位制是一种不稳定的货币制度。

2. 双本位制

双本位制的出现是为了纠正平行本位制导致的币值不稳定问题，金币与银币之间的兑换比价以法律形式予以规定。在双本位制下，黄金与白银的法定比价往往与市场的真实比价发生背离，就会产生“劣币驱逐良币”现象。这一现象最早由英国财政大臣托马斯·格雷欣发现，被称为“格雷欣法则”。当实际价值不同而名义价值相同的两种货币同时流通时，实际价值较高的货币（即良币）会被人们收藏而退出流通；而实际价值较低的货币（即劣币）则会充斥市场进行流通，将良币逐出市场。因此，双本位制也是一种不稳定的货币制度。

3. 跛行本位制

跛行本位制的出现主要是由于 19 世纪 70 年代世界银价暴跌引起的。为了维持银本位货币的地位和金银之间的法定比价，法国和美国决定停止银币的自由铸造，由双本位制改为跛行本位制。跛行本位制下，金币和银币均为本位币，仍然按法定比价流通和兑换，都具有无限法偿能力，但只有金币可以自由铸造，银币则不能自由铸造。由于限制银币自由铸造，其本位币的地位大打折扣，使得银币成为金币的附属货币。在这种货币制度下，两种货币的地位不平等，所以叫跛行本位制。由于货币具有的排他性、独占性，不容许金、银同时执行价值尺度的职能，因此，跛行本位制是由金银复本位制向金本位制转化的一种过渡性货币制度。

（三）金本位制

金本位制是以黄金作为币材的货币制度。1816 年，英国颁布《金本位制度法案》，首先过渡到金本位制，到 19 世纪后期，主要的资本主义国家已普遍采用金本位制。在金本位制下，每单位的货币价值等同于若干重量的黄金（即货币含金量），各国货币之间的汇率由它们各自的含金量之比——金平价来决定。金本位制先后出现过三种形态：金币本位制、金块本位制和金汇兑本位制。

1. 金币本位制

金币本位制是最早、最典型的金本位制。金币本位制下，金币可以由黄金自由铸造和自由熔化，并具有无限法偿能力。限制其他铸币的铸造和偿付能力，但可以自由兑换金币。黄金在各国之间可以自由地输出输入，保证世界市场的统一和外汇市场的相对稳定。

金币本位制是一种相对稳定的货币制度，主要体现在以下两方面：一是实行金币本位制不容易造成通货膨胀。由于金币可以自由铸造，金币数量与商品流通需要的金币数量可以保持一致。当金币数量超过流通中需要的货币数量时，金币就会退出流通，被储藏或熔化成金块；而当金币数量不足时，被储藏的金币会自动进入流通或由金块重新铸造成金币。由于货币的数量能自发地适应商品流通所需要的货币量，所以货币不会贬值，不容易出现通货膨胀。二是实行金本位制可以保持汇率相对稳定。在实行金本位制的国家，货币之间的汇率由金平价决定，因此各国汇率相对稳定，不容易出现汇率的大幅波动，有利于国际贸易的开展。

金本位制对资本主义经济和国际贸易的发展曾起到巨大的推动作用，但黄金数量的增加受生产和非货币用途等客观因素限制，不能满足日益增长的货币需求。特别是第一次世界大战的爆发以及各国经济发展不平衡，削弱了金币本位制的基础。各国纷纷停止金币流通、自由兑换和黄金的自由输入输出，战后也未能恢复金币流通，最终逐步放弃金币本位制，转向金块本位制和金汇兑本位制。

2. 金块本位制

金块本位制又称生金本位制，是指国内不铸造、不流通金币，由中央银行发行以金块为准备并规定一定含金量的银行券（或纸币）来进行流通的货币制度。1922 年，在意大利热那亚城召开的世界货币会议上决定采用“节约黄金”的原则，实行金块本位制和金汇兑本位制。1925—1928 年期间，英国、法国、比利时和荷兰曾经使用过金块本位制度。

在金块本位制下，金币的铸造和流通以及黄金的自由输出、输入已被禁止，银行券不能自由兑换黄金，只能按一定条件向发行银行兑换成金块。中央银行保持一定数量的黄金储备，以维持黄金与货币之间的联系。黄金已不可能发挥自动调节货币供求和稳定汇率的作用，从而使金块本位制失去了稳定的基础。因此，金块本位制度实际上是一种残缺不全的金本位制度。

3. 金汇兑本位制

金汇兑本位制又称虚金本位制，是指国内不再铸造和使用金币，只流通银行券，银行券同另一实行金币本位制或金块本位制的国家货币保持固定比价，该国货币只能兑换成此种外汇而不能兑换成黄金的货币制度。

在金汇兑本位制度下，国家虽规定了货币的含金量，但流通中的货币是不能与黄金保持兑换的银行券，黄金已不能发挥自发地调节货币流通的作用，从而削弱了货币制度的稳定性。此外，实行金汇兑本位制度的国家，由于其货币依附于一些大国货币，其货币政策及其对外贸易等也会受到依附国的影响与控制。

1922 年热那亚会议之后，欧洲国家的货币纷纷通过间接挂钩的形式实行了金汇兑本位制。1925 年，国际金汇兑本位制正式建立起来。1945 年二战结束前夕，布雷顿森林体系建立，规定各国货币与美元挂钩、美元与黄金挂钩，确立了以美元为中心的国际货币体系，这一体系本质上也是一种金汇兑本位制。

（四）信用货币制度

信用货币制度也叫纸币本位制，是指以纸币或银行券作为本位币，且货币不规定含金量，也不能兑换为黄金的货币制度。信用货币制度是当今世界各国普遍实行的货币制度。信用货币制度具有如下特征：

1. 信用货币一般由一国的中央银行通过信用渠道发行，并由国家赋予其无限法偿能力。

2. 信用货币不规定含金量，也不能兑换成黄金，信用货币的发行不以黄金作为准备。

3. 信用货币通过银行信用渠道进入流通领域，货币供应量通过银行信用来调节，当银行信用扩张时，货币供应量增加，当银行信用紧缩时，货币供应量减少。

4. 信用货币是一种管理货币制度，即国家可以通过各种金融政策调节社会中的货币供应量，保持货币和汇率的稳定。

信用货币制度取代金本位制是货币制度史上的一次巨大飞跃，它突破了币材的限制，适应了商品经济的发展，并大大节约了社会流通费用。但这种制度也存在一定的缺陷，由于其发行准备不需要贵金属作为保证，完全借助银行信用投入流通领域，容易引起通货膨胀或通货紧缩，给经济带来损害。因此，政府对货币供应量进行控制，加强对银行信用的调节和管理显得尤为重要。

第四节　我国货币制度的变迁历史

我国的货币起源最早可追溯到公元前三千年左右的夏商时期。作为中华文明标识的一部分，我国的货币制度先后经历了由自然货币到人工货币、由杂乱多样到规制统一、由地方铸造到中央铸造、由文书重量到通宝元宝、由金属货币到纸质交子等多次重大演变。不同历史时期的货币制度，呈现出独特的风貌，展现了我国悠久璀璨的货币文化。

微课 1–5：我国货币制度的变迁历史

一、夏商时期的货币制度

从古代文字结构看，凡是同货币、钱有关的字，大都偏旁从“贝”，如货、财、贷、贫等。可见中国文字形成的早期，“贝”已经与货币相关。据出土文物考证，夏商时期以海贝作为货币。比如，河南安阳殷墟“妇好”墓出土海贝有七千枚之多，表明海贝的数量显示了货币财富的多少。骨贝、石贝等人工仿制贝的出现，表明当时贝币的需求量很大，才以仿制贝来代替。这一时期货币不以重量为计算单位。商朝的货币计算单位是“朋”，即五个贝币串在一起为一串，两串即为一朋。在出土的商朝戍鼎中，考古发掘有铭文“王商（赏）戍嗣子贝廿朋”。

图1–2　商朝的货贝[①]

二、周朝时期的货币制度

西周的主要流通货币依然是贝币，直到中后期随着青铜冶炼技术的发展，开始出现青铜贝币，这是中国最早出现的金属货币，贝币逐步退出了历史舞台。西周贝币的计算单位依然是“朋”，这个单位早在商代已经使用。西周周孝王统治时期，出现以重量为货币计算的单位“寽”，一“寽”大概是十二铢（即半两）。这种计算方式的出现，为东周青铜铸币的计量奠定了基础。东周的春秋战国阶段，铜贝逐渐被各诸侯国的铸币所取代，开始出现模仿生产工具的金属铸币，并形成布币、刀货、圜钱、蚁鼻钱四大货币体系。布币主要有空首布、平首布等铲状货币。刀币主要有针首刀、尖首刀、明刀、齐刀和圆首刀等各种刀形货币。圜钱是圆形货币的总称，包括圆孔圜钱和方孔圜钱两种。蚁鼻钱是战国时期楚国的铜币，因其形象得名，形状为凸面椭圆形，似海贝。

① 注：本节所展示实物均收藏于中国国家博物馆或中国钱币博物馆，图片来自其官方网站，下同。图中货贝高19～27毫米，宽13～19毫米，厚10～12毫米。

东周　平肩空首布
（重18.8克，长65毫米，宽35毫米）

西周　圜钱
（重4克，直径27毫米）

东周楚　仿贝铜币（蚁鼻钱）
（长18.5毫米，宽1.15毫米，重2.8克）

图1–3　周朝时期的货币

三、秦汉魏晋南北朝时期的货币制度

秦一统天下后，对货币做出统一规定。规定以黄金为上币，以镒（20两）为单位，以圆形方孔铜钱为下币，以半两为单位。形制就是人们所熟悉的“方孔圆钱”，钱文“半两”与实重相符，所以称为“半两钱”。秦朝的半两钱是世界上最早的法定货币之一。自此以后，方孔圆钱成为中国货币的主要形制一直沿用两千多年，标志着货币形状由杂乱多样到形制统一。

汉朝继续沿用秦朝的半两形制，铸造汉朝的半两钱，而且初期对于货币的发行和铸造没有进行统一的规定，铸造质量较为低下。

公元前 118 年，汉武帝铸造发行五铢钱。因钱上有“五铢”二篆字，故名五铢钱。枚重五铢，形制规整，重量标准，铸造精良。五铢钱改变了汉初的货币混乱局面，有利于中央集权统治和经济发展。从汉武帝起，历西汉，新莽，东汉，魏、晋、南北朝到隋唐，直至唐高祖武德四年（公元 621 年），五铢钱才被开元通宝所取代。五铢钱是我国历史上铸造数量最多、历时最长的货币。据出土文物考证和史料记载，五铢钱也是汉代丝绸之路中的主要流通货币。

公元前 113 年，汉武帝下令禁止郡国铸钱，设立专门的货币管理和铸造发行机构，将铸币大权收归中央，标志着由地方铸币向中央铸币的一次重大演变。

秦半两
（重10克，直径33.7毫米）

西汉五铢
（重4.3克，直径26.2毫米）

图1–4　秦汉魏晋南北朝时期的货币

四、隋唐时期的货币制度

公元581年，隋文帝杨坚下令统一货币，推行五铢，于是出现了“隋五铢”。唐朝初期继续沿用隋五铢，唐高祖李渊于公元621年废除旧钱，铸造发行“开元通宝”，寓意“开辟新纪元”。

“开元通宝”一反秦汉旧制，钱文不书重量。此后，铜钱不再用钱文标重量，均以通宝、元宝相称，标志着我国古代货币由文书重量向通宝、元宝的重大演变。“开元通宝”开创十进位制，每枚重二铢四为一文钱，积十文钱重一两，即十钱一两“以钱代铢”。唐以“文”计数，以钱两为重量单位的宝文钱体系，一直沿用到辛亥革命后的“民国通宝”。

隋五铢
（重2.6克，直径23毫米）

开元通宝大钱
（重17.7克，直径43.1毫米）

图1–5　隋唐时期的货币

五、宋金元时期的货币制度

宋朝时期，由于铸钱的铜料紧缺，除发行铜钱外，政府在一些地区铸造铁钱。据《宋史》记载，当时四川地区所铸铁钱一贯就重达二十五斤八两，买一匹罗（丝织品）要付一百三十斤重的铁钱。由于铁钱笨重不便于流通，于是交子便应运而生。最初的交子实际上是一种存款凭证。存款人把现金交付给“交子铺户”，铺户把存款数额填写在用楮纸制作的纸卷上，再交还存款人，并收取一定保管费。这种临时填写存款金额的楮纸券便谓之“交子”。公元 1023 年，政府设益州交子务，至此“交子”的发行正式取得了政府认可。交子是我国古代货币史上最早的信用货币试验，也是世界上最早的纸币。

金建国之初，使用宋、辽钱币。公元 1154 年，金印制纸币，称为交钞。在燕京设有交钞库，负责交钞的印制、兑换、管理等事物。“会子”是南宋高宗绍兴三十年（1160 年）由政府官办、户部发行的官方货币，也称“便钱会子”（即汇票、支票）。元代上承宋、金的币制，将交子与交钞发扬光大，虽曾铸行过少量铜钱，但货币主要流通纸币。元代的纸币也称为交钞，元世祖中统元年（公元 1260 年），建立统一的纸币制度，并发行“中统元宝交钞”即“中统钞”。

南宋行在会子库青铜钞版

金代贞祐交钞壹拾贯铜钞版

元中统元宝交钞

图1-6　宋金元时期的货币

六、明清时期的货币制度

明朝初期实行铜钱与纸钞并行的货币制度。明太祖朱元璋从铸造发行“洪武通宝”开始，先后 5 次停止，又 3 次恢复铸造铜钱，目的是推行纸币。公元 1374 年，明朝发行纸币“大明宝钞”，开启以纸币为主，铜钱为辅的货币体系，禁止黄金、白银作为货币流通。“大明宝钞”发展至正德年间，已严重贬值，购买力下降并最终被淘汰。公元 1457 年，明朝废除禁用白银法令。由于明朝后期经海上贸易流入大量白银，彻底解决长期困扰明朝的白银短缺问题，于是白银成为法定货币。

清承明制，铜钱和白银两种货币同时进行流通，实行“银铜复本位制”，也曾先后在顺治、咸丰和光绪年间短暂发行过纸币。铜钱由官府铸造，形式、重量、成分、文字都有定制，又叫“制钱”。清朝每个皇帝都有铸着自己年号的铜钱流通于世。白银以称量货币的形式流通，银两的重量、成色决定着货币价值的大小，不同地方具有不同的熔铸形式、成色与重量。铜钱和白银均具有同等合法性，但使用范围有所不同。一般而言，国库收入、官员俸禄、兵饷、商人大笔交易，多使用白银，民间零星买卖多用铜钱。

公元 1887 年，清廷特许两广总督张之洞在广东开始以接近的重量、成色正式铸造新式银圆（毫银）。公元 1889 年，广东地方当局正式设立银圆局，用机器大量铸造银圆。因银圆上有蟠龙像，因此被称为“龙洋”。清末机制货币的出现，是我国古代货币史上由手工铸造向机制铸造转型的重大工艺改进，而“宣统通宝”是我国封建社会最后一个王朝铸造的最后一种方孔圆钱。从秦始皇统一六国铸造“半两钱”到“宣统通宝”结束，方孔圆钱经历了两千多年的漫长岁月，成为世界铸币史上的一个奇迹。

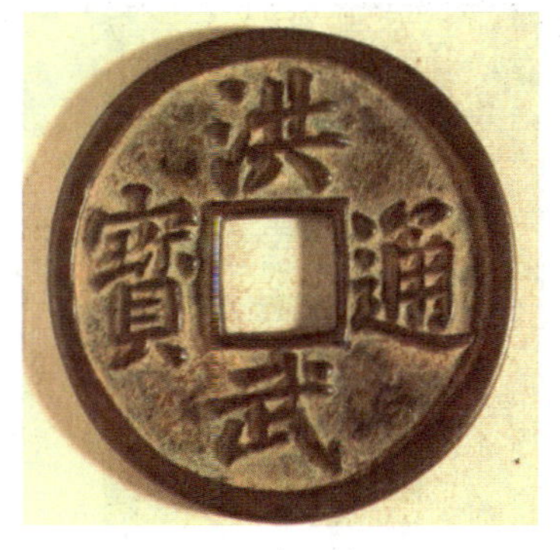

明洪武通宝
（重23.8克，直径45.7毫米）

大明通行宝钞（壹贯）
（纵341毫米，横222毫米）

清道光通宝
（重5克，直径24.1毫米）

清宣统通宝
（重3.05克，直径23.43毫米）

光绪元宝库平五钱银币
（重18.6克，直径34.9毫米）

图1-7　明清时期的货币

七、民国时期的货币制度

1912 至 1949 年期间，政府先后发行流通银圆、铜元、纸币等多种货币，货币制度变动频繁，造成经济社会发展的不稳定。

北洋政府时期，政府先于 1914 年 2 月颁布《国币条例》，决定实行银本位制度，以一圆银币作为无限法偿的本位币。根据这一规定，先后由造币总厂及江南造币厂开铸一圆银币，币面镌刻袁世凯头像，俗称“袁头币”或“袁大头”。这种新银币，式样新颖，形制划一，具有标准化的重量、成色与法定重量。如图 1–8 所示。然而，除北洋政府的国家银行和一些商业银行发行钞票外，各地方银行及官银钱号仍与清末一样，皆继续发行各种纸币。特别是辛亥革命爆发后，各省皆以发行纸币作为筹款手段，结果造成纸币滥印滥发的局面，导致恶性通货膨胀，民不聊生。

视频链接 1–1：法币制度改革

（重量26.8克，直径39.2毫米）

图1–8　袁世凯戎装像飞龙纪念币

南京国民政府于 1935 年开始发行法币，放弃银本位制，规定中央银行、中国银行、交通银行所发行的钞票为法币（后增加中国农民银行），并禁止银圆的流通，银圆交由中央银行收兑。同时规定法币汇价为 1 元等于 14.5 便士或 0.2875 美元，可以无限制买卖外汇。本质上法币制度是一种金汇兑本位制度，可以自由兑换外汇。1937 年抗日战争全面爆发，外汇大量外逃，国民政府为防止外汇套购，开始实行外汇管制，废止无限制买卖外汇办法。法币对内既不能兑换银圆，对外又不能自由买卖外汇，成为不可兑现的信用货币。解放战争期间，由于法币急剧贬值，出现恶性通货膨胀，为挽救其财政经济危机，国民政府于 1948 年 8 月再次进行币制改革，规定以金圆券取代法币，以 1∶300 万的比率收兑法币，金圆券每元含纯金 0.22217 克，并强制将黄金、白银和外币兑换为金圆券。金圆券贬值的速度比法币还快，由于滥发造成恶性通货膨胀，致使国民经济陷入崩溃，大量城市中产阶级因此破产，民心大失也成为国民党内战迅速失败的原因之一。

1949 年四五月，南京、上海相继被中国人民解放军解放，人民政府于同年 6 月宣布停止金圆券流通，以金圆券 10 万元兑换人民币 1 元的比率收回后销毁。1949 年 7 月，国民政府宣布停止发行金圆券，改由银圆券取代。银圆券限在广州、重庆、兰州等九个城市流通，但在各地受到不同程度的抵制、拒用和挤兑。随着大陆的全部解放，流通仅四个多月的银圆券被彻底废除。

（长165毫米，宽64毫米）

图1-9 国民政府中央银行壹仟圆

（长150毫米，宽60毫米）

图1-10 国民政府中央银行金圆券壹佰万圆

八、红色革命时期的货币制度

红色金融史是中国共产党领导中国人民进行新民主主义革命斗争的重要组成部分，是中国共产党领导全国人民进行艰苦奋斗、浴血奋战取得革命胜利的一个历史缩影。据统计，从 1926 年 10 月湖南省衡山县柴山洲特别区第一农民银行发行面值壹元的布币开始，到 1948 年 12 月中国人民银行成立的 22 年里，中国共产党领导建立了 404 个货币发行机构，发行过 7 种材质的货币共 514 种。如黄冈县“农民协会信用合作社流通券”、井冈山上井造币厂铸造的墨西哥版“工”字银币等。这些金融机构及其发行的货币，为打破外部封锁、发展经济、改善民生、保障革命战争胜利起到了非常重要的作用，在实现民族独立和人民解放的进程中作出了巨大的贡献。

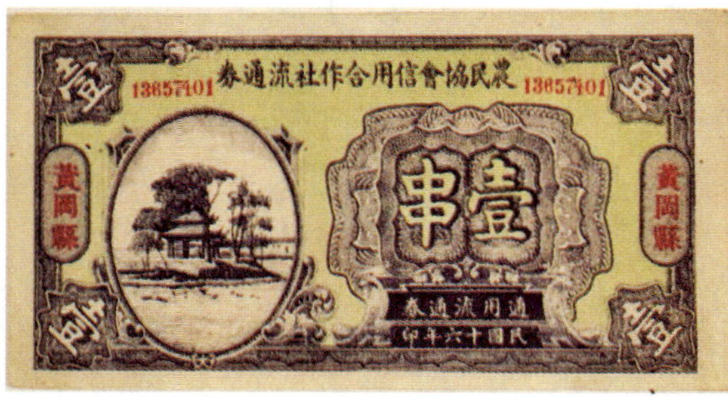

黄冈县农民协会信用合作社流通券壹串（长150毫米，宽77毫米）

中华苏维埃共和国国家银行壹圆纸币
（长118毫米，宽67毫米）

中华苏维埃共和国国家银行贰角纸币
（长98毫米，宽70毫米）

陕甘宁边区银行币50元（1943年）
（长119毫米，宽59毫米）

陕甘宁边区银行币200元（1943年）
（长124毫米，宽62毫米）

图1–11　红色革命时期的货币

九、新中国成立后的货币制度

当前在“一国两制”方针下，我国出现“一国四币”的特殊货币现象，这种现象的形成根源于近代中国半殖民地半封建社会的历史。根据《中华人民共和国香港特别行政区基本法》和《中华人民共和国澳门特别行政区基本法》，港币和澳元分别是香港特别行政区和澳门特别行政区的法定货币，中国人民银行不在两地设立派出机构，而由香港特别行政区和澳门特别行政区政府及其有关机构分别制定和执行其货币政策。新台币是我国台湾地区的通用货币。

人民币作为中华人民共和国的法定货币，由中央人民政府授权中国人民银行管理发行。自 1948 年 12 月 1 日发行第一套人民币以来，目前已发行五套人民币，形成纸币与金属币、普通纪念币与贵金属纪念币等多品种、多系列的货币体系。第一套、第二套和第三套人民币已经退出流通，第四套人民币于 2018 年 5 月 1 日起停止流通（1 角、5 角纸币和 5 角、1 元硬币除外）。目前流通的人民币主要是第五套人民币。第五套人民币发行于 1999 年 10 月 1 日，包括 1 角、5 角、1 元、5 元、10 元、20 元、50 元、100 元八种面额。

拓展阅读 1–3：中华人民共和国人民币管理条例

知识链接 1-2

人民币制度的主要内容

一、人民币是我国的法定货币，具有无限法偿能力。以人民币支付中华人民共和国境内的一切公共的和私人的债务，任何单位和个人不得拒收。

二、人民币是不兑现的信用货币，它不与任何金属挂钩，不规定含金量，也不能自由兑换黄金。

三、人民币的单位为元，人民币辅币单位为角、分。1 元等于 10 角，1 角等于 10 分。人民币依其面额支付。人民币的符号是"¥"，货币代码为"CNY"。

四、人民币由中国人民银行统一印刷、发行。中国人民银行设立人民币发行库，在其分支机构设立分支库。

五、禁止伪造、变造人民币。禁止出售、购买伪造、变造的人民币。禁止运输、持有、使用伪造、变造的人民币。禁止故意毁损人民币。禁止在宣传品、出版物或者其他商品上非法使用人民币图样。

六、任何单位和个人不得印制、发售代币票券，以代替人民币在市场上流通。

七、残缺、污损的人民币，按照中国人民银行的规定兑换，并由中国人民银行负责收回、销毁。

八、中国公民出入境、外国人入出境携带人民币实行限额管理制度，具体限额由中国人民银行规定。

思考与练习

一、单项选择题

1. 人类历史上最早出现的货币是(　　)。

A. 商品货币　　B. 代用货币　　C. 金属货币　　D. 电子货币

2. 货币的本质特征是充当(　　)。

A. 信用货币　　B. 特殊商品　　C. 一般等价物　　D. 普通商品

3. "金银天然不是货币，但货币天然是金银。"这句话的内涵是指(　　)。

A. 货币只能由金银铸造　　B. 金银天然不是货币

C. 金银的属性特征天然最适合充当货币　　D. 金银天然就是货币

4. 货币可以通过价格来衡量商品的价值，这里体现的是(　　)职能。

A. 价值尺度　　B. 贮藏手段　　C. 支付手段　　D. 交换媒介

5. 目前世界上绝大部分国家实行的货币制度是(　　)。

A. 金本位制　　B. 金属货币本位制　　C. 金汇兑本位制　　D. 信用货币制度

6. 产生“劣币驱除良币”现象的货币制度是(　　)。

A. 金银复本位制　B. 金本位制　C. 信用货币制度　D. 银本位制

二、多项选择题

1. 货币演进的形态包括(　　)。

A. 实物货币　B. 金属货币　C. 信用货币　D. 电子货币

E. 数字货币

2. 货币的职能有(　　)。

A. 价值尺度　B. 交易媒介　C. 支付手段　D. 贮藏手段

E. 世界货币

3. 货币发挥支付手段职能的是(　　)。

A. 支付工资　B. 清偿债务　C. 民间借贷　D. 支付租金

E. 标识价格

4. 货币制度的构成要素包括(　　)。

A. 规定货币材料　B. 规定货币单位　C. 规定货币的铸造、发行和流通程序

D. 规定货币法定支付偿还能力　E. 规定货币发行准备制度

5. 货币制度的类型有(　　)。

A. 银本位制　B. 金本位制　C. 金银复本位制

D. 信用货币制度　E. 虚拟货币制度

三、判断题

1. 货币在执行价值尺度职能时，只需要观念上的货币即可。(　　)

2. 信用货币是纸制的货币符号，因而不具有贮藏手段职能。(　　)

3. 比特币是我国法定货币的一种。(　　)

4. 金银复本位制是指以金和银同时作为本位币的货币制度。(　　)

5. 根据“格雷欣法则”，实际价值高于名义价值的货币被称为“劣币”。(　　)

6. 本位币在商品流通和债务偿还中不具有无限法偿能力。(　　)

7. 人民币属于不兑现的信用货币。(　　)

8. 数字人民币是我国央行发行的法定货币。(　　)

9. 布雷顿森林体系是一种变相的金汇兑本位制。(　　)

10. 港币在我国大陆具有无限法偿能力。(　　)

四、简答题

1. 简述货币的本质和职能。

2. 简述货币形态的演变。

3. 简述信用货币制度的主要特征。

五、实训题

实训项目一：钱币里的中国

1. 实训目标

探索我国货币产生和发展的历史，加深对货币本质属性的认识，探寻货币制度演变的内在规律，传承好中国货币文化。

2. 实训任务

（1）实地参观货币博物馆，或登录中国钱币博物馆、中国国家博物馆官方网站，熟悉不同历史时期的货币藏品，观看央视《货币》等相关纪录片，以货币为切入点，结合经济社会发展的历史背景，探寻我国货币制度演变的规律；

（2）学生分组协作，完成小组任务；

（3）学生在课堂进行小组任务展示，分享实训项目成果。

3. 实训成果

以“钱币里的中国”为主题，形成一份3000字左右的研究报告。

实训项目二：数字货币调研

1. 实训目标

追踪我国数字货币的发展动态，分析数字货币的发展趋势及其对经济社会的影响，增强金融创新的使命担当。

2. 实训任务

（1）查阅相关书籍或网站，搜集数字货币相关行业研究报告，预测数字货币的未来发展趋势，实地体验并使用数字人民币；

（2）学生分组协作，完成小组任务；

（3）学生在课堂进行小组任务展示，分享实训项目成果。

3. 实训成果

以数字货币调研为主题，形成一份3000字左右的研究报告。

思考与练习参考答案（第一章）

第二章　信用与利息

学习目标

知识目标

1. 了解信用的产生与发展；
2. 理解信用的定义、特征及其形式；
3. 理解利息、利率的定义；
4. 掌握利率的分类及计算方式；
5. 掌握利率水平的决定因素及利率的作用。

能力目标

1. 能识别信用形式，并分析其在经济中的作用；
2. 会进行金融业务的利息计算；
3. 会解读利率政策，并分析利率变动的原因；
4. 能对我国的利率市场化改革进程展开调研。

素养目标

1. 开展征信教育，培养正确的消费观念和风险意识；
2. 关注我国利率市场化改革进程，坚定“四个自信”。

知识图谱

信用与利息
信用概述
Z1.信用的产生与发展
Z2.信用的定义与构成要素
J1.会分析信用在经济中的作用
信用形式
Z1.信用的形式及特点
J1.能识别常见的信用形式
利息与利率
Z1.利息与利率的定义
Z2.利率的分类及计算方式
Z3.利率水平的决定因素及利率的作用
J1.会进行金融业务的利息计算
J2.会解读利率政策，并分析利率变动原因
利率体系与我国的利率市场化改革
Z1.利率体系的构成
Z2.我国利率市场化的进程
J1.能追踪并把握我国的利率市场化的发展趋势
R1.利率市场化调研报告
S1.开展征信教育，培养正确的消费观念和风险意识
S2.关注我国利率市场化改革进程，坚定“四个自信”
知识点
技能点
思政点
学习成果

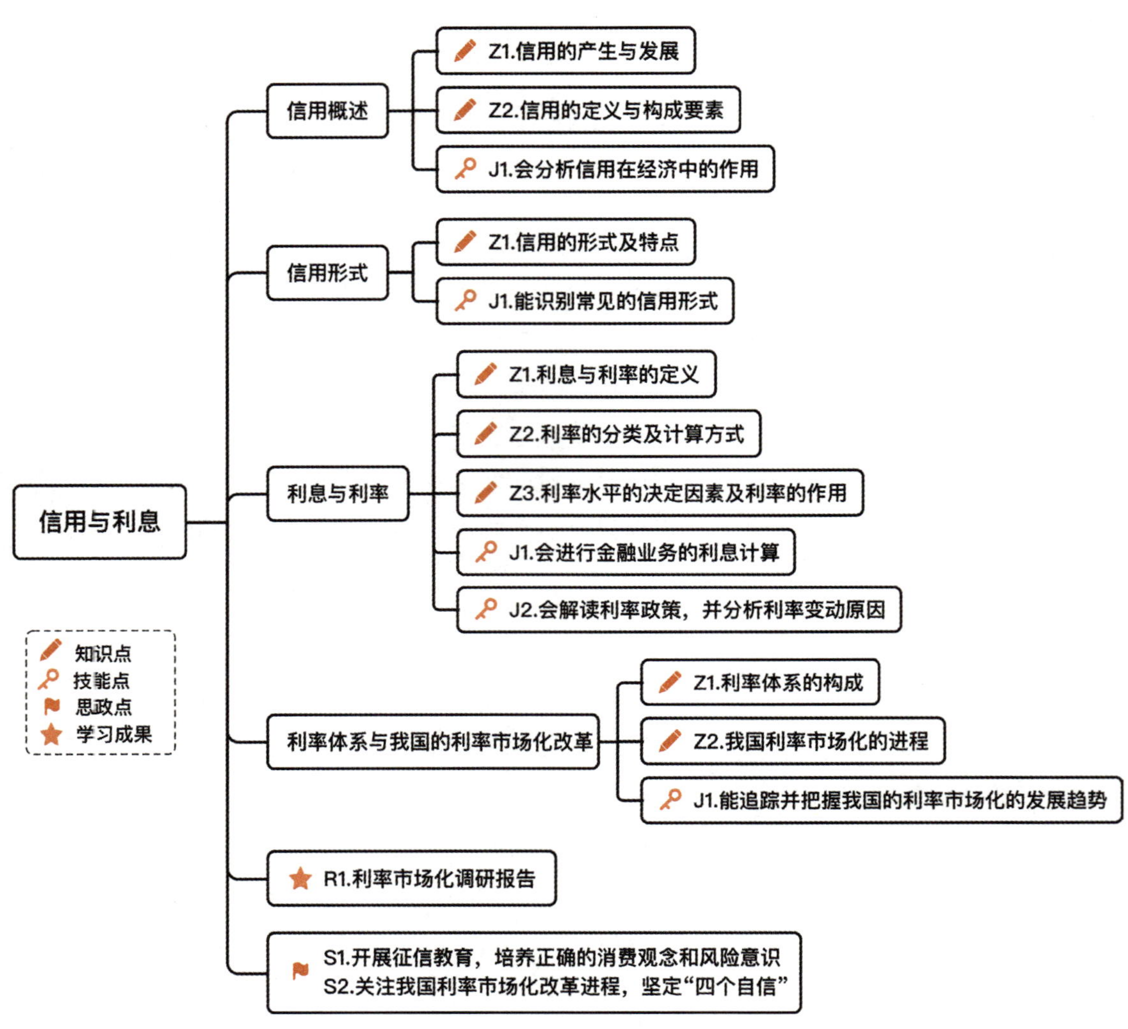

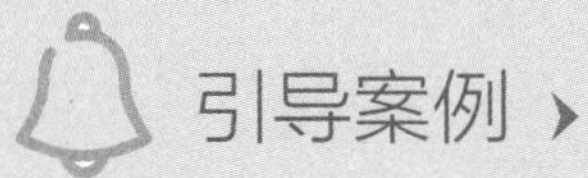

美国为何一再突破上限疯狂举债？

自二战结束以来，美国国会已 103 次调整债务上限。据美国财政部数据，美国联邦债务规模已飙升至 2023 年 6 月的 32 万亿美元，占美国国内生产总值（GDP）的比重已超过 120%。GDP 是体现一个国家财富的重要指标，如果把它作为衡量一个国家偿付能力的标准，美国已经严重“资不抵债”。所谓“债务上限”，是美国国会为联邦政府设定的为履行已产生支付义务而举债的最高额度。触及这条“红线”，意味着美国财政部借款授权用尽。这一机制设立于 1917 年，旨在定期检视政府开支状况，但如今已难实现控制债务增长的初衷。

所谓人无信不立，业无信不兴，国无信不强。信用是什么？信用是怎么产生的？信用具体有哪些形式？与之相关的利息如何计算？通过本章学习，我们将进一步了解信用的定义、产生与发展，了解信用的形式及其特征，理解利息、利率的定义，掌握利率的计算、利率水平的决定因素及利率的作用，关注并探究我国利率市场化改革的进程。

第一节　信用概述

一、信用的定义和特征

信用是在私有制和商品交换的基础上，伴随着人类社会的发展自然产生的经济行为。信用是经济运行中的基本要素，由于现在债权债务关系无所不在，已经渗透到现代经济活动的各个方面，所以从某种意义上讲，现代经济也被称为信用经济。

（一）信用的定义

微课 2–1：信用概述

道德范畴中的“信用”一词意为相信、信任、声誉等，如《论语·颜渊》中有“自古皆有死，民无信不立”。而经济学范畴中的“信用”是指经济活动中的借贷行为，是以偿还和付息为条件的单方面的价值转移，是价值运动的特殊形式。信用体现债权债务关系，借贷活动中的双方分别为受信方（即债务人）和授信方（即债权人），而借贷的对象或标的主要以货币为主，也可以是商品等形式。

（二）信用的特征

信用作为价值运动的特殊形式，具有以下几点特征：

1. 信用以偿本付息为前提条件

信用关系的建立以偿还本金和支付利息为前提条件。债权方将货币等标的物的使用权暂时让渡，而债务方在信用关系结束时，则需要归还标的物并给予债权方一定的额外收益，即利息。信用具有一定的收益性，但在某些情形下可以免除利息，例如某些基于亲缘关系的民间信用。而国家支持贫困户发展的精准扶贫贷款一般属于全额贴息贷款。

2. 信用本质上属于债权债务关系

信用是经济关系中的借贷行为，在私有制和商品经济的推动下，基于借贷双方相互信任之上的实物借贷和货币借贷得到迅速发展，借贷行为要求彼此履行相对应的权利和义务。现代经济体系中，以货币为主要标的物的融资活动和信用制度得以建立和发展，债权债务关系已经渗透到经济生活的各个方面。个人、企业、政府的经济活动因借贷行为而普遍存在债权债务关系。

3. 信用是价值运动的特殊形式

在商品交换采取“一手交钱，一手交货”的方式时，卖方卖出商品获得货币，买方支付等价货款取得商品，商品交易实现双向对等的价值运动。而在信用活动中，商品或货币等标的物的使用权从债权方单向转移到债务方，而债务方并没有为此支付等价商品或货币，因此双方没有进行等价交换。直到债务方到期后还本付息，才能结束双方的债权债务关系。

二、信用的构成要素

信用包括信用主体、信用内容、信用客体、信用条件、信用载体五个基本构成要素。

（一）信用主体

信用主体是指信用活动的参与者，主要包括授信方和受信方。信用主体可以是个人、企业、政府、金融中介机构等。授信方和受信方因信用活动的开展而彼此形成一定的债权债务关系。

（二）信用内容

信用内容是指信用主体在信用活动中形成的债权债务关系。在信用活动中，授信方借出资金，属于债权人，享有索取本金并获得利息收益的权利；受信方借入资金，属于债务人，具有偿还本金及支付利息的义务。

（三）信用客体

信用客体也称信用标的，是指信用活动指向的对象。一般情况下，信用客体主要以货币为主要标的物，也可以是实物商品等形式。例如，银行信贷业务的标的物主要以货币的形式呈现，而商业信用中则会出现商品货物的赊购赊销等形式。随着商品经济的发展，货币更多地成为借贷活动的对象。

（四）信用条件

信用条件是指信用活动的时间期限与利率形式。信用是一定时空条件下信用主体之间发生的价值交换行为，信用关系从开始到结束的期限就构成了信用的时间条件。授信方在借出资金时要取得一定的报酬作为补偿，受信方为获得资金必须付出一定的代价，补偿和代价的高低衡量标准就是利率。利率的高低取决于资金的多少、使用期限的长短、风险的大小以及资金的供求状况。

（五）信用载体

信用载体也称信用工具，是记载信用内容、证明债权债务关系的合法证明。金融市场交易中的信用工具也被称为金融工具，金融工具的种类众多，如各种债券、票据、股票等。关于金融工具的相关知识将在金融市场部分详细介绍。

三、信用的产生与发展

（一）信用的产生

信用的产生以私有制和商品交换为前提，其最早产生于原始社会末期，是人类社会商品经济发展到一定阶段的产物。随着原始社会私有制的形成，贫富分化出现，种子、粮食、牲畜等实物借贷形式的信用出现了。后来随着人类社会的演进，实物借贷逐步过渡到货币借贷，先后出现了高利贷信用、借贷资本信用等形态。信用的产生必须具备两个条件：

1. 信用是在商品经济发展的基础上产生的

随着商品的生产交换范围的不断扩大，其生产的过程出现了长短之分，销售的市场也有远近之别，这有时会给商品价值的实现带来一定困难。例如，在商品交易中，买方可能会因暂时的资金困难而无法购买商品；而商品生产者为了尽快实现商品价值，就不能再坚持现金交易，而必须接受赊销，即延期支付，于是商品买卖过程中就出现了借贷行为。因此，信用的产生实现了商品销售与货款支付时间上的分离，适应了社会生产方式的变化，客观上促进了商品的生产与流通。

2. 信用是在货币支付职能存在的条件下产生的

通常情况下，商品买卖采用即期交易，即“一手交钱，一手交货”，卖方卖出商品取得货币，买方支付等价货币取得商品，货币执行流通手段的职能。而当赊销发生产生延期支付时，货币不再执行流通手段职能，而是发挥支付手段职能，这种支付是价值的单方面转移。因此，货币充当支付手段是延期支付产生的前提，也是开展信用活动的基础。

（二）信用的发展

信用的发展经历了由低级向高级不断演进的过程，先后出现高利贷信用与借贷资本信用两种主要形态。

1. 高利贷信用

高利贷信用是以取得高额利息为特征的借贷活动，是最古老的生息资本的形态。高利贷信用最早出现于原始社会末期，主要以实物借贷形式出现。高利贷信用在奴隶社会和封建社会得到广泛发展，同小生产者即自耕农和小手工业者占优势的情况相适应。小生产者经济基础薄弱，遇到天灾人祸无法维持生计时，为了换取必要的生产资料，不得不求助于高利贷。例如，旧中国高利贷十分活跃，出现了“驴打滚”“印子钱”等高利贷形式。此外，一些奴隶主和封建主为了满足奢靡的生活以及政治军事等需要，也会选择求助于高利贷。因此，高利贷信用的发展与当时的社会生产方式相适应。

2. 借贷资本信用

随着资本主义生产方式的建立和社会化大生产的出现，原有的小农经济逐步瓦解，高利贷信用逐渐失去赖以存在的基础。为了加快实现从手工劳动向机器生产的过渡，资本主义银行应运而生，通过降低借贷利率，保证资本所能获得的利润率水平，适应了产业革命对货币资本的需求。如1694年英国成立的英格兰银行将贴现率降低至年利率4.5%～6%，打破了高利贷信用银行的垄断，标志着现代银行制度的建立。资本主义社会的信用主要表现为借贷资本的形态。借贷资本是为了获取剩余价值而暂时贷给职能资本家使用的货币资本，它是生息资本的一种形式。职能资本家借入货币用以扩大生产规模，获取更多的剩余价值，借贷双方共同瓜分剩余价值。目前，信用关系业已成为现代经济中最普遍、最基本的经济关系。信用形态和信用工具呈现出多样化的发展趋势，信用活动的开展越来越依赖银行等金融机构来充当信用中介提供专业服务。

拓展阅读 2–1：2023 年上半年社会融资规模增量与存量统计数据

第二节　信用形式

信用形式是体现信用活动中借贷关系特征的具体方式。信用按照不同的划分标准具有多种划分形式。

根据偿还期限的不同，信用可分为：未预设偿还日期，随时要求兑付的即期信用；偿还期 1 年以内的短期信用；偿还期 1 年以上的中长期信用。

微课 2–2：信用的形式 1

根据有无担保物或抵押物，信用可分为：凭借担保物或抵押物获得授信的担保信用；不需要担保物或抵押物，凭借个人身份、收入等资质即可获得授信的无担保信用。

根据借贷关系中信用主体的不同，信用可分为：商业信用、银行信用、政府信用、消费信用、国际信用和民间信用等。

一、商业信用

（一）商业信用的定义

商业信用是指企业间在商品交易中由于延期付款或预收货款等所提供的信用。商业信用的具体形式包括延期付款、预收货款、商业票据等。

（二）商业信用的特点

1. 商业信用属于直接信用

商业信用与商品的生产流通紧密联系在一起，商业信用中的信用主体即债权人和债务人均为生产或经营商品的企业。以商品赊销为例，信用活动中的授信方是商品的卖方，受信方则是商品的买方，双方以延期付款的方式直接形成债权债务关系。由于这种借贷活动在市场经济中普遍存在，方式灵活，手续简便，无须中介机构介人，因而属于直接信用。

2. 商业信用的对象是商品资本

商业信用是以商品形式提供的信用，借贷的对象是再生产过程中处于出卖阶段的商品资本。以企业之间的商品赊销为例，缺乏购货资本的企业采取赊销的方式，即约定一定期限后归还赊销的货款。此时商品买卖行为结束，但相应货款并未支付，于是交易双方便形成了债权债务关系，转变为实质上的借贷行为。因此，商业信用与企业间的商品经营活动直接关联，提供的是商品资本。

3. 商业信用与经济周期动态一致

经济周期是指经济活动沿着经济发展的总体趋势呈现出的有规律的扩

张和收缩，表现为繁荣、衰退、萧条和复苏的周期性经济波动。由于商业信用与再生产过程中的商品资本紧密关联，因而商业信用的规模与产业的周期性扩张和收缩保持动态一致。在经济繁荣时期，随着生产规模的扩大，商品流通增加，继而对商业信用的需求增加，商业信用的规模随之扩张；而经济萧条时期，企业生产规模萎缩，商品滞销，则对商业信用的需求减少，商业信用的规模随之收缩。

（三）商业信用的局限性

1. 信用规模的局限性

商业信用是企业间买卖商品而产生的信用，是以商品交易为基础的直接信用。商业信用的规模大小受产业资本、企业以及商品数量规模的限制。从微观个体层面看，商业信用受企业资本、商品的数量规模等影响。因此，商业信用不可能摆脱产业资本的限制，也无法满足现代经济超大规模体量的信用需求。

2. 信用方向的局限性

商业信用的对象是商品资本，以商品流通为前提，受商品流转方向的限制。商业信用主要存在于有商品贸易往来的工商企业之间，比如处于产业链的上下游企业之间可以相互提供商业信用。此外，商业信用通常还会受到企业信用资质的影响，比如商业票据通常在有经常往来且具有信任基础的企业之间流通。

3. 信用期限的局限性

企业在向对方提供信用时，受生产和商品流转周期的限制，一般只能提供短期信用。比如，商业汇票的付款期限自出票日起至到期日止，最长付款期限不得超过 6 个月。因此，商业信用只能解决短期资金融通的需要，企业很难通过这种形式取得中长期的信用支持。

二、银行信用

（一）银行信用的定义

银行信用是指银行和其他金融机构以货币形式提供的信用。银行信用的具体形式包括吸收存款、发放贷款、开出银行汇票、支票等。银行信用在现代信用体系中居于核心地位。

（二）银行信用的特点

1. 银行信用属于间接信用

银行等金融机构作为信用主体的一方，通过存款的方式吸收全社会的闲置资金，集中起来再以贷款等方式发放给有资金需求的企业或个人，实现货币资金的配置。在银行信用中，银行等金融机构属于信用活动的中间环节，充当中介角色。从吸收存款筹集资金的角度看，银行是货币资金所有者的债务人。从发放贷款、贷放资金的角度看，银行又是货币资金需求者的债权人。银行等金融机构在借贷活动中提供资金融通服务，从而使得货币资金的所有者与需求者并不发生直接的债权债务关系，因此，银行信用属于间接信用。

2. 银行信用的对象是货币资本

银行信用的借贷对象是从产业资本中游离出来的作为一般购买力和支付手段的货币资本。在银行信用形式下，借贷行为不再与商品交易相关联，从而使得货币资本的投放在规模、方向、期限等方面能够突破商业信用的局限性，可以满足信用主体的多样化需求。比如，商业信用需要借贷双方在规模上取得一致，而银行信用可以聚集小额资金满足对大额货币资本需求。再比如，商业信用需要借贷双方在期限上达成一致，而银行信用则可以将短期可贷资金连接起来满足长期资本需求，长期的可贷资金也可以分解以满足短期的货币需求，从而优化了货币资本的期限配置。

3. 银行信用具有创造信用的功能

货币通过中央银行发行，再通过商业银行的存款创造机制扩大货币供应量。商业银行通过存款业务和贷款业务等信用活动创造存款货币，形成流通中的货币供应量。比如，银行可以通过商业贷款、发行汇票等信用工具来创造信用来满足社会对货币资金的融资需求。关于商业银行的信用创造机制将在货币理论部分进行详细讲解。

（三）银行信用的局限性

与商业信用相比，银行信用在资金规模、投放方向和借贷期限等方面具有一定的优势，因而逐渐在现代经济中占据主导地位。尽管如此，银行信用并不能完全取代商业信用。原因在于商业信用直接服务于产业资本的流转，服务于商品的生产流通领域，而银行信用对受信主体的征信资质要求较高，因此，通常情况下企业还是会尽量选择通过商业信用来解决资金问题。

此外，银行信用的许多业务如票据贴现、票据抵押贷款等，都是在商业信用的基础上发展起来的。目前，银行信用和商业信用呈现出相互交织、相互补充的融合发展趋势，这些共同构成现代信用制度的基础。

三、政府信用

（一）政府信用的定义

政府信用也称国家信用，是指政府作为债务人通过举债的方式来筹措资金的一种信用形式。政府通常采取发行债券等方式来开展信用活动。

（二）政府信用的形式

微课 2-3：
信用的形式 2

1. 按资金来源不同，可分为国内信用和国际信用

国内信用是政府以债务人身份向国内居民、企业、团体等取得的信用，形成政府的内债。国际信用是政府以债务人身份向国外居民、企业、政府、国际金融机构等取得的信用，形成政府的外债。

2. 按信用期限不同，可分为公债券、国库券和地方政府债券

公债券和国库券并无本质区别，主要区别是偿还期不同。公债券的偿还期一般在 1 年以上，国库券的期限在 1 年以下。地方政府债券是由地方政府发行的债券，其目的是满足地方财政的需要，或筹资兴办地方公共事业。地方政府债券与中央政府债券并无本质区别。

（三）政府信用的特点

政府信用具有风险较小、安全性高的特点。由于举债主体是政府，具有较强的偿债能力，又有税收、国有资产等提供可靠的财务基础保障，因而信誉度非常高，被公认为是最安全的投资工具。此外，政府信用的资金必须专款专用，通常是政府为了解决财政收支、重大建设项目、社会公益事业等资金缺口问题而举债，故用途具有专一性。

（四）政府信用的作用

1. 政府信用是调节财政收支不平衡的手段

政府财政收支正好相等是偶然的，财政收支不平衡才是常态。造成财政收支不平衡的原因有很多，包括经济、制度以及人为等多种因素。为了解决这种暂时的收支不平衡，政府往往通过发行短期的国库券来筹集资金予以解决。

2. 政府信用是弥补财政赤字的手段

与增加税收、增发货币相比，发行政府公债本质上是完成企业、居民与政府之间的购买力转移，这种弥补财政赤字的方式不会导致通货膨胀，也不会影响纳税人的积极性，具有自愿性、有偿性、安全性和灵活性等特点。通过发行公债来弥补财政赤字是世界各国政府通行的做法。

拓展阅读 2-2：
深圳市在港发行离岸人民币地方政府债券

3. 政府信用是实施经济调控的工具

中央银行通过公开市场操作买卖有价证券（主要以国债为主），控制和调节市场信用总量，进而影响货币供应量，从而实现宏观经济调控的目的。公开市场操作的有效性是以一定规模的国债以及不同期限国债的合理搭配为前提条件的。因此，政府信用是其实施经济调控的常见工具之一。

四、消费信用

（一）消费信用的定义

消费信用是指工商企业、银行以及其他金融机构以消费品为对象，向消费者提供的信用。消费信用包括赊销、分期付款 、消费贷款等具体形式。

（二）消费信用的形式

消费信用主要有两种类型：一种是工商企业以赊销、分期付款等方式向消费者提供消费品；另一种是银行和其他金融机构向消费者提供消费贷款，用于购买汽车和住房等耐用消费品。消费贷款根据有无抵押物分为抵押信用贷款和无需抵押品的纯信用贷款。

拓展阅读 2–3：读懂个人信用报告

1. 分期付款

分期付款是指工商企业以赊销方式向消费者提供的一种常见信用。消费者按约定比例支付部分首付款，即可取得该消费品的使用权。后续消费者须按赊销合同分期支付余款和利息后方可取得消费品的全部所有权。

2. 消费贷款

消费贷款是指银行及其他金融机构以消费品为标的物向消费者提供的信用。比如住房按揭贷款和汽车贷款就是典型的消费贷款，消费者只需支付首付款，剩余尾款可通过银行发放贷款的方式予以解决。消费贷款通常需要消费者以所购买的消费品作为抵押品。

拓展阅读 2–4：个人信用报告（个人版）展示样本

3. 信用卡

信用卡是指由商业银行或者其他金融机构发行的具有消费支付、信用贷款、转账结算、存取现金等全部功能或者部分功能的电子支付卡。信用卡本质上是由发卡机构、银行和零售商联合起来为消费者提供的一种延期付款的消费信用，它规定一定的使用限额和期限，持卡人可凭卡购买商品或支付劳务服务等。2023 年 3 月 20 日，人民银行发布的《2022 年支付体系运行总体情况》显示，截至 2022 年末，全国共开立信用卡和借贷合一卡 7.98 亿张，人均持有信用卡和借贷合一卡 0.57 张。

（三）消费信用的作用

1. 消费信用能提高居民消费能力，促进经济发展

消费信用帮助尚不具备消费能力的人提前实现了跨期消费，将潜在需求转变为现实需求，提升了消费者的生活质量及其效用总水平。消费信用促进了消费品的生产与销售，有利于新技术的应用、新产品的推销以及产品的更新换代等，扩大了社会消费需求，客观上刺激了经济的发展。

2. 消费信用的过度发展会给经济发展带来负面影响

过度发展消费信用会造成社会消费需求过高，而生产扩张能力有限，会加剧市场供求紧张状况，促使物价上涨，导致通胀压力和虚假繁荣。此外，消费信用要求使用者具备一定的偿还能力和稳定的未来预期收入，消费信用的不当使用会增加消费者的债务负担，给经济发展带来不稳定因素。

五、其他信用形式

（一）国际信用

国际信用也称国际信贷，是指跨国形成的借贷关系或借贷活动。国际信用包括国际银行信用、国际商业信用、国际政府信用、国际金融机构信用等具体形式。此外，国外直接投资也被纳入国际信用的范畴。

国际银行信用是指银行向其他国家借款人提供的信用，比如银行为进出口商提供的出口信贷。国际商业信用是指出口商向其他国家的进口商以商品形式提供的信用，属于商业信用的跨国延伸，比如国际贸易中的赊购赊销、来料加工等。国际政府信用是指一国政府向另一国政府提供的信用，具有对外援助性质。国际金融机构信用是指国际货币基金组织、世界银行、亚洲基础设施投资银行等国际性或区域性的金融机构为其成员员国提供的信用。

（二）民间信用

民间信用是指非金融机构的自然人、企业及其他经济主体之间相互提供的信用。民间信用包括民间借贷、票据贴现融资、企业内部集资等具体形式。

民间信用具有自发性和灵活性的特点，是银行信用、商业信用之外的补充，但由于缺乏规范性，民间借贷利率往往高于同期银行利率，容易发生违约纠纷，具有一定的风险。

第三节　利息与利率

一、利息与利率的定义

信用是还本付息的借贷行为，作为一种资金融通活动，利息的存在是使用借贷资金的报酬或成本。利率是衡量利息高低的尺度，作为一个重要的宏观经济变量，利率对宏观经济发展、资金配置以及人们的经济行为具有重要的导向作用。

（一）利息的定义

利息是指信用活动中使用借贷资金的报酬或代价，体现了资金的时间价值。例如，某厂商从银行贷款 100 万元用于购买新设备，贷款期限为 1 年，期满后该厂商连本带息还款 105 万元，其中多付给银行的 5 万元就是利息。

利息的存在具有普遍性。关于利息的起源，经济学家持有不同观点。有人从节制欲望的角度认为，利息是抑制当前欲望推迟消费换取的报酬；有人则从生产要素的角度认为，利息是暂时放弃货币资金的使用权所获得的机会成本的补偿；也有人从流动性偏好的角度认为，利息是人们放弃货币周转灵活性的报酬。马克思认为，利息本质上是劳动创造的剩余价值的特殊转化形式，属于利润的一部分。

（二）利率的定义

利率又称利息率，是指单位时间内利息额与借贷本金的比率。利率是资金的价格，体现借贷资本的增值程度，也称回报率、收益率等。利率计算公式如下：

$$\text{利率} = \frac{\text{利息}}{\text{本金}} \times 100\%$$

例如，某厂商从银行借入本金 100 万元，期限一年，使用一年后厂商连本带息归还银行 105 万元，则：

$$\text{年利率} = \frac{105 - 100}{100} \times 100\% = 5\%$$

二、利率的种类

（一）官定利率、公定利率与市场利率

官定利率也叫法定利率或官方利率，是指由中央银行或政府金融管理部门确定的利率，它是国家实现宏观调控目标的一种政策手段。

公定利率是指由行业协会或公会按协商的办法确定的利率。公定利率只对参加该协会或公会的金融机构有约束作用。

市场利率是指在金融市场上由借贷双方通过竞争所形成的利率，反映了资金的供求状况。当资金供给大于需求时，利率下降；反之，当资金供给小于需求时，利率上升。

官定利率与市场利率具有密切联系。利率是国家调节经济的重要政策

工具，中央银行通过公布基准利率，进而影响并调节市场利率；而市场利率能够敏锐地反映金融市场上的资金供求状况，为官定利率的制定和调整提供重要的决策依据。

表2–1 平安银行人民币储蓄存款利率调整表（2023年6月12日）

单位：%

期限	基准利率	挂牌利率	期限	基准利率	挂牌利率
（一）活期存款	0.35	0.2	（四）定活两便		
（二）定期存款			三个月	–	0.78
三个月	1.1	1.3	半　年	–	0.93
半　年	1.3	1.55	一　年	–	1.11
一　年	1.50	1.85	（五）通知存款		
二　年	2.1	2.3	一天	0.8	0.450
三　年	2.75	2.5	七天	1.35	1.000
五　年	–	2.55			
（三）零存整取、整存零取、存本取息			备注：单位为年利率%；自2023年06月12日起平安银行调整人民币储蓄存款执行利率		
一　年	1.1	1.25			
三　年	1.3	1.45			

资料来源：平安银行官方网站。

（二）基准利率、一般利率与优惠利率

基准利率是指在整个金融市场上和整个利率体系中处于关键地位，起决定性作用的利率。基准利率带动和影响其他利率，它的变动预示着利率体系的变动趋势，影响人们的预期，具有重要的告示作用。政府一般将中央银行的再贴现率或银行同业拆借利率视为基准利率。

一般利率是指银行等金融机构对客户采用的正常利率。优惠利率则是指银行等金融机构对优质客户采用的低于一般利率水平的利率。政府有时为支持某些产业或区域发展，以及出于公益等目的，会采取差别化的优惠利率政策进行定向扶持。

（三）年利、月利与日利

按计算利息的时间长短，可以将利率分为年利率、月利率与日利率。年利率是以年为时间单位计算利息，通常以百分之几（分）表示。例如，年利率 3% 表示，本金 100 元使用 1 年后应支付利息 3 元。月利率是以月为时间单位计算利息，通常以千分之几（厘）表示。例如，月利率 3‰ 表示，本金 100 元使用 1 个月后应支付利息 0.3 元。日利率是以日为时间单位计算利息，通常以万分之几（毫）表示。例如，日利率 0.3‰ 表示，本

金 100 元使用 1 天后应支付利息 0.03 元。各种利率形式换算关系如下：

$$月利=\frac{年利}{12}$$

$$日利=\frac{月利}{30}$$

在我国，不论是年息、月息还是日息，民间习惯上都用“厘”作单位。虽然都叫“厘”，但具体含义不同。例如，年利 3 厘是指年利率为 3%；月息 3 厘是指月利率为 3‰；日息 3 厘是指日利率为 0.3‰。

（四）固定利率与浮动利率

固定利率是指在整个借贷期限内，利率不随借贷供求状况而变动的利率。固定利率简便易行、稳定性强，易于计算借贷成本。在短期借贷或市场利率变化不大的情形下，通常采用固定利率。例如，商业银行推出的大额可转让定期存单，一般采用固定利率的计息方式。

浮动利率是指在整个借贷期限内，利率随市场利率的变化而定期调整的利率。浮动利率能根据经济形势变化和资金供求的变化而适时调整，但利率波动会带来一定程度的不确定性。在长期借贷或市场利率多变的情形下，通常取用浮动利率。例如，全国银行间同业拆借中心发布的贷款市场报价利率（LPR）每月 20 日发布，属于典型的浮动利率。

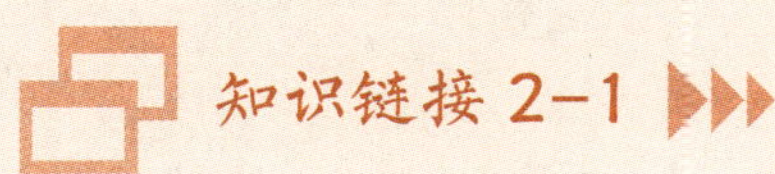

贷款市场报价利率

贷款市场报价利率（loan prime rate，LPR）是由具有代表性的银行报价行，根据本行对最优质客户的贷款利率，以公开市场操作利率（主要指中期借贷便利利率）加点形成的方式报价，由中国人民银行授权全国银行间同业拆借中心计算并公布的基础性的贷款参考利率，各金融机构应主要参考 LPR 进行贷款定价。

2020 年 8 月 12 日，工行、建行、农行、中行和邮储五家国有银行同时发布公告，于 8 月 25 日起对批量转换范围内的个人住房贷款，按照相关规则统一调整为 LPR 定价方式。现行的 LPR 包括 1 年期和 5 年期以上两个品种。LPR 市场化程度较高，能够充分反映信贷市场资金供求情况，使用 LPR 进行贷款定价可以促进形成市场化的贷款利率，提高市场利率向信贷利率的传导效率。

贷款市场报价利率由中国人民银行授权全国银行间同业拆借中心每月 20 日左右公布。例如，2023 年 4 月 20 日贷款市场报价利率（LPR）为：1 年期 LPR 为 3.65%，5 年期以上 LPR 为 4.3%。

（五）名义利率与实际利率

名义利率是指以名义货币表示的利率。例如，商业银行的存贷款挂牌利率属于名义利率。实际利率是指名义利率剔除通货膨胀因素以后的真实利率。

实际利率、名义利率与通货膨胀率之间的关系，可以近似表示为：

实际利率＝名义利率 － 通货膨胀率

由公式可见，当通货膨胀率较低时，实际利率大致等于名义利率；当通货膨胀率很高时，名义利率剔除通胀因素后会低于实际利率；当出现通货紧缩时，则实际利率反而会高于名义利率。实际利率更能反映借贷资金的真实成本，对配置资源以及人们的行为选择具有重要影响。

三、利率的计算

利息的计算方法分为单利法和复利法两种。

（一）单利法

单利法是指在计算利息时，不论借贷期限的长短，仅按本金计算利息，所产生的利息不再计息。

单利的利息计算公式：

$$I = P \times r \times n$$

单利的本利和计算公式：

$$S = P + I = P \times (1 + n \times r)$$

公式中：I 表示利息，P 表示本金，r 表示利率，n 表示借贷期限，S 表示本利和。

举例：一笔 10 万元的存款，存款期限为 3 年，年利率为 2.75%，则按单利计算可得：

3 年的利息为：$I = 100000 \times 3 \times 2.75\% = 8250$（元）

3 年的本利和为：$S = 100000 \times (1 + 3 \times 2.75\%) = 108250$（元）

（二）复利法

复利法是指计算利息时，将上期所产生的利息计入本金一并计算利息的方法，俗称“利滚利”。按此种方法计息时，第一年按本金计算，第二年需将第一年的利息计入本金，形成新的本金计息，即按第一年的本利和计息，第三年、第四年等依此类推。复利更能准确反映资金的时间价值。

复利的利息计算公式：

$$I = S - P$$

复利的本利和计算公式：

$$S = P \times (1 + r)^n$$

公式中：I 表示利息；P 表示本金；r 表示利率；n 表示借贷期限；S 表示本利和。

举例：一笔 10 万元的存款，存款期限为 3 年，年利率为 2.75%，则按复利计算可得：

3 年的本利和为：$S = 100000 \times (1 + 2.75\%)^3 = 108478.90$（元）

3 年的利息为：$I = 108478.90 - 100000 = 8478.90$（元）

单利计算法简单、方便，短期借贷一般采用单利计算法。复利计算法更科学，能准确反映资金的时间价值。

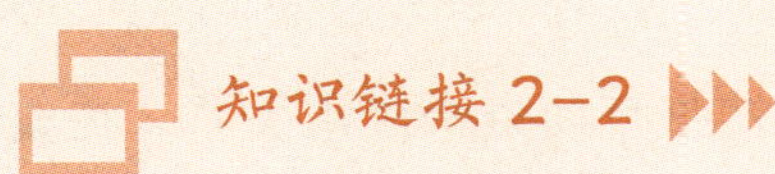

警惕非法校园贷

校园贷是以网络贷款金融机构和平台等方式，借钱给没有偿还能力和消费观不成熟的学生的借贷行为。2016 年 4 月，教育部与银监会联合发布了《关于加强校园不良网络借贷风险防范和教育引导工作的通知》，明确要求各高校建立校园不良网络借贷日常监测机制和实时预警机制，同时，建立校园不良网络借贷应对处置机制。

不良“校园贷”为迎合大学生的消费需求，不断翻新其骗局和陷阱，“美容贷”“培训贷”“刷单贷”“多头贷”“裸条贷”等违法违规贷款层出不穷。校园贷款通常具有高利贷性质，若不能及时归还贷款，放贷人会采用各种手段向学生讨债，有不法分子利用校园贷进行其他犯罪活动。

如何抵制校园贷？

一是提高对校园贷风险的认识。部分不良网络借贷平台采取虚假宣传的方式和降低贷款门槛、隐瞒实际资费标准等手段，诱导学生过度消费，对校园安全和学生合法权益带来严重损害，存在极大风险。

二是树立正确的消费观念。要结合自身经济情况，合理消费、理性消费，养成勤俭节约的好习惯，杜绝盲从和攀比心理，避免超前消费和过度消费。

三是提升自我保护意识。切勿将个人信息透露给他人，当遭受威胁时，学会用正当手段或动用法律武器保护自己并告知学校和家长。

四是学习基本的理财知识，增强风险防范意识。熟悉常见的金融产品服务类型及其相关法规政策，了解个人信用记录的重要性，善于评估自身还款能力并珍视信用记录，清醒认识分期付款、超前消费、网络平台借贷的本质。

四、利率水平的影响因素

微课 2-4：
利率水平的
影响因素

（一）平均利润率

利息是利润的一部分，平均利润率是决定利率的基本因素。平均利润率反映了整个社会的平均利润水平。当借款利率高于平均利润率时，借款人会因无利可图而不愿借入资金，因此利率水平必须低于平均利润率。另一方面，资金所有者也不会无偿让渡资金的使用权，借出资金的目的是获取投资收益，因此利率水平也不能为零。可见，利率水平将介于零到平均利润率之间。当社会的平均利润率上升时，利率水平也会呈上升趋势。

（二）资金供求状况

利率是资金的价格，利率水平的高低反映资金供求关系。在成熟的市场经济条件下，当资金供不应求时，利率将会趋于上升；资金供过于求时，利率会趋于下降。同时，利率的变动对资金供求关系也具有调节作用。

（三）价格水平

价格水平的上升，意味着货币实际购买力的下降，则交易的货币需求随价格水平的上升而上升，在货币供给不变的情况下，会导致利率上升，进一步抑制投资，引发社会总需求减少。反之，价格水平的下降，则会导致利率下降，从而刺激投资，增加社会总需求。因此，价格水平变动能引起利率同方向的变动。此外，预期通货膨胀率也会对利率的变动产生影响，美国经济学家欧文·费雪最早研究揭示这种现象。利率随预期通货膨胀率的上升而上升的现象，被称为“费雪效应”。

（四）宏观经济政策

利率是国家实施宏观经济调控的政策工具之一，利率调整必须以国家经济发展状况和经济发展目标为重要依据。因此，利率不再完全随金融市场的货币供求状况自由波动。国家通过利率政策来调节宏观经济中的货币供求，决定了资金的需求状况以及对资金流向的要求，而利率水平和结构变化在很大程度上反映了国家调控宏观经济的政策和意图。

（五）国际利率水平

开放经济条件下，各国间的经济联系使国内市场利率受到国际市场利率的深刻影响。如果政府允许资本自由跨国流动而不加以限制，则当一国国内利率水平高于国际利率水平时，那么在利差的影响下，会吸引国外资本大量涌人，导致国内金融市场的资金供给增加，国内利率水平将会下降；反之，当一国国内利率低于国际利率水平时，则会使大量资本流出，国内金融市场的货币供给减少，资金供不应求，则国内利率将会上升，直至与国际利率水平趋同。因此，一国经济开放程度越高，则政府进行利率调整必须充分考虑国际利率水平因素。

此外，影响利率变动的因素还有很多，如借贷期限长短、借贷风险大小、国际收支状况、历史传统等，一定时期的利率水平是由若干因素综合作用的结果。

五、利率的作用

利率是政府调节经济的重要杠杆，是各国中央银行调节货币供应量，实现宏观经济目标的重要政策工具。利率在企业、家庭和个人投资，社会信贷规模和结构，稳定物价，以及平衡国际收支等宏观和微观层面发挥着重要的调节作用。

（一）利率对微观经济活动的调节作用

1. 调节企业经济活动

利率影响企业的投资行为。利率降低意味着企业融资成本减少，企业盈利增加，能刺激企业扩大生产和投资规模。反之，利率提升则增加了企业生产成本，使企业盈利减少，不利于企业生产和投资规模的扩张。利率能促使企业加强经济核算，通过节约资金，加速资金周转，提高资金使用效益，提升经营管理水平来谋求生存发展，否则将被市场淘汰。因此，利率在客观上对企业起到约束和激励作用，提高经济效益和劳动生产率。

微课 2–5：利率的作用

2. 调节个人经济行为

利率变动会调节个人的消费与储蓄倾向。银行存款利率上调会刺激人们的储蓄意愿，使其相应减少当前的消费比例，反之则会降低人们的储蓄积极性，增加消费与投资的比例。此外，利率可以引导人们金融资产的投资行为，在安全性和流动性一定的情况下，利率或收益率成为人们进行资产选择时首要考虑因素。

（二）利率对宏观经济的调节作用

1. 引导配置社会资金

经济运行中总会有一部分资金处于暂时闲置状态，即出现资金盈余，如不加以利用则会造成资源浪费。而资金短缺制约着经济的发展，优化配置社会资金显得尤为重要。利率水平的变动可以对整个社会的资金盈余状况进行优化配置。利率提升，利息收入增多，那么资金盈余者持有资金的机会成本增大，将闲置资金进行储蓄或投资的意愿增强。反之，利率降低，利息收入减少，则资金盈余者消费动机增强，储蓄或投资意愿减弱，那么投入生产的社会资金减少。因此，通过调整利率可以优化配置社会资金，合理引导闲置资金投入生产投资领域。

2. 调节社会信贷规模

利率对信贷规模有重要的调节作用。中央银行可通过调整再贴现率、公开市场操作、调整其他基准利率来影响商业银行等金融机构的利率水平。商业银行提高贷款利率会导致企业利润空间收窄，使企业贷款数量和投资规模相应收缩。借款成本越高，企业投资意愿和需求越低，企业甚至会选择抽离生产资本，收缩生产规模，降低经济发展速度。反之，降低贷款利率会降低企业借款成本，企业借款和扩大投资的意愿增强，社会的投资需求和信贷规模也会进一步增大，从而刺激经济发展。

3. 优化产业结构

利率具有调节信贷结构、优化产业结构的作用。利率作为资金的价格，会自发地引导资金流向利润率高的地区和部门，实现社会资源的优化配置。此外，政府可以通过差别化的利率政策来实现资源的定向配置。国家对于急需发展的行业、部门、企业等，会通过优惠利率等方式进行重点扶持；而对于限制发展的行业、部门、企业等，则会采取高利率加以控制。因此，运用利率调节信贷结构，对促进国民经济合理化和产业结构优化具有重要作用。

4. 稳定物价水平

当物价持续上涨出现通货膨胀，或者预期通货膨胀即将发生时，可通过提高利率收缩信贷规模，减少货币供应量，促使物价稳定。通过调整利率，还可以把待实现的购买力以存款的方式集中到银行，调节需求总量和结构，从而实现供求平衡和物价稳定。此外，通过差别化的利率优惠，可以支持某些行业或产业的生产，调节供给侧引起的物价上涨。

5. 平衡国际收支

当国际收支出现不平衡时，可以通过利率杠杆调节。当国际收支出现严重逆差时，可以提高本国利率，使之高于其他国家，这样既可以阻止本国资金流向国外，也可以吸引其他国家资金流入本国。但经济衰退时期则不宜简单采取调高利率的政策来应对国际收支逆差。因为投资主要受长期利率影响，而跨国的资本流动主要受短期利率政策影响，此时应相机抉择适时调整利率结构。

第四节　利率体系与我国利率市场化改革

一、利率体系

利率体系是指在一国在一定时期内各种利率及其相互关系所形成的整体。各种利率相互影响，在经济运行中发挥不同的调节作用。利率体系一般包括中央银行利率、市场基准利率和市场利率。各国的金融体系不同，利率体系也有所差别。

微课 2–6：利率体系与我国利率市场化改革

目前，我国已基本形成以央行政策利率为基础、市场基准利率和市场利率并存的利率体系。其中，中央银行的政策利率包括公开市场操作利率、中期借贷便利利率、常备借贷便利利率和存款基准利率等；市场基准利率包括上海银行间同业拆借利率（也称上海同业拆放利率，Shibor）、公开市场操作 7 天期逆回购利率和国债收益率等；市场利率包括货币市场利率、信贷市场利率、债券市场利率和民间借贷利率。我国主要的利率品种如表 2–2 所示。

表2–2　我国主要的利率品种

利率品种	目前利率水平	简介
公开市场操作利率	7天2.2%	短期限逆回购操作利率
中期借贷便利利率	1年期2.95%	央行投放中期资金的利率
常备借贷便利利率	7天3.2%（=7天逆回购利率+100BP）	央行在利率走廊上限向金融机构按需提供短期资金的利率
贷款市场报价利率	1年期3.85%，5年期以上4.65%	报价行按自身对最优质客户执行的贷款利率报价的算术平均数
存款基准利率	活期0.35%，1年期1.5%	人民银行公布的商业银行对客户存款指导性利率
超额准备金利率	0.35%	央行对金融机构超额准备金支付的利率，是利率走廊的下限
法定准备金利率	1.62%	央行对金融机构法定准备金支付的利率
上海银行间同业拆借利率	目前隔夜在2%、3个月期在2.35%附近	由信用等级较高的银行自主报出的同业拆借利率的算术平均数
国债收益率	目前10年期国债收益率在2.85%附近	通过市场交易形成的债券市场利率参考指标

资料来源：易纲. 中国的利率体系与利率市场化改革[J]. 金融研究，2021(9)：1–11.

二、利率市场化

（一）利率管理体制

利率是重要的经济杠杆，其作用能否发挥出来，以及发挥到什么程度，与利率管理体制密切相关。利率管理体制是指国家对利率进行管理调控的一种组织制度，是一个国家或地区金融当局利率管理的权限、范围、程度、措施及利率传导机制的总称。利率管理体制分为两种常见类型。

1. 国家集中管理，实行利率管制。利率管制属于直接管理体制，利率水平和利率结构由中央银行（或政府）直接制定，各经济主体都必须遵照执行。目前，全世界执行严格利率管制的国家已不多。

2. 市场供求决定，实行利率市场化。利率市场化属于间接管理体制，中央银行（或政府）将利率的决定权交给市场，由市场主体自主决定利率，中央银行（或政府）则通过运用货币政策工具，间接影响和决定市场利率水平，以达到货币政策目标。由市场因素决定的利率才能真正反映资金的供求状况，促进资金的合理流动，从而达到资源的最优配置。西方大多数国家从 20 世纪 70 年代开始便逐步放松了利率管制，出现利率市场化的趋势。

（二）利率市场化的意义

利率是反映资金稀缺程度的晴雨表，利率与劳动力工资、土地地租一样，是重要的生产要素价格，同时，利率也是对延期消费的报酬。利率的调整直接影响人们的储蓄和消费意愿、企业的投融资决策、进出口和国际收支，进而对整个经济活动产生广泛影响。利率对宏观经济运行发挥重要的调节作用，主要通过影响消费需求和投资需求实现。从消费看，利率上升会鼓励储蓄，抑制消费。从投资看，利率提高将减少可盈利的投资总量，抑制投资需求。利率对进出口和国际收支也会产生影响。国内利率下降，会刺激投资和消费，提升社会总需求，会增加进口，导致净出口减少，同时本外币利差缩窄，可能导致跨境资本流出，从而影响国际收支平衡。市场在配置资源中发挥决定性作用，利率作为资金的价格决定资金流向，从而决定金融资源配置的流向。

利率不仅影响微观主体的投资收益、融资成本，更是平衡宏观经济总供求的关键，成熟市场经济体都将利率作为重要的宏观经济调控工具。因此，利率市场化成为市场经济必不可少的环节，利率市场化是经济金融领域最核心的改革之一。

三、我国利率市场化改革历程

按照党中央、国务院的战略部署，我国持续推进利率市场化改革，这一举措既适应中国国情，又与国际基本接轨，在有序放松利率管制的同时，高度重视建立健全由市场供求决定利率、中央银行通过运用货币政策工具引导市场利率的市场化利率体系。经过近30年的持续推进，我国的利率市场化改革成效显著，已形成比较完整的市场化利率体系，为发挥好利率对宏观经济运行的重要调节功能创造了有利条件。

拓展阅读 2–5：中国的利率体系与利率市场化改革

中国利率市场化改革进程沿着“先外币，后本币；先贷款，后存款；先大额、长期，后小额、短期”的总体思路稳步推进，主要可以分成三个阶段，即起步阶段、发展阶段和全面开放阶段。

（一）利率市场化改革起步阶段（1996—2003年）

1992年，党的十四大首次提出资源配置的市场化，让市场在资源配置中起基础性作用。此后，对资源配置的认识也逐渐从主要强调产品的市场化过渡到生产要素的市场化。在具体操作层面上，1996年6月，中国人民银行放开银行间同业拆借利率，标志着我国利率市场化改革正式启动。1997年6月，中国人民银行放开银行间债券回购利率，提高了金融机构资金使用效率，增强了金融机构主动调整资产、负债结构的积极性，为中央银行开展公开市场操作奠定了基础，为进一步放开银行间市场国债和政策性金融债的发行利率创造了条件。1998年，中国人民银行改革了贴现利率生成机制，贴现利率和转贴现利率在再贴现利率的基础上加点生成，在不超过同期贷款利率（含浮动）的前提下由商业银行自定。1999年10月，国债发行开始采用市场招标形式。2000年9月，经国务院批准，中国人民银行组织实施了境内外币利率管理体制的改革，放开外币贷款利率和大额外币存款利率。2003年7月，中国人民银行放开英镑、加拿大元等外币的小额存款利率限制，并放开所有外币的小额存款利率下限。

（二）利率市场化改革发展阶段（2004—2017年）

2003年，党的十六届三中全会《关于完善社会主义市场经济体制若干问题的决定》提出稳步推进利率市场化，建立健全由市场供求决定的利率形成机制，中央银行通过运用货币政策工具引导市场利率，对我国下一阶段的利率市场化进程进行了纲领性的阐述。

2004年1月起，中国人民银行扩大了贷款利率上浮幅度，商业银行、城市信用合作社贷款利率可上浮幅度提高至1.7倍，农村信用合作社提高至2倍。中国人民银行不再依据企业所有权性质进行贷款利率上浮幅度管制。2007年1月，上海银行间同业拆借利率正式运行，标志着市场基准利率开始逐步建立。2013 年 7 月，中国人民银行决定金融机构贷款利率的管制全面放开，不再设置调整上下限，贷款基准利率仅作为金融机构定价的参考，自此，贷款利率市场化已取得突破性进展，而作为改革核心的存款利率市场化也在慢慢深入。

2013 年，十八届三中全会提出要加快推进利率市场化改革。2015 年 3 月，中国人民银行决定将金融机构存款利率浮动区间的上限调整为基准利率的 1.3 倍。2015 年 5 月，中国人民银行决定再次将金融机构存款利率浮动区间的上限调整为基准利率的 1.5 倍。自 2015 年 10 月 24 日起，商业银行和农村合作金融机构等不再对存款利率进行限制，至此我国存贷款利率管制基本放开。2015 年第四季度，中国人民银行在货币政策执行报告中提出探索构建以利率走廊机制为主的价格型货币政策调控模式。2017 年，中国人民银行发布《中国人民银行自动质押融资业务管理办法》，明确自动质押融资利率统一为 SLF（常备借贷便利）隔夜利率，在加强流动性管理的同时强化了 SLF 利率走廊上限的地位，以 SLF 利率和逆回购利率为上下限的利率走廊初步建立。

（三）利率市场化改革全面开放阶段（2018 年至今）

2017 年，党的十九大以来，按照党中央决策部署，中国人民银行持续深化利率市场化改革。重点推进贷款市场报价利率（LPR）改革，建立存款利率市场化调整机制，培育形成较为完整的市场化利率体系。同时，坚持以自然利率为锚实施跨周期利率调控，发挥市场在利率形成中的决定性作用，为经济高质量发展营造适宜的利率环境。

2019 年 8 月，中国人民银行推动改革完善 LPR 报价形成机制。改革后的 LPR 由报价行根据对最优质客户实际执行的贷款利率，综合考虑资金成本、市场供求、风险溢价等因素，在中期借贷便利（MLF）利率的基础上市场化报价形成。目前，LPR 已经成为银行贷款利率的定价基准，金融机构绝大部分贷款已参考 LPR 定价。LPR 由银行报价形成，可更为充分地反映市场供求变化，市场化程度更高，在市场利率整体下行的背景下，有利于促进降低实际贷款利率。

2021 年 6 月，中国人民银行指导市场利率定价自律机制，优化存款利率自律上限形成方式，由存款基准利率浮动倍数形成改为加点确定，消除了存款利率上限的杠杆效应，优化了定期存款利率期限结构。2022 年 4 月，推动自律机制成员银行参考以 10 年期国债收益率为代表的债券市场利率和以 1 年期 LPR 为代表的贷款市场利率，合理调整存款利率水平。随着存款利率市场化机制的逐步健全，2022 年 9 月，国有商业银行主动下调存款利率，带动其他银行跟随调整。这是银行加强资产负债管理、稳定负债成本的主动行为，标志存款利率市场化改革向前迈进了重要一步。

中国人民银行持续完善央行政策利率体系。坚持每日以 7 天期逆回购为主开展公开市场操作，每月月中开展 MLF 操作，提高货币政策操作的透明度、规则性和可预期性，向市场连续释放短期和中期政策利率信号。同时健全利率走廊机制，实现常备借贷便利（SLF）全流程电子化，发挥 SLF 利率作为利率走廊上限和超额存款准备金利率作为利率走廊下限的作用。目前我国已形成以公开市场操作利率为短期政策利率和以中期借贷便利利率为中期政策利率、利率走廊机制有效运行的央行政策利率体系。

经过近 30 年来的持续推进，我国的市场化利率体系不断建设完善，培育了以质押式回购利率、上海银行间同业拆放利率等为代表的货币市场基准利率，国债收益率曲线趋于成熟，存贷款利率市场化程度也日益增强。在此情况下，中国人民银行通过货币政策工具调节银行体系流动性，释放政策利率调控信号，在利率走廊的辅助下，引导市场基准利率充分反映市场供求变化，并通过银行体系最终传导至贷款和存款利率，形成市场化的利率形成和传导机制，调节资金供求和资源配置，实现货币政策目标。

思考与练习

一、单项选择题

1.（　　）在现代信用体系中居于核心地位。

A. 银行信用　　B. 国家信用　　C. 商业信用　　D. 消费信用

2. 商业信用属于（　　）。

A. 政府信用　　B. 长期信用　　C. 直接信用　　D. 间接信用

3.（　　）是以政府作为债务人来筹措资金的一种信用形式。

A. 银行信用　　B. 政府信用　　C. 商业信用　　D. 消费信用

4. 下面哪种利率不包括在利率体系之中？（　　）。

A. 中央银行利率　　B. 商业银行利率　　C. 市场利率　　D. 平均利润率

5. 在借贷关系存续期内，利率水平固定且不随市场利率变化的利率是（　　）。

A. 固定利率　　B. 浮动利率　　C. 贷款利率　　D. 优惠利率

6. 贷款市场报价利率（LPR）属于（　　）。

A. 固定利率　　B. 优惠利率　　C. 浮动利率　　D. 民间利率

7. 实际利率＝（　　）－ 物价上涨率

A. 单利　　B. 复利　　C. 名义利率　　D. 连续复利

8. 在物价上涨的经济环境下，若要保持实际利率不变，则名义利率应该（　　）。

A. 保持不变　　B. 调高

C. 调低　　D. 与通货膨胀率保持一致

二、多项选择题

1. 信用的构成要素包括(　　)。

A. 信用主体　　B. 信用条件　　C. 信用内容

D. 信用客体　　E. 信用载体

2. 利率水平的影响因素包括(　　)。

A. 平均利润率　　B. 资金供求状况　　C. 物价水平

D. 宏观经济政策　　E. 国际利率水平

3. 利率对宏观经济活动的影响和调节作用有(　　)。

A. 引导配置社会资金　　B. 调节社会信贷规模　　C. 优化产业结构

D. 稳定物价水平　　E. 平衡国际收支

4. 银行提高贷款利率将有利于(　　)。

A. 抑制企业信贷需求　　B. 刺激物价上涨　　C. 刺激经济增长

D. 抑制居民信贷需求　　E. 抑制物价上涨

5. 商业信用采取的主要形式有(　　)。

A. 分期付款　　B. 预付定金　　C. 延期付款

D. 商品赊销　　E. 商业汇票

三、判断题

1. 利率水平必须低于社会的平均利润率。(　　)

2. 官定利率由金融市场的资金供求状况决定。(　　)

3. 国家信用的作用主要是为了弥补财政赤字，调剂政府收支不平衡等。(　　)

4. 银行信用突破了商业信用的局限性，因此可以完全取代商业信用。(　　)

5. 利率管制严重制约了利率作为经济杠杆的作用。(　　)

6. 利率调整对一国经济有重要影响，是影响宏观经济的重要因素。(　　)

7. 利率是指借贷期限内本金与利息之比。(　　)

8. 利率随预期通货膨胀率上升而上升的现象叫“费雪效应”。(　　)

9. 银行贷款利率降低，会使贷款需求减少。(　　)

10. 利率市场化是指政府完全不干预市场利率的变化，任其随意浮动。(　　)

四、简答题

1. 简述信用的特征及构成要素。

2. 简述商业信用和银行信用的特点与局限性。

3. 简述利率水平的影响因素。

五、实训题

实训项目一：我国利率市场化改革调研

1. 实训目标

利率市场化是金融领域最核心的改革之一。通过探寻我国的利率市场化改革进程，感受业已取得的巨大成就，深化对利率体系全面认识，增强“四个自信”。

2. 实训任务

（1）查阅相关书籍或网站，搜集利率市场化的相关研究报告，结合我国经济社会转型发展的历史背景，探析我国近三十年来持续推进利率市场化改革的内在动力，总结所取得的成就。

（2）学生分组协作，完成小组任务。

（3）学生在课堂进行小组任务展示，分享实训项目成果。

3. 实训成果

以我国利率市场化改革为主题，形成一份 3000 字左右的研究报告。

实训项目二：常见金融业务的利息计算

1. 实训目标

掌握利息的计算方法，能熟练运用单利法和复利法进行常见金融业务的利息计算，提升业务技能。

2. 实训任务

（1）储户李先生将一笔 80000 元的现金存入银行，已知银行的存款年利率为 3%，则分别采取单利法和复利法计算，李先生 5 年后获得的本利和是多少？

（2）结合商业银行的真实业务进行利息计算。

（3）学生独立完成实训任务，随机抽查个别学生上台进行计算展示。

3. 实训成果

学生能够熟练掌握并运用单利法和复利法进行金融常见业务的利息计算。

思考与练习参考答案（第二章）

第三章　金融机构体系

学习目标

知识目标

1. 了解金融机构的概念、分类和功能；
2. 理解金融机构体系的概念和构成；
3. 掌握我国金融机构体系的构成；
4. 了解国际金融机构体系及构成。

能力目标

1. 会分析各类金融机构的作用和功能；
2. 能分析金融机构体系的发展趋势；
3. 能对金融机构开展实地考察调研；
4. 会分析主要国际金融机构的功能。

素养目标

1. 深化对我国金融机构发展历史的认知，增强民族自信与文化自信；

2. 关注我国金融机构的深化改革，增强创新发展的使命感。

知识图谱

金融机构体系
金融机构概述
Z1.金融机构的概念及分类
Z2.金融机构的功能
J1.会分析各类金融机构的作用和功能
金融机构体系概述
Z1.金融机构体系的概念及构成
Z2.金融机构体系的发展趋势
J1.能分析金融机构体系的发展趋势
我国的金融机构体系
Z1. 金融监管机构
Z2.银行类金融机构和非银行类金融机构
J1.能对金融机构开展实地考察调研
国际金融机构体系
Z1.全球性国际金融机构
Z2.区域性国际金融机构
J1.会分析主要国际金融机构的功能
R1.走近金融机构主题调研报告
S1.深化对我国金融机构发展历史的认知，增强民族自信与文化自信
S2.关注我国金融机构的深化改革，增强创新发展的使命感
知识点
技能点
思政点
学习成果

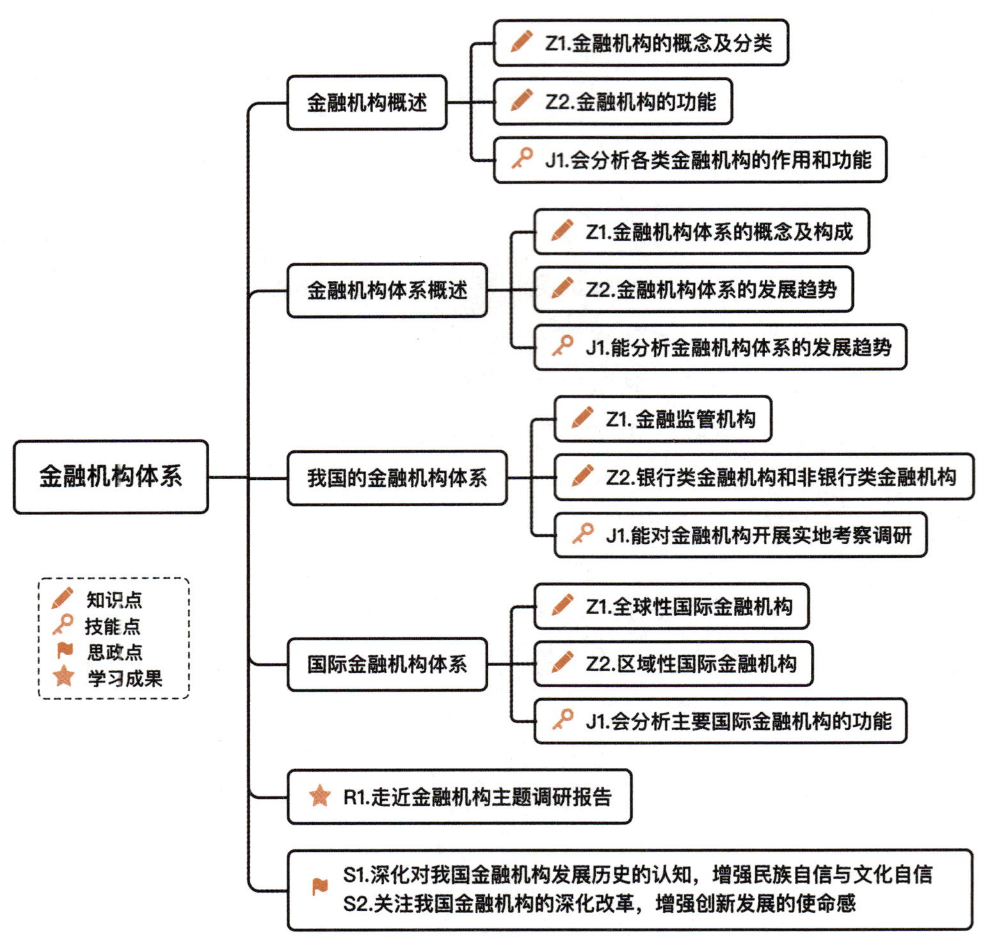

推动金融与科技深度融合发展

为贯彻落实党中央、国务院决策部署，稳妥发展金融科技，加快金融机构数字化转型。2022 年 1 月 4 日，中国人民银行印发《金融科技发展规划（2022—2025 年）》，提出“十四五”时期金融科技发展愿景，明确金融科技发展指导思想，坚持“数字驱动、智慧为民、绿色低碳、公平普惠”的发展原则，以加强金融数据要素应用为基础，以深化金融供给侧结构性改革为目标，以加快金融机构数字化转型、强化金融科技审慎监管为主线，将数字元素注入金融服务全流程，将数字思维贯穿业务运营全链条，注重金融创新的科技驱动和数据赋能，推动我国金融科技从“立柱架梁”全面迈入“积厚成势”新阶段。

金融科技作为技术驱动的金融创新，是深化金融供给侧结构性改革、增强金融服务实体经济能力的重要引擎。高质量推进金融数字化转型，健全适应数字经济发展的现代金融体系，必将为构建新发展格局、实现共同富裕贡献金融力量。

什么是金融机构？金融机构有哪些分类和功能？国内和国际金融机构体系的构成有哪些不同？通过本章学习，我们将了解金融机构的概念、分类和功能，全面认识我国以及国际金融机构体系的构成，关注并探究我国金融机构的发展进程。

第一节　金融机构概述

一、金融机构的概念

金融机构又称金融中介或金融中介机构，是指专门从事货币、信用活动的中介组织。金融机构是社会资金运动的组织者和运营者，是金融活动的载体和媒介。金融机构不仅包括商业银行、保险公司、证券公司、基金公司等从事金融活动的中介机构，还包括中国人民银行、国家金融监督管理总局、中国证监会等金融监管机构。

微课 3-1：金融机构的概念和功能

二、金融机构的分类

（一）按业务目标不同，分为管理性金融机构、商业性金融机构、政策性金融机构和合作性金融机构

管理性金融机构是代表政府对金融业进行监督管理的金融机构，比如我国的中国人民银行、中国证券监督管理委员会等。

商业性金融机构是按照现代企业制度改造和组建起来的，以盈利为目的的金融机构，如商业银行、证券公司、保险公司、基金公司等。

政策性金融机构是指由政府发起并出资成立，为贯彻和配合政府特定的经济政策和意图而进行金融活动的金融机构，如我国的中国农业发展银行、中国进出口银行等。

合作性金融机构是按照国际通行的合作制原则，以股金为资本，以入股者为主要服务对象，以基本金融业务为经营内容而形成的金融合作组织，如信用合作社、储蓄信贷协会等。

（二）按业务形式不同，分为银行类金融机构和非银行类金融机构

银行类金融机构是指专门或主要经营货币信用业务的金融机构，通过吸收存款、发放贷款、办理结算等业务，在整个社会范围内融通资金，充当信用中介，主要包括商业银行和政策性银行。

非银行类金融机构是指以发行股票和债券、接受信用委托、提供保险等特定方式开展金融业务的金融机构，主要包括保险公司、证券公司、信托投资公司、基金公司、金融公司和财务公司等。

（三）按资金来源形式不同，分为存款类金融机构和非存款类金融机构

存款类金融机构是指通过吸收个人和企事业单位存款的方式筹集资金，通过贷款、投资等方式运用资金的金融机构，主要包括商业银行、储蓄信贷协会、储蓄互助银行、信用合作社等。

非存款类金融机构是指通过自行发行证券、接受某些社会组织和公众的契约性缴款或投资等途径筹措资金，并进行长期性投资的金融机构，主要包括保险公司、证券公司、信托公司、共同基金、养老基金等。

（四）按融资方式不同，分为间接融资性金融机构和直接融资性金融机构

间接融资是指金融机构先从资金供给者那里融入资金，然后再将资金融通给资金需求者的融资方式。资金供给和资金需求双方不直接形成融资关系，而是以金融机构作为中介间接形成融资关系。从事间接融资服务的

金融机构被称为间接融资性金融机构。商业银行是最典型的间接融资性金融机构。

直接融资是指资金需求者在金融市场上发行有价证券（如股票、债券）等金融工具，由投资者（资金供给者）直接购买金融工具而实现资金转移的融资方式。从事直接融资服务的机构被称为直接融资性金融机构，主要包括证券公司、基金公司、信托投资公司等。

（五）按业务覆盖的地域范围不同，分为国际金融机构和国内金融机构

国际金融机构是指从事国际金融管理和国际金融活动的超国家性质的组织机构，如国际清算银行、世界银行、国际货币基金组织、亚洲开发银行等。此外，有些金融机构的业务活动范围跨越不同国家和地区，也具有国际金融机构的性质，如中国银行、花旗银行、汇丰银行等。

国内金融机构是指其业务活动范围仅局限于该国家和地区的金融机构，可分为全国性金融机构和地方性金融机构。全国性的金融机构如中国银行、平安银行等，地方性的金融机构如众多的农村信用社、城市商业银行等。

三、金融机构的功能

金融机构具有信用中介、支付中介、降低交易成本、改善信息不对称、调节经济五项基本功能。

（一）信用中介

信用中介是金融机构最基本、最能反映其经营活动特征的职能。金融机构通过负债业务，聚集社会上的闲散资金，再通过资产业务投向各经济部门。金融机构作为借贷活动的中介，实现了货币资本的融通，并从吸收资金的成本与发放贷款利息收入、投资收益的差额中获取利润，几乎所有的金融活动都是以金融机构为中心展开的。

（二）支付中介

金融机构提供账户转账、收支结算、兑付现款等业务，充当货币保管者、出纳者和支付代理人的角色。金融机构通过汇票、本票、支票等支付结算工具，拓宽支付结算的渠道，加速了结算过程和货币资金周转。因此，支付中介职能的发挥大大减少了现金的使用，降低了交易费用，促进了经济发展。

（三）降低交易成本

资金融通过程中存在融资成本，包括信息收集、谈判、签约、履约、监督执行等交易成本。由于金融机构具有规模经济的优势，能降低单位资金的交易成本，通过专业技术优势能有效转移和管理信贷风险，借助投资多样化来降低投资风险。因此，金融机构的存在可以降低资金融通的交易成本。

（四）改善信息不对称

信息不对称造成了市场交易双方的利益失衡，影响市场配置资源的效率，限制了信用活动的发展。金融机构凭借其在信息处理、筛选客户、风险控制等方面的优势，能有效减少由于信息不对称产生的投资风险和道德风险。

（五）调节经济

政府主要依赖金融机构来实施货币政策和财政政策，进行宏观经济调控。比如中央银行通过各种政策工具的运用，对商业银行的准备金和货币市场基准利率等经济变量产生影响，而这些经济变量的变动将通过银行信贷规模、货币供应量和长期利率影响到实际的经济活动，从而实现对经济活动的调节。

第二节　金融机构体系概述

一、金融机构体系的概念

金融机构体系是指由若干个相互联系、相互影响的金融机构按照一定的原则和方式组成的具有特定金融功能的有机整体。

目前世界各国普遍采用以中央银行为核心、银行类金融机构和非银行类金融机构并存的金融机构体系模式。因历史文化背景和金融发展程度不同，各国的金融机构体系均具有一定的本国特色。

微课 3-2：金融机构体系概述

二、金融机构体系的构成

（一）银行类金融机构

银行类金融机构按照其各自在经济中的功能可划分为中央银行、商业银行和各类专业银行。

1. 中央银行

中央银行也称货币当局或金融当局，它在一国金融机构体系中居于核心地位，是负责货币发行、制定和执行货币金融政策、控制和调节货币流通与信用活动、实施金融监管的特殊金融机构。中央银行主要有以下组织形式：

（1）单一型中央银行制

单一型中央银行制是指国家设立专门的中央银行机构行使中央银行职能。世界上大多数国家都采用这种中央银行制度。单一型中央银行制度又分为一元制和二元制，如我国的中国人民银行实行一元制，美国的联邦储备体系实行二元制。

（2）复合型中央银行制

复合型中央银行制是指不设立专门的中央银行，而是由一家大银行来同时行使商业银行和中央银行职能。苏联和我国 1984 年之前都实行过这种中央银行制度。

（3）准中央银行制

准中央银行制是指只设立类似中央银行的金融管理机构，或由政府授权某个或几个商业银行来行使部分中央银行职能的制度形式，如新加坡的金融管理局和货币委员会、中国香港的金融管理局等。

（4）跨国中央银行制

跨国中央银行制是指由多个国家联合设立共同的中央银行。它一般是与一定的货币联盟联系在一起的，如欧洲中央银行和西非国家中央银行等。

2. 商业银行

商业银行是各国金融机构体系的主体，机构数量多，业务面广，是最早发展起来的金融机构。商业银行是以办理存贷款、支付结算等金融业务，以利润最大化为经营目标的企业法人。商业银行在金融体系内发挥着充当信用中介、支付中介，实现信用创造和提供金融服务等职能。商业银行主要有以下组织形式：

（1）单一银行制

单一银行制是指商业银行不设立分支机构，全部业务由各个相对独立的商业银行独自开展的组织形式。这种商业银行的组织形式主要出现在美国。

（2）分支行制

分支行制又称总分行制，是指商业银行在总行之外，设立分支机构开展业务的组织形式。目前世界上大部分国家采用这种组织形式。

（3）集团银行制

集团银行制又称银行控股公司制，是指由某个集团成立股权公司，再由该公司通过持有一家或多家商业银行股票的方式拥有控制权的组织形式。集团银行制在美国最为盛行。

（4）连锁银行制

连锁银行制是指由个人或集团通过购买若干商业银行的股份，拥有控制权的组织形式。其与集团银行制的区别在于，连锁银行制无须成立股权公司。这种银行组织形式盛行于美国的中西部地区。

3. 专业银行

专业银行专门经营指定范围业务并提供专门性金融服务的银行。随着金融领域的分工日益细化，一部分以专业知识为基础、在特定的领域为特定的资金融通对象服务的专业银行不断涌现，主要包括储蓄银行、不动产抵押银行、开发银行和农业银行等。

（1）储蓄银行

储蓄银行是指专门办理居民储蓄业务，并以吸取储蓄存款作为主要资金来源的银行。与我国有所不同，西方不少国家的储蓄银行是专门建立的、独立的金融机构。各国储蓄银行的具体名称有所差异，如美国的储蓄贷款协会、互助储蓄银行，英国的信托储蓄银行等，为了保护小额储蓄者的利益和保证储蓄银行所集聚的大量资金的合理投向，各国对储蓄银行大多有专门管理的法令。

储蓄银行所吸收的储蓄存款余额比较稳定，主要用于长期投资，如发放不动产抵押贷款、投资于政府公债、公司股票及债券，对市政机构发放贷款等。储蓄银行的业务活动也受到约束，如不得经营支票存款、不得经营一般工商企业贷款，但近年来有所突破，储蓄银行的业务范围随着金融管制的放松有不断扩大的趋势。

（2）不动产抵押银行

不动产抵押银行是专门经营以土地、房屋及其他不动产为抵押的长期贷款的专业银行。资金来源主要是靠发行不动产抵押证券来筹集。贷款业务大体可分为两类：一类是以土地为抵押的长期贷款，贷款对象主要是土地所有者或土地购买者；另一类是以城市不动产为抵押的长期贷款，贷款对象主要是房屋所有者、从事房地产业的企业。法国的房地产信贷银行、德国的私人抵押银行和公营抵押银行等均属此类。

此外，不动产抵押银行也收受股票、债券和黄金等作为贷款的抵押品。事实上，商业银行已大量涉足不动产抵押贷款业务。不少抵押银行除经营抵押放款业务外，也经营一般信贷业务，兼营融合发展趋势进一步加强。

（3）开发银行

开发银行是指专门为经济开发提供长期投资或贷款的金融机构。开发银行属于政策性银行，不以营利为目的，比如日本的开发银行、德国的复兴信贷银行、国际复兴开发银行、亚洲开发银行等。

开发银行资金来源的渠道主要有政府资金，发行债券，吸收存款，以及从中央银行、其他金融机构、契约储蓄机构借入资金。由于借用政府资金的条件极为优惠，成本低、数额大，是开发银行降低经营成本、保持充足资金量、承担发放优惠贷款和投资造成利差“损失”的重要保证。

（4）农业银行

农业银行是指专门向农业提供信贷的一类银行。农业受自然因素影响大，对资金的需求有强烈的季节性，农村地域广阔，农户分散，资本需求数额小、期限长，融资者的利息负担能力低，抵押品大多无法集中，管理较为困难。因此，经营农业信贷具有风险大、期限长、收益低等特点。因此，商业银行一般不愿承做这方面的业务。为此，西方许多国家专设了以支持农业发展为主要职责的银行，如美国的联邦土地银行、合作银行，法国的土地信贷银行、农业信贷银行，德国的农业抵押银行，日本的农林渔业金融公库，我国的中国农业发展银行等。

农业银行的资金来源主要有政府拨款、发行各种债券或股票，以及吸收客户的存款和储蓄来筹措资金等。农业银行的贷款方向几乎涵盖农业生产方面的一切资金需要，从土地购买、租借，建造建筑物，到农业机器设备、化肥、种子、农药的购买等。有些国家对农业银行的贷款给予利息补贴、税收优待等。近年来，农业银行的业务范围逐渐超出单纯农业信贷业务的界限。

（二）非银行类金融机构

非银行类金融机构一般不以吸收存款作为主要资金来源，而是以某种特殊方式吸收资金，并加以运用进行营利。非银行类金融机构主要包括保险公司、证券公司、信托投资公司、基金公司、金融公司和财务公司等。

1. 保险公司

保险公司是指专门经营保险业务的金融机构。保险业的发源地在英国，最初的保险项目是海运保险，后来保险项目逐渐增多，保险范围也随之扩大。保险公司按照标的物的不同，可分为人身保险公司和财产保险公司，前者为人的生命相关风险提供保障，后者为财产相关风险提供保障。

保险公司具有分散风险，提供经济补偿的社会职能，以及融通资金的经济功能。保险公司所筹集的资金，除一部分用于保险的赔付之外，其余部分主要投向银行存款，风险较低的证券产品，发放贷款以及购买土地、房产等不动产等。

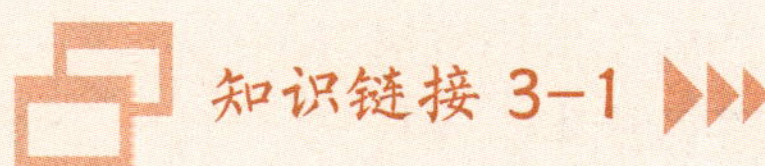

世界最大的保险交易市场——劳埃德保险社

劳埃德保险社被称为世界保险航母。迄今已有300余年的历史，是国际保险业历史悠久和最有影响的保险组织。它不是一家保险公司，而是一个遍及全球50多个国家，拥有2.6万多个成员的企业联合体，由430个辛迪加组织组成的、世界最大的保险交易市场。

劳埃德保险社简称劳合社，由爱德华·劳埃德在伦敦泰晤士河畔开设的咖啡馆起家，因其地处伦敦市中心，吸引海陆贸易商人、船主、航运经纪人、保险商等光顾，逐渐成为交换海运信息，接洽航运和保险业务的活动场所，进而成为伦敦海上保险业集中活动的总会。1688年，爱德华·劳埃德以自己的姓氏命名，创立了一个保险行。1871年劳合社向政府注册，取得法人资格，并选举产生管理委员会。劳合社的主要业务是财产保险与再保险，在财产保险中它首创了汽车保险、航空保险等。

2. 证券公司

证券公司是指专门从事证券经营业务的金融机构。证券公司在欧美大陆被称作投资银行或者证券经纪商，在英国被称作商人银行，在我国和日本则称证券公司。证券公司的基本职能包括为需要资金的单位包括企业和政府筹集资金，充当投资者买卖证券的经纪人和交易商。

证券公司的业务包括一级市场业务和二级市场业务，主要有：对工商企业的股票、债券进行直接投资；为工商企业代办发行或包销股票与债券，参与企业的创建、改组、兼并、收购活动；包销本国政府和外国政府的公债券；提供有关投资方面的咨询服务。有些投资银行也兼营黄金、外汇买卖及资本设备或耐用商品的租赁业务等。

3. 信托投资公司

信托投资公司是指以受托人的身份，代人管理、经营和处理经济事物的金融机构。

信托投资公司的业务主要有：（1）信托业务。按资金来源不同分为信托投资和委托投资。信托投资是指信托投资公司运用自有资金和信托存款以及发行公司股票、债券筹集的资金，直接或间接向企业或项目进行投资。委托投资是指信托投资公司接受某些部门及企事业单位的资金，按其要求投向指定的单位或项目，并按照委托单位的要求对投资项目资金使用进行监督管理，以及办理投资项目的收益处理等事项；（2）代理业务，包括代理保管、收付、代理有价证券的发行和买卖，进行信用担保；（3）租赁业务，包括直接租赁、转租赁、代理租赁等业务；（4）咨询业务，包括资信状况咨询、项目可行性咨询、商情调查、投资咨询、金融咨询等。

4. 基金公司

基金公司是指筹集、管理、运用某种专门基金的金融机构。基金组织起源于 19 世纪的英国，目前已成为金融机构体系的重要组成部分。基金公司主要有养老基金、投资基金和货币市场基金等。

（1）养老基金

养老基金是一种向养老基金计划的参与者以年金形式提供退休收入的金融机构。养老基金的资金来源主要是政府或雇主及雇员个人缴纳的款项、运用基金投资的收益。参与者按规定比例缴纳款项，退休后可以得到一次性付清或按月支付的退休养老金。养老基金主要投资政府公债、企业债券、股票、不动产等领域。

（2）投资基金

投资基金是一种以追求投资收益为目标，以利息共享、风险共担为原则，发起人通过发行基金证券，汇集投资者的资金并投资于多种有价证券，投资者按投资的比例分享其收益并承担相应的风险的金融机构。投资基金属于间接的金融投资机构，在不同国家有不同的称谓。

投资基金有不同分类方式，按其能否自由申购和赎回分为开放式基金和封闭式基金；按组织形态分为公司型基金和契约型基金；按资金募集方式分为私募基金和公募基金；按投资对象分为股票基金、债券基金、指数基金、对冲基金等。

（3）货币市场基金

货币市场基金，又称货币市场共同基金或货币市场互助基金，通过出售基金单位获取资金，然后把资金投资于既安全又富有流动性的货币市场工具的一类投资基金。

货币市场基金于 1971 年由美国的投资银行与证券公司创设。这种工具突破了储蓄存款和定期存款利率最高水平的限制，它没有利率上限的约束，又能够享受开支票的便利，具有活期存款的特点。

5. 金融公司

金融公司是指通过出售商业票据，发行股票或债券，以及向商业银行借款等方式来筹集资金，并用于向购买汽车、家具等大型耐用消费品的消费者或小型企业发放贷款的金融机构。

金融公司分为三种类型，即销售金融公司、消费者金融公司和商业金融公司。销售金融公司是由一些大型零售商或制造商建立的，旨在以提供消费信贷的方式来促进企业产品销售的公司。消费者金融公司专门发放小额消费者贷款，由于贷款规模小，平均的管理成本高，这些贷款的利率一般也比较高。它的主要作用在于为那些在别的渠道很难获得贷款的消费者提供资金，从而使它们免受高利贷之苦。商业金融公司主要向企业发放以应收账款、存货和设备为担保的抵押贷款或提供保理融资业务。

6. 财务公司

财务公司是指以经营消费贷款、汽车贷款等消费信贷业务的金融机构。财务公司起源于18世纪的法国，后来在英美等国相继出现。

财务公司虽然也经营贷款业务，却不能以存款作为资金来源，除自身资金外，主要靠发行长期债券或短期借款来筹集资金。财务公司的资金运用主要是消费信贷，少数财务公司也向企业发放贷款。财务公司和银行的不同之处在于它们较少接受存款而依赖于长短期负债。但财务公司与商业银行相比，实际管制较松，其业务范围仍在继续扩大，例如包销证券，提供各种金融服务等。

三、金融机构体系的发展趋势

20世纪30年代全球经济大危机后，世界各国不断加强金融管制，推动金融机构分业经营。1933年，美国颁布《格拉斯—斯蒂格尔法案》，将投资银行业务和商业银行业务严格地划分开，禁止银行包销和经营公司证券，而只能购买由美联储批准的债券，形成了银行、证券分业经营的模式。二次大战以后，各国金融体系专业化程度进一步加强，对金融业的监管法规也更加严密。

20世纪70年代以来，受新技术革命和金融自由化浪潮影响，金融业务的条块分割格局已经或正在被打破。1999年，美国颁布《金融现代化服务法案》，标志着金融业分业经营的时代结束。金融机构的差异日趋缩小，银行业、证券业、保险业之间的界限被打破，综合化、全能化成为金融机构的发展趋势。保险公司、养老基金、金融公司、互助基金等非银行金融机构迅速发展。商业银行向连锁银行制和集团银行制发展，出现金融联合体或金融超级市场的形态。

2008年，美国爆发次贷危机引起了全球性的金融危机和经济衰退。金融工具过度创新，信用评级机构利益扭曲，以及货币政策监管放松是导致美国次贷危机的主要原因。为应对危机美国于2010年出台《多德—弗兰克法案》，再度全面加强金融监管。根据该法案，美国全面重塑金融监管体系，美联储将成为“超级监管者”，全面加强对大型金融机构的监管。同时，新设消费者金融保护局，赋予其超越监管机构的权力，加强对消费者权益和投资者保护的保障。

第三节　我国的金融机构体系

我国金融金融机构体系的发展已日趋完善，目前已形成以“一行一总局一会”（中国人民银行、国家金融监督管理总局、中国证券监督管理委员会）为主导，以银行体系为主体，多种金融机构并存的金融机构体系。

现阶段我国金融机构体系按地位和功能，可划分为以下三个层次：第一个层次是金融管理监管机构，包括中国人民银行、国家金融监督管理总局、中国证券监督管理委员会；第二个层次是银行类金融机构，包括政策性银行和商业银行。政策性银行包括国家开发银行、中国进出口银行、中国农业发展银行。商业银行包括国有控股大型商业银行、股份制商业银行、城市商业银行、农村金融机构、外资银行、民营银行等；第三个层次是非银行类金融机构，包括保险公司、证券公司、信托公司、证券投资基金管理公司、财务公司、金融租赁公司、资产管理公司、期货公司等。如表 3-1 所示。

微课 3-3：我国的金融机构

表3-1　我国金融机构个体构成

类　型		构　成
金融监管机构		中国人民银行、国家金融监督管理总局、中国证券监督管理委员会
银行类金融机构	政策性银行	国家开发银行、中国进出口银行、中国农业发展银行
	商业银行	国有控股大型商业银行、股份制商业银行、城市商业银行、农村商业银行、农村信用社、农村合作银行、村镇银行、农村资金互助社、外资银行、民营银行
非银行类金融机构	证券业金融机构	证券公司、证券投资基金管理公司、期货公司、投资咨询公司
	保险业金融机构	人身保险公司、财产保险公司、再保险公司、保险资产管理公司、保险经纪公司、保险代理公司、保险公估公司、企业年金
	其他金融机构	信托公司、金融资产管理公司、金融租赁公司、汽车金融公司、贷款公司、货币经纪公司、各类金融资产交易所、登记结算类公司、中央金融控股公司、其他金融控股公司、小额贷款公司、理财公司等

一、金融管理监管机构

我国的金融监管机构包括中国人民银行、国家金融监督管理总局、中国证券监督管理委员会，简称“一行一总局一会”。

（一）中国人民银行

中国人民银行简称央行，是中华人民共和国的中央银行。1948 年 12

月 1 日，在华北银行、北海银行、西北农民银行的基础上合并组建了中国人民银行。1995 年 3 月 18 日，第八届全国人民代表大会第三次会议通过了《中华人民共和国中国人民银行法》，至此，中国人民银行作为央行以法律形式被确定下来。

拓展阅读 3–1：中华人民共和国中国人民银行法

中国人民银行在国务院领导下，制定和执行货币政策，防范和化解金融风险，维护金融稳定。中国人民银行在国务院领导下依法独立执行货币政策，履行职责，开展业务，不受地方政府、各级政府部门、社会团体和个人的干涉。

2023 年 3 月，中共中央、国务院印发《党和国家机构改革方案》，统筹推进中国人民银行分支机构改革。撤销中国人民银行大区分行及分行营业管理部、总行直属营业管理部和省会城市中心支行，在 31 个省（自治区、直辖市）设立省级分行，在深圳、大连、宁波、青岛、厦门设立计划单列市分行。中国人民银行北京分行保留中国人民银行营业管理部牌子，中国人民银行上海分行与中国人民银行上海总部合署办公。不再保留中国人民银行县（市）支行，相关职能上收至中国人民银行地（市）中心支行。对边境或外贸结售汇业务量大的地区，可根据工作需要，采取中国人民银行地（市）中心支行派出机构方式履行相关管理服务职能。

拓展阅读 3–2：党和国家机构改革方案

（二）国家金融监督管理总局

2023 年 3 月，中共中央、国务院印发《党和国家机构改革方案》。根据国务院关于提请审议国务院机构改革方案的议案，决定在中国银行保险监督管理委员会基础上组建国家金融监督管理总局，不再保留中国银行保险监督管理委员会。2023 年 5 月 18 日，国家金融监督管理总局揭牌成立。

国家金融监督管理总局主要职责包括，统一负责除证券业之外的金融业监管，强化机构监管、行为监管、功能监管、穿透式监管、持续监管，统筹负责金融消费者权益保护，加强风险管理和防范处置，依法查处违法违规行为，作为国务院直属机构。深化地方金融监管体制改革。建立以中央金融管理部门地方派出机构为主的地方金融监管体制，统筹优化中央金融管理部门地方派出机构设置和力量配备。地方政府设立的金融监管机构专司监管职责，不再加挂金融工作局、金融办公室等牌子。

（三）中国证券监督管理委员会

1992 年 10 月，国务院证券委员会和中国证券监督管理委员会宣告成立，标志着中国证券市场统一监管体制开始形成。1997 年 8 月，国务院研究决定将上海、深圳证券交易所统一划归中国证监会监管，在上海和深圳两市设立中国证监会证券监管专员办公室。同年 11 月，决定对全国证券管理体制进行改革，理顺证券监管体制，对地方证券监管部门实行垂直领导，并将原由中国人民银行监管的证券经营机构划归中国证监会统一监管。1998 年 5 月，根据国务院机构改革方案，国务院证券委员会和证券监督管理委员会合并成立中国证券监督管理委员会，依照法律、法规和国务院授权，统一监督管理全国证券期货市场，维护证券期货市场秩序，保障其合法运行。

2023 年 3 月，中共中央、国务院印发《党和国家机构改革方案》。中国证券监督管理委员会由国务院直属事业单位调整为国务院直属机构，强化资本市场监管职责，划入国家发展和改革委员会的企业债券发行审核职责，由中国证券监督管理委员会统一负责公司（企业）债券发行审核工作。中国证券监督管理委员会的投资者保护职责划入国家金融监督管理总局。

二、银行类金融机构

（一）政策性银行

政策性银行是由政府投资设立的，以贯彻国家产业政策和区域发展政策为目的非盈利性的金融机构。1994 年以前，我国的政策性金融业务分别由四家国有专业银行承担。之后为了适应经济发展的需要，实现政策性金融与商业性金融的分离，我国相继组建三家政策性银行，即国家开发银行、中国进出口银行和中国农业发展银行。

1. 国家开发银行

国家开发银行于 1994 年 3 月批准设立，是由国家出资设立，直属国务院领导，支持中国经济重点领域和薄弱环节发展，具有独立法人地位的国有开发性金融机构。2008 年 12 月改制为国家开发银行股份有限公司。

国家开发银行以“增强国力、改善民生”为使命，紧紧围绕服务国家经济重大中长期发展战略，坚持凝聚共识、合力共建、合作共赢的开发性金融方法，筹集、引导社会资金，支持的领域主要包括：基础设施、基础产业、支柱产业、公共服务和管理等经济社会发展的领域；新型城镇化、城乡一体化及区域协调发展的领域；传统产业转型升级和结构调整，以及节能环保、高端装备制造等提升国家竞争力的领域；保障性安居工程、扶贫开发、助学贷款、普惠金融等增进人民福祉的领域；科技、人文交流等国家战略需要的领域；“一带一路”建设、国际产能合作和装备制造合作、基础设施互联互通、能源资源、中资企业“走出去”等国际合作领域；配合国家发展需要和国家经济金融改革的相关领域；符合国家发展战略和政策导向的其他领域。

2. 中国农业发展银行

中国农业发展银行于 1994 年 11 月批准设立，是由国家出资设立，直属国务院领导，支持农业农村持续健康发展，具有独立法人地位的国有政策性银行。

中国农业发展银行的主要任务是以国家信用为基础，以市场为依托，筹集支农资金，支持“三农”事业发展，发挥国家战略支撑作用。支持的领域主要包括：办理粮食、棉花、油料、食糖、猪肉、化肥等重要农产品收购、储备、调控和调销贷款，办理农业农村基础设施和水利建设、流通体系建设贷款，办理农业综合开发、生产资料和农业科技贷款，办理棚户区改造和农民集中住房建设贷款，办理易地扶贫搬迁、贫困地区基础设施、特色产业发展及专项扶贫贷款，办理县域城镇建设、土地收储类贷款，办理农业小企业、产业化龙头企业贷款，组织或参加银团贷款，办理票据承兑和贴现等信贷业务；吸收业务范围内开户企事业单位的存款，吸收居民储蓄存款以外的县域公众存款，吸收财政存款，发行金融债券；办理结算、结售汇和代客外汇买卖业务，按规定设立财政支农资金专户并代理拨付有关财政支农资金，买卖、代理买卖和承销债券，从事同业拆借、存放，代理收付款项及代理保险，资产证券化，企业财务顾问服务，经批准后可与租赁公司、涉农担保公司和涉农股权投资公司合作等方式开展涉农业务；经国务院银行业监督管理机构批准的其他业务。

3. 中国进出口银行

中国进出口银行于 1994 年 4 月批准设立，是由国家出资设立，直属国务院领导，支持中国对外经济贸易投资发展与国际经济合作，具有独立法人地位的国有政策性银行。

依托国家信用支持，积极发挥在稳增长、调结构、支持外贸发展、实施“走出去”战略等方面的重要作用，加大对重点领域和薄弱环节的支持力度，促进经济社会持续健康发展。中国进出口银行的经营范围：经批准办理配合国家对外贸易和“走出去”领域的短期、中期和长期贷款，含出口信贷、进口信贷、对外承包工程贷款、境外投资贷款、中国政府援外优惠贷款和优惠出口买方信贷等；办理国务院指定的特种贷款；办理外国政府和国际金融机构转贷款（转赠款）业务中的三类项目及人民币配套贷款；吸收授信客户项下存款；发行金融债券；办理国内外结算和结售汇业务；办理保函、信用证、福费廷等其他方式的贸易融资业务；办理与对外贸易相关的委托贷款业务；办理与对外贸易相关的担保业务；办理经批准的外汇业务；买卖、代理买卖和承销债券；从事同业拆借、存放业务；办理与金融业务相关的资信调查、咨询、评估、见证业务；办理票据承兑与贴现；代理收付款项及代理保险业务；买卖、代理买卖金融衍生产品；资产证券化业务；企业财务顾问服务；组织或参加银团贷款；海外分支机构在进出口银行授权范围内经营当地法律许可的银行业务；按程序经批准后以子公司形式开展股权投资及租赁业务；经国务院银行业监督管理机构批准的其他业务。

（二）商业银行

商业银行是我国金融机构体系的主体，商业银行是指根据《中华人民共和国商业银行法》和《中华人民共和国公司法》设立的吸收公众存款、发放贷款、办理结算等业务的企业法人。商业银行主要包括：国有控股大型商业银行、股份制商业银行、城市商业银行、农村金融机构、外资银行、民营银行等。

拓展阅读 3-3：中华人民共和国商业银行法

商业银行主要经营的业务有：吸收公众存款；发放短期、中期和长期贷款；办理国内外结算；办理票据承兑与贴现；发行金融债券；代理发行、代理兑付、承销政府债券；买卖、代理买卖外汇；从事银行卡业务；提供信用证服务及担保；代理收付款项及代理保险业务等。

拓展阅读 3-4：中华人民共和国公司法

1. 国有控股大型商业银行

国有控股大型商业银行是指由国家（财政部、中央汇金公司）直接管控的大型商业银行。国有控股大型商业银行主要由原国家专业银行演变而来，包括中国工商银行、中国农业银行、中国银行、中国建设银行、中国交通银行和中国邮政储蓄银行。

中国工商银行成立于 1984 年 1 月 1 日，2005 年 10 月改制为股份有限公司。2006 年 10 月 27 日，中国工商银行在上海证券交易所和香港联合交易所挂牌上市。中国建设银行成立于 1954 年 10 月 1 日，2005 年 10 月改制为股份有限公司。2005 年 10 月和 2007 年 9 月，中国建设银行先后在香港联合交易所有限公司和上海证券交易所挂牌上市。1912 年 2 月，经孙中山先生批准，中国银行正式成立。2004 年 8 月，中国银行股份有限公司挂牌成立。2006 年 6 月和 7 月，中国银行先后在香港联合交易所和上海证券交易所挂牌上市。中国农业银行成立于 1951 年，2009 年 1 月，改制为股份有限公司。2010 年 7 月 15 日和 16 日，中国农业银行分别在上海证券交易所和香港联合交易所挂牌上市。交通银行始建于 1908 年，是中国历史最悠久的银行之一，也是近代中国的发钞行之一。1987 年 4 月 1 日，国务院批准重新组建后的交通银行正式对外营业。2005 年 6 月和 2007 年 5 月，交通银行先后在香港联合交易所和上海证券交易所挂牌上市。中国邮政储蓄银行成立于 2007 年 3 月，2012 年 1 月，改制为股份有限公司。2016 年 9 月和 2019 年 12 月，中国邮政储蓄银行先后在香港联合交易所和上海证券交易所挂牌上市。

2. 股份制商业银行

股份制商业银行是经批准设立的具有独立法人地位的股份有限公司。股份制商业银行采取股份制形式，自主经营、独立核算，以利润最大化为经营目的。股份制商业银行是商业银行的一种类型。

目前，全国性股份制商业银行共12家，包括中国光大银行、中信实业银行、广东发展银行、中国民生银行、招商银行、福建兴业银行、华夏银行、平安银行、上海浦东发展银行、渤海银行、恒丰银行、浙商银行。

3. 城市商业银行

城市商业银行的前身是城市合作银行。1995年国务院决定，在城市信用社清产核资的基础上，通过吸收地方财政、企业入股组建城市合作银行。1998年，城市合作银行全部改名为城市商业银行。

城市商业银行是以各个城市为主要业务区域的银行，近些年发展势头迅猛。截至2022年末，全国共有城市商业银行125家，其中北京银行、江苏银行、上海银行、宁波银行、南京银行、徽商银行、杭州银行等资产规模达万亿以上。

4. 农村金融机构

农村金融机构包括农村商业银行、农村信用社、农村合作银行、村镇银行和农村资金互助社。农村商业银行和农村合作银行是在合并农村信用社的基础上组建的，而村镇银行和农村资金互助社是2007年批准设立的新机构。

截至2022年末，农村商业银行1606家，农村合作银行23家，农村信用社548家，资金互助社38家，村镇银行1645家。农村金融机构是中国金融机构体系的重要组成部分，是解决乡村振兴资金来源的重要途径，在服务乡村振兴战略大局中具有不可替代的作用。

5. 外资银行

外资银行是指依照中华人民共和国有关法律、法规，经批准在中华人民共和国境内设立的外商独资银行、中外合资银行、外国银行分行和外国银行代表处。

外资银行必须遵守中华人民共和国法律、法规，不得损害中华人民共和国的国家利益、社会公共利益。1979年，日本输出入银行在北京设立了第一家外资银行的代表处。1982年1月南洋商业银行深圳分行开业。2014年11月，国务院修订颁布《中华人民共和国外资银行管理条例》，进一步放宽了外资银行的设立运营条件。2015年6月，中国银监会修订公布了《外资银行行政许可事项实施办法》，对外资银行的设立、改制与关闭条件及业务范围等做了更加详细的规定。

截至2022年末，我国共设立了41家外资法人银行、116家外国银行分行和135家代表处，营业性机构总数达911家，外资银行总资产达3.76万亿元。

6. 民营银行

2013年11月，十八届三中全会发布《中共中央关于全面深化改革若干重大问题的决定》，明确提出“在加强监管前提下，允许具备条件的民间资本依法发起设立中小型银行等金融机构”。微众银行、天津金城银行、上海华瑞银行、温州民商银行和浙江网商银行是我国首批试点的民营银行。民营银行有助于提升民营资本的积极性，解决普惠金融的短板。民营银行具有一定的特色，比如网商银行，微众银行主要是以互联网银行为主，而其他银行也有自己的特色领域。

截至目前，我国共有 19 家民营银行：浙江网商银行、辽宁振兴银行、深圳前海微众银行、湖南三湘银行、上海华瑞银行、重庆富民银行、天津金城银行、武汉众邦银行、福建华通银行、无锡锡商银行、安徽新安银行、北京中关村银行、江苏苏宁银行、江西裕民银行、威海蓝海银行、吉林亿联银行、四川新网银行、温州民商银行、梅州客商银行等。

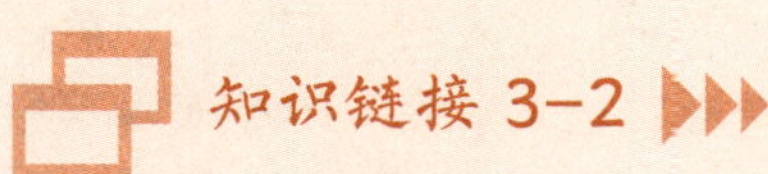

中国首家互联网银行——微众银行

2014 年 12 月 16 日，深圳前海微众银行股份有限公司（简称微众银行）正式成立，成为中国首家民营银行、互联网银行。2015 年 1 月 4 日，国务院总理李克强亲临微众银行考察，并见证了微众银行给卡车司机徐军发放 3.5 万元贷款的过程。这是国内首家开业的民营银行完成的第一笔放贷业务，而这个新生的金融机构就此正式载入中国金融历史之中。微众银行既无营业网点，也无营业柜台，更无须财产担保，而是通过人脸识别技术和大数据信用评级发放贷款。

微众银行始终秉持“让金融普惠大众”的使命，坚持以科技创新作为驱动业务发展的核心引擎，致力于满足普罗大众和小微企业的多元金融服务需求。微众银行依托数字科技，积极探索“金融 + 科技”的运营模式，先后推出微粒贷、微业贷、微众银行 App 财富 +、小鹅花钱等创新性普惠金融产品。

资料来源：微众银行官方网站。

三、非银行类金融机构

我国的非银行类金融机构包括保险公司、证券公司、信托公司、证券投资基金管理公司、财务公司、金融租赁公司、资产管理公司、期货公司等。

（一）保险公司

保险公司是指依照《中华人民共和国公司法》和《中华人民共和国保险法》的规定，经保险监督管理机构批准设立的专门经营保险业务，具有独立法人地位的有限责任公司或者股份有限公司。

1949 年 10 月 20 日，中国人民保险公司作为保险业的管理机关宣告成立。1985 年之前，国内保险业务一直由中国人民保险公司独家经营。1988 年和 1991 年，中国平安保险公司和中国太平洋保险公司分别成立。1992 年，美国友邦保险成立上海分公司，日本东京海上火宅保险公司上海分公司、中宏、丰泰等外（合）资保险公司相继成立。新华人寿、泰康人寿两家寿险股份有限公司和天安、大众、华泰、华安、永安五家财险公司陆续成立。1995 年，《中华人民共和国保险法》正式颁布。1998 年 11 月，中国保险监督管理委员会成立，要求人身险和财产险实行严格分业经营。中国人民保险公司经过一系列的重组拆分，分别成立中国人民保险公司、中国人寿保险公司、中国再保险公司。2001 年，中国加入世界贸易组织，保险业开放的力度进一步加大。随后，意大利、加拿大、英国等外国保险公司陆续进入中国，成立中意人寿、光大永明、中英人寿等中外合资保险公司。2013 年 11 月 16 日，中国首家互联网保险公司众安在线财产保险股份有限公司开业。

拓展阅读 3-5：中华人民共和国保险法

拓展阅读 3-6：中华人民共和国证券法

目前，我国已形成以中资保险公司为主，中外保险公司并存竞争的局面。我国主要的保险公司有中国人民保险（集团）股份有限公司、中国太平洋保险（集团）股份有限公司、中国平安保险（集团）股份有限公司、中国人寿保险（集团）公司、中国太平保险集团有限责任公司等。截至 2022 年末，我国保险公司总资产为 27.1 万亿元，原保险保费收入 4.7 万亿元，其中财产险业务原保险保费收入 1.3 万亿元，人身险业务原保险保费收入 3.4 万亿元。境外保险机构在华共设立了 68 家外资保险机构和 79 家代表处，外资保险公司总资产 2.26 万亿元。

（二）证券公司

证券公司是指依照《中华人民共和国公司法》和《中华人民共和国证券法》的规定，经证券监督管理机构批准设立的专门经营证券业务，具有独立法人地位的有限责任公司或者股份有限公司。

在我国从事证券业务的除证券经营机构外，还包括证券服务机构，如证券交易所、证券登记结算公司等。证券公司的主要业务有：证券承销业务、证券经纪业务、证券自营业务、证券咨询业务、证券资产管理业务、融资融券业务、债券回购业务等。1987 年中国第一家专业性证券公司——深圳特区证券公司成立（2006 年退市）。1988 年，万国证券公司、申银证券和海通证券等 33 家证券公司也先后成立。1990 年 12 月，上海证券交易所、深圳证券交易所相继成立。1999 年 7 月 1 日《中华人民共和国证券法》颁布实施。2021 年 11 月，北京证券交易所成立。目前，证券公司中比较具有影响力的有中信证券、海通证券、广发证券、招商证券、国泰君安、国信证券、华泰证券、银河证券、中信建投等。

截至2022年末，证券业总资产为11.06万亿元，净资产为2.79万亿元，净资本2.09万亿元。行业整体风控指标均优于监管标准，合规风控水平健康稳定。全行业140家证券公司实现营业收入3949.73亿元，实现净利润1423.01亿元。2022年，证券行业服务实体经济实现直接融资5.92万亿元，为稳定宏观经济大盘积极贡献力量。其中，包括服务428家企业实现境内上市，融资金额5868.86亿元，同比增长8.15%，融资金额创历史新高。证券行业服务上市公司再融资7844.50亿元，支持上市公司在稳定增长、促进创新、增加就业、改善民生等方面发挥重要作用。证券公司通过公司债、资产支持证券、REITs等实现融资4.54万亿元，引导金融资源流向绿色发展、民营经济等重点领域和薄弱环节。

（三）信托公司

信托公司是指依照《中华人民共和国公司法》和《中华人民共和国信托法》的规定，经银行监督管理机构批准设立的专门经营信托业务的金融机构。信托业务，是指信托公司以营业和收取报酬为目的，以受托人身份承诺信托和处理信托事务的经营行为。大多数信托投资公司以经营资金和财产委托，代理资产保管、金融租赁、经济咨询、证券发行和投资为主要业务。

拓展阅读3–7：中华人民共和国信托法

1979年，我国创办了第一家信托投资公司——中国国际信托投资公司。由于监管制度建设滞后，在信托业的发展过程中出现盲目竞争、违规经营等问题，历经多次清理整顿。2001年4月，《中华人民共和国信托法》正式颁布，并于当年10月实施。2023年3月24日，原银保监会发布2023年1号文件《关于规范信托公司信托业务分类有关事项的通知》，对信托业务分类进行改革，将信托业务分为资产服务信托、资产管理信托、公益慈善信托三大类，标志着信托行业开启新一轮转型。截至2023年5月，我国持牌信托机构有67家。截至2022年末，信托资产规模为21.14万亿元，信托业累计实现经营收入838.79亿元。

（四）证券投资基金管理公司

拓展阅读3–8：中华人民共和国证券投资基金法

证券投资基金管理公司简称基金公司，是指依照《中华人民共和国公司法》和《中华人民共和国证券投资基金法》、《证券投资基金管理公司管理办法》的规定，经中国证券监督管理委员会批准，在中国境内设立，从事证券投资基金管理业务的企业法人。在中华人民共和国境内，公开或者非公开募集资金设立证券投资基金，由基金管理人管理，基金托管人托管，为基金份额持有人的利益，进行证券投资活动。

拓展阅读3–9：证券投资基金管理公司管理办法

基金公司按是否面向一般大众募集资金可分为公募基金与私募基金。公募基金如大成、嘉实、华夏等基金公司是证券投资基金，只能投资股票或债券，不能投资非上市公司股权，不能投资房地产，不能投资有风险企业。私募基金按投资标的划分为：私募证券投资基金（经阳光化后又叫做阳光私募）；私募资产配置类基金；私募股权、创业投资基金及其他私募投资基金。

表3-2　公募基金数量及规模（截至2022年四季度末）

基金类型	基金数量 /只	基金份额 /亿份	基金净值 /亿元
封闭式基金	1300	33265.68	35000.29
开放式基金	9276	206162.67	225311.60
其中:股票基金	1992	20131.94	24782.42
其中:混合基金	4595	40755.25	49972.86
其中:债券基金	2095	38209.47	42730.86
其中:货币基金	372	103354.25	104557.63
其中:QDII基金	222	3711.76	3267.81
合计	10576	239428.35	260311.89

资料来源：中国证券投资基金业协会官方网站

表3-3　私募基金数量及规模(截至2022年四季度末)

基金类型	基金数量 /只	规模 /亿元
私募证券投资基金	92578	56128.56
私募股权投资基金	31523	111115.35
创业投资基金	19353	29023.13
私募资产配置基金	28	53.55
其他私募投资基金	1538	6497.30
合计	145020	202817.90

资料来源：中国证券投资基金业协会官方网站。

截至2022年末，基金管理公司及其子公司、证券公司、期货公司、私募基金管理机构资产管理业务总规模约66.74万亿元。其中，公募基金规模26.03万亿元，证券公司及其子公司私募资产管理业务规模6.87万亿元，基金管理公司及其子公司私募资产管理业务规模7.12万亿元，基金公司管理的养老金规模4.27万亿元，期货公司及其子公司私募资产管理业务规模约3147亿元，私募基金规模20.28万亿元，资产支持专项计划规模1.95万亿元。

（五）财务公司

企业集团财务公司简称财务公司，是指以加强企业集团资金集中管理和提高企业集团资金使用效率为目的，依托企业集团、服务企业集团，为企业集团成员单位提供金融服务的非银行金融机构。

财务公司是我国极具特色的一类非银行金融机构，常被称作企业集团的“内部银行”。1987 年，我国批准成立了第一家企业集团财务公司，即东风汽车工业集团财务公司。1996 年 9 月，中国人民银行颁布了《企业集团财务公司管理暂行办法》。2022 年 11 月，新修订的《企业集团财务公司管理办法》颁布施行。

拓展阅读 3–10：企业集团财务公司管理办法

截至 2022 年 6 月末，我国设立财务公司法人机构 254 家，服务集团成员单位数量数万家，全行业表内外资产规模 12.28 万亿元，财务公司提供的金融服务在小微、“三农”等薄弱环节以及民生消费领域均有涉及，且力度不断加大。目前，财务公司遍布能源电力、石油化工、电子电器、汽车、钢铁、民生消费、农林牧渔等 17 个行业，其中，核心主业为农林牧渔业的财务公司有 15 家。

（六）金融租赁公司

金融租赁公司是指依据《中华人民共和国公司法》和《金融租赁公司管理办法》的规定，经银行监督管理机构批准，以经营融资租赁业务为主的金融机构。

拓展阅读 3–11：金融租赁公司管理办法

融资租赁是指出租人根据承租人对租赁物和供货人的选择或认可，将其从供货人处取得的租赁物按合同约定出租给承租人占有、使用，向承租人收取租金的交易活动。金融租赁公司是所有权与使用权相分离的一种新的经济活动方式，具有融资、透支、促销和管理的功能。

我国金融租赁业起始于 20 世纪 80 年代初期。1987 年 7 月，中国国际信托投资公司与内资机构合作成立了我国第一家融资租赁公司——中国租赁有限公司。2014 年 3 月 13 日，《金融租赁公司管理办法》修订实施。2022 年 1 月 7 日，中国银保监会发布《金融租赁公司项目公司管理办法》，进一步加强风险管理和监管要求。截至 2023 年 3 月底，全国共设立金融租赁公司 68 家，注册资本共计 2720.07 亿元人民币。其中，银行成立的金融租赁公司占据主体地位，在公司数量和资产规模等方面处于领先位置。

（七）金融资产管理公司

金融资产管理公司是指经国务院决定设立的收购国有银行不良贷款，管理和处置因收购国有银行不良贷款形成的资产的国有独资非银行金融机构。

拓展阅读 3–12：金融资产管理公司条例

1999 年，我国先后设立中国华融资产管理公司、中国长城资产管理公司、中国信达资产管理公司和中国东方资产管理公司四家金融资产管理公司，它们分别收购、管理和处置工、农、中、建四家国有商业银行和国家开发银行剥离出来的不良资产。2000 年 11 月 10 日，《金融资产管理公司条例》颁布施行，金融资产管理公司以最大限度保全资产、减少损失为主要经营目标，依法独立承担民事责任。随着我国金融资产管理行业的发展，对行业的监管标准也在不断提高。《金融资产管理公司监管办法》和《金融资产管理公司资本管理办法（试行）》分别于 2015 年和 2018 年颁布施行，进一步提高对金融资产集团母公司的资本监管要求，规定资本充足性监管要求和监管指标。

（八）期货公司

拓展阅读 3-13：中华人民共和国期货和衍生品法

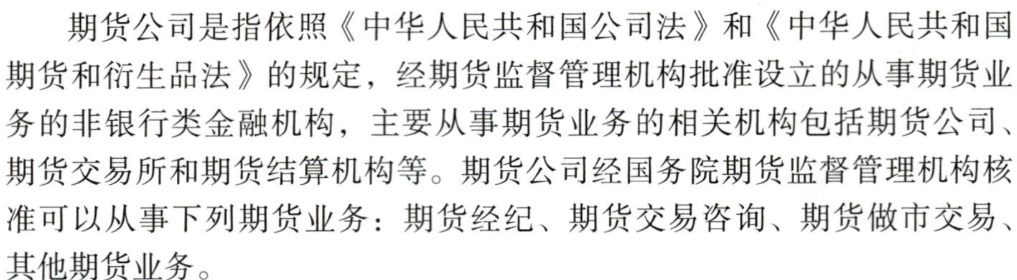

期货公司是指依照《中华人民共和国公司法》和《中华人民共和国期货和衍生品法》的规定，经期货监督管理机构批准设立的从事期货业务的非银行类金融机构，主要从事期货业务的相关机构包括期货公司、期货交易所和期货结算机构等。期货公司经国务院期货监督管理机构核准可以从事下列期货业务：期货经纪、期货交易咨询、期货做市交易、其他期货业务。

20 世纪 90 年代，我国的现代期货交易所应运而生。1990 年 10 月 12 日，郑州粮食批发市场经国务院批准成立，以现货交易为基础，引入期货交易机制，迈出了中国期货市场发展的第一步。1991 年 5 月 28 日，上海金属商品交易所开业。1991 年 6 月 10 日，深圳有色金属交易所成立，1992 年 9 月，第一家期货经纪公司——广东万通期货经纪公司成立。1993 年 2 月 28 日，大连商品交易所成立。上海期货交易所由上海金属交易所，上海粮油商品交易所和上海商品交易所合并组建而成，于 1999 年 12 月正式运营。2006 年 9 月 8 日，中国金融交易所成立。2010 年 4 月 16 日，中国推出国内第一个股指期货——沪深 300 股指期货。

截至 2022 年底，全国 150 家期货公司总资产约 1.7 万亿元，净资产 1841.65 亿元，资本实力持续增强。经纪业务收入 233.75 亿元，交易咨询业务收入 1.15 亿元，资产管理业务收入 9.95 亿元，风险管理业务收入 2413.81 亿元。

表3-4　2019—2022年全国150家期货公司主要业务收入情况

单位：亿元

业　务	2019年	2020年	2021年	2022年
经纪业务	129.00	192.30	314.98	233.75
交易咨询业务	1.42	1.26	1.76	1.15
资产管理业务	7.73	8.97	12.14	9.95
风险管理业务	1780.04	2083.50	2628.59	2413.81

资料来源：中国期货业协会官方网站。

表3-5　2022年末金融业机构资产负债统计表

项　目	余额 /万亿元	同比增速 /%
金融业机构总资产	419.64	9.9
其中：银行业	379.39	10
证券业	13.11	6.6
保险业	27.15	9.1
金融业机构负债	382.33	10.3
其中：银行业	348	10.4
证券业	9.89	5.8
保险业	24.45	11.3
金融业机构所有者权益	37.31	5.5
其中：银行业	31.39	6.5
证券业	3.22	9
保险业	2.7	−7.8

资料来源：中国人民银行官方网站。

知识链接 3-3

香港、澳门地区的金融机构体系

一、香港地区的金融机构体系

（一）金融监管机构

香港金融管理局成立于1993年4月1日，由外汇基金管理局与银行业监理处合并而成。香港金融管理局是香港的中央银行机构，主要职能有：在联系汇率制度的架构内维持货币稳定；促进金融体系（包括银行体系）的稳定与健全；协助巩固香港的国际金融中心地位；管理外汇基金。金融管理局的关联机构包括香港按揭证券有限公司、香港印钞有限公司、香港金融研究中心、香港银行同业结算有限公司及外汇基金投资有限公司。

证券及期货事务监察委员会成立于1989年5月1日，是负责监管香港证券及期货市场的独立法定机构。证券及期货事务监察委员会的主要职能包括维持和促进证券期货业的公平性、效率、竞争力、透明度及秩序。

保险业监管局成立于2015年12月7日，是独立于政府的新保险业监管机构。保险业监管局的主要职能是监管保险业，以促进保险业的整体稳定，并保护现有及潜在的保单持有人。

（二）发钞银行

港元的纸币绝大部分是在香港金融管理局监管下由三家发钞银行发行的。三家发钞行包括汇丰银行、渣打银行和中国银行，另有新款紫色十元钞票，由香港金融管理局自行发行。硬币则由金融管理局负责发行。

自 1983 年起，香港建立了港元发行与美元挂钩的联系汇率制度。发钞银行在发行任何数量的港币时，必须按 7.80 港元兑 1 美元的兑换汇率向香港金融管理局交出美元，计入外汇基金账目，领取了负债证明书后才可印钞。外汇基金所持的美元就为港元纸币的稳定提供支持。

（三）银行业

香港地区的银行业实行三级制，分别是持牌银行、有限制牌照银行及接受存款公司。香港金融管理局是这三类认可机构的发牌机关。只有持牌银行才可从事全面的银行业务，特别是往来与储蓄账户业务，以及接受不限数额及存款期的存款。截至2022年末，全港共有155家持牌银行、15家有限制牌照银行和12家接收存款公司。

（四）证券业

香港地区的证券市场和期货市场分别由联合交易所（简称联交所）和期货交易所（简称期交所）经营，联交所和期交所都是香港交易所的全资附属公司。香港中央结算有限公司是香港交易所的全资附属公司，负责管理为联交所的证券交易而设的证券中央结算及交收系统。截至 2022 年底，香港证券交易所营业收入达 184.6 亿港元，上市公司共 2597 家，其中主板 2257 家、创业板（GEM）340 家。在香港注册成立的基金的管理资产规模达 1652 亿美元，获发牌提供资产管理的公司数目增加至 2069 家。

（五）保险业

香港地区是全球最开放的保险中心之一。截至 2022 年底，香港共有 163 家获授权保险公司，815 家保险经纪公司，2084 家保险代理机构，持牌保险中介人超过124000 名。毛保费总额达 5560 亿港元，保险渗透率及密度排名亚洲第一。

香港还拥有发达的股票市场、黄金市场、外汇市场、金融衍生工具市场和债券市场。

二、澳门地区的金融机构体系

（一）金融监管机构

澳门特别行政区除银行业、保险业以外的金融市场并不发达，目前在监管机构设置上只有澳门金融管理局（行业自律组织为澳门银行公会），监管模式较为单一。

澳门金融管理局前身为澳门货币汇兑及监理署，澳门特别行政区成立后更名为澳门金融管理局。除银行、保险公司及退休基金管理公司外，金融管理局还负责监管在澳门从事受监管金融活动的其他机构，包括金融公司、兑换店、现金速递公司、金融中介公司、融资租赁公司、支付服务机构及金融资产交易公司。

金融管理局的主要职能包括：建议及辅助中华人民共和国澳门特别行政区行政长官制定及施行货币、金融、外汇及保险政策；根据规范货币、金融、外汇及保险活动的法规，指导、统筹及监察上述市场，确保其正常运作，并对该等市场的经营者进行监管；监察货币的内部稳定及其对外的偿还能力，以确保其可完全兑换性；行使中央储备库职能及外汇与其他对外支付工具的管理人职能；维持金融体系的稳定。

（二）发钞银行

澳门首家银行成立于1902年，即葡资的大西洋银行。1906年1月27日，大西洋银行代表澳门政府首次发行纸币。1995年10月16日，中国银行澳门分行正式发行货币。

目前，澳元纸币由澳门金融管理局授权大西洋银行与中国银行澳门分行发行，硬币则由澳门金融管理局负责发行。发钞银行必须按1港元兑1.03澳门元的固定汇率，向澳门金融管理局交付等值的港元换取无息负债证明书，作为发钞的法定储备。由于澳门元与港元实行联系汇率制，因此澳门元也间接与美元挂钩，汇率约为1美元兑8澳门元。

（三）金融机构

截至2021年底，获许可在澳门特区经营的银行机构总数增至32家，包括12家澳门注册银行及20家外地注册银行的分行。银行机构总资产规模达26797亿澳门元。截至2021年底，获许可在澳门特区经营保险业务的保险公司共有25家，其中12家为人寿保险公司，其余则经营一般保险业务，除了7家人寿保险公司获许可经营私人退休基金管理业务外，尚有2家只从事私人退休基金管理业务的公司。管理资产总额达393亿澳门元。

资料来源：香港金融管理局和澳门金融管理局官方网站、《证券及期货事务监察委员会2021—2022年报》、《香港金管局2022年年报》、《保险业监管局2021—2022年报》。

第四节　国际金融机构体系

国际金融机构是指从事国际金融管理和国际金融活动的超国家性质的组织机构，按地区可分为全球性国际金融机构和区域性国际金融机构。

微课3–4：国际金融机构体系

世界银行和国际货币基金组织等众多国际金融机构共同组成国际金融机构体系，在重大的国际经济金融事件中协调各国的行动，提供资金融通，缓解国际收支逆差，稳定汇率，促进各国经济发展。在经济全球一体化背景下，国际金融机构在国际经济和国际金融领域中将发挥更为重要的金融基础作用。

一、全球性国际金融机构

（一）国际货币基金组织

国际货币基金组织（International Monetary Fund，IMF）是根据 1944 年 7 月在布雷顿森林会议签订的《国际货币基金组织协定》于 1945 年 12 月成立的国际组织，其与世界银行同时成立，并列为全球两大国际金融机构。国际货币基金组织总部设在华盛顿，在巴黎和日内瓦设有代表处，目前有 190 个会员国。

IMF 具有三大重要使命：促进国际货币合作，支持贸易发展和经济增长，以及阻止有损繁荣的政策。IMF 通过以下途径促进国际金融稳定：监测经济金融形势并向各国提供建议；向成员国提供贷款和其他资金援助；通过技术援助和培训活动，帮助各国政府实施稳健的经济政策。国际货币基金组织的资金来自三个渠道：成员国的份额、信贷安排以及双边借款协议。

IMF 对其成员国政府负责，其组织结构的最高层是理事会，由每个成员国的一位理事和一位副理事组成，通常是中央银行或财政部的最高官员。理事会每年在 IMF/ 世界银行年会之际开一次会。国际货币与金融委员会（IMFC）由 24 位理事组成，向 IMF 执董会提供咨询。IMF 的日常工作由代表全体成员国的 24 位成员组成的执董会负责管理，并由 IMF 工作人员提供支持。总裁是 IMF 工作人员的首脑并担任执董会主席，由 4 位副总裁协助。国际货币基金组织的重大决策由会员国投票表决。根据平等原则，每个会员国有 250 票的基本投票权，此外，每认缴 10 万美元份额（1970 年后以特别提款权为计算单位），便增加 1 票。中国目前的份额是 6.40%，仅次于美国和日本。

（二）世界银行集团

世界银行集团（World Bank Group）是一个国际组织，目前由国际复兴开发银行（IBRD）、国际开发协会（IDA）、国际金融公司（IFC）、多边投资担保机构（MIGA）和国际投资争端解决中心（ICSID）五个成员机构组成。其中，IBRD 和 IDA 共同构成世界银行，向发展中国家的政府提供资金、政策咨询和技术援助。IDA 的重点是援助世界最贫困国家，IBRD 援助中等收入国家和资信良好的较贫困国家。IFC、MIGA 和 ICSID 的重点是加强发展中国家的私营部门。世界银行集团通过这三家机构向私营企业，包括金融机构，提供资金、技术援助、政治风险担保和争端调解服务。

世界银行集团目前有 189 个成员国，其成立之初的使命是帮助在第二次世界大战中被破坏的国家进行重建。当前，作为面向发展中国家的世界最大的资金和知识来源，世界银行集团所属五家机构致力于减少贫困，推动共同繁荣，促进可持续发展。

1. 国际复兴开发银行

国际复兴开发银行（International Bank for Reconstruction and Development，IBRD）成立于1945年12月27日，1946年6月开始营业，总部设在华盛顿。只有国际货币基金组织的会员国才有资格申请加入世界银行。世界银行也是按股份公司原则建立起来的企业性金融机构。其最高权力机构是理事会，负责处理日常业务的机构是执行董事会，执行董事会选举一人为行长。

世界银行的宗旨是：通过对生产事业的投资，协助成员国经济的复兴与建设，鼓励不发达国家对资源的开发；通过担保或参加私人贷款及其他私人投资的方式促进私人对外投资；鼓励国际投资，协助成员国提高生产能力，促进成员国国际贸易的平衡发展和国际收支状况的改善；在提供贷款保证时，应与其他方面的国际贷款配合。

世界银行的资金来源主要有：会员国缴纳的股金，向国际金融市场借款，债权转让，经营业务收益等。世界银行的贷款对象为会员国的政府或政府担保的公私机构，主要针对发展中国家。贷款条件比国际金融市场上的条件优惠，期限最长可达30年，采用浮动利率。贷款只能用于特定的工程项目，即项目贷款，在特殊情况下，也发放非项目贷款。

2. 国际开发协会

国际开发协会（International Development Association，IDA）成立于1960年9月24日，同年11月开始营业，总部设在华盛顿。该机构的宗旨是面向最贫困国家的政府提供长期无息低息贷款和赠款，以促进其经济发展和生活水平的提高。国际开发协会的理事、执行董事等工作人员由世界银行相应人员兼任。它是按股份公司的方式组织起来的，其投票权的分配与成员国认缴的股金挂钩。

3. 国际金融公司

国际金融公司（International Finance Cooperation Organizational Structure，IFC）成立于1956年7月24日。该机构的宗旨是通过贷款或投资入股的方式向成员国特别是发展中国家的私人企业提供资金，以促进成员国经济的发展。国际金融公司的总经理由世界银行行长兼任，主要机构工作人员也由世界银行相应部门人员兼任。国际金融公司的资金来源主要有：成员国认缴的股金，自身积累的利润，成员国偿还的款项等。

4. 多边投资担保机构

多边投资担保机构（Multilateral Investment Guarantee Agency，MIGA）成立于1988年，1990年签署第一笔担保合同。该机构的宗旨是通过向外国私人投资者提供政治风险担保，包括征收风险、货币转移限制、违约、战争和内乱风险担保，并向成员方政府提供投资促进服务，加强成员方吸引外资的能力，从而推动外商直接投资流入发展中国家，支持发展中国家经济增长，减少贫困和改善人民生活。

5. 国际投资争端解决中心

国际投资争端解决中心（International Centre for Settlement of Investment Disputes，ICSID）成立于1966年10月，是一个专门处理国际投资争议的国际性常设仲裁机构。该中心设在美国华盛顿特区，其宗旨是为各缔约国的国民之间的投资争端提供调停和仲裁便利，培育相互信任的气氛，借以鼓励私人资本的国际流动。

表3-6　世界银行集团为伙伴国提供资金概况

单位:百万美元

	2018年	2019年	2020年	2021年	2022年
世界银行集团					
承诺额	74265	68105	83547	98830	104370
支付额	45724	49395	54367	60596	67041
IBRD					
承诺额	23002	23191	27976	30523	33072
支付额	17389	20182	20238	23691	28168
IDA					
承诺额	24010	21932	30365	36028	37727
支付额	14383	17549	21179	22921	21214
IFC					
承诺额	19027	14684	17604	20669	22229
支付额	11149	9074	10518	11438	13198
MIGA					
总担保额	5251	5548	3961	5199	4935
受援国实施的信托基金					
承诺额	2976	2749	3641	6411	6407
支付额	2803	2590	2433	2546	4461

资料来源：世界银行2022年年度报告。

（三）国际清算银行

国际清算银行（Bank for International Settlements，BIS）成立于1930年1月20日，由英国、法国、意大利、德国、比利时、日本的中央银行和代表美国的摩根保证信托投资公司、纽约花旗银行、芝加哥花旗银行共同组成，总部设在瑞士巴塞尔。BIS初建的目的是处理第一次世界大战后德国赔款的支付和德国国际清算问题，后演变成各国中央银行合作的国际金融机构。

当前 BIS 致力于促进各国中央银行间的合作，为国际金融往来提供额外便利，接受委托或作为代理人办理国际清算业务，推动国际金融合作，健全国际金融监管体系，提高国际金融领域抵抗风险能力等，著名的《巴塞尔协议》便出自该银行。1996 年 9 月 9 日，BIS 通过一项协议，接纳中国、巴西、印度、韩国、墨西哥、俄罗斯、沙特阿拉伯、新加坡和中国香港地区的中央银行或货币当局为该行的新成员。现 BIS 会员国已发展至 60 家中央银行或货币当局。

二、区域性国际金融机构

（一）亚洲开发银行

亚洲开发银行（Asian Development Bank，ADB），简称“亚开行”或“亚行”，是亚太地区最大的政府间金融机构。根据联合国亚洲及远东经济委员会 1963 年达成的协议，亚开行于 1966 年 11 月在东京成立，同年 12 月开始营业，总部设在菲律宾的马尼拉。

亚开行的宗旨是通过发放贷款和进行投资、技术援助，促进本地区的经济发展与合作。其主要业务是向亚太地区加盟银行的成员国和地区的政府及其所属机构、境内公私企业以及与发展本地区有关的国际性或地区性组织提供贷款。贷款分为普通贷款和特别基金贷款两种。前者的贷款期为 12 ～ 25 年，利率随金融市场的变化调整；后者的贷款期为 25 ～ 30 年，利率为 1% ～ 3%，属于长期低利优惠贷款。亚开行的资金来源主要是加入银行的国家和地区认缴的股本、借款和发行的债券，以及某些国家的捐赠款和由营业收入所积累的资本。

亚开行的最高权力机构是理事会，下设董事会，执行理事会授予的权力，负责银行的经营管理。亚开行成员国的投票权由两部分组成：基本投票权占股权的 20%，按成员国平均分配；比例投票权按每认购 1 万美元增加 1 票的方式分配。我国于 1986 年恢复在亚开行的合法席位，目前已成为亚开行的第三大股东，在亚开行具有重要影响力。

（二）非洲开发银行

非洲开发银行（African Development Bank，ADB）成立于 1964 年，1966 年 7 月 1 日开业，总部设在科特迪瓦的阿比让，2003 年因科特迪瓦政局不稳迁至突尼斯。非洲开发银行是非洲最大的地区性政府间金融机构。非洲开发银行的宗旨是为成员国经济和社会发展服务，提供资金支持，协助非洲大陆制定发展的总体规划，协调各国的发展计划，以期达到非洲经济一体化的目标。

非洲开发银行的资金来源主要来自成员国的认缴，非洲国家的资本额占 2/3，这是使非洲开发银行的领导权掌握在非洲国家所做的必要限制。我国于 1985 年 5 月加入非洲开发银行，成为正式成员国。非洲开发银行的主要业务是向成员国提供普通贷款和特别贷款。特别贷款的条件优惠、期限长，最长可达 50 年，贷款不计利息。为解决贷款资金的需要，它还先后设立了几个合办机构，包括非洲开发基金、尼日利亚信托基金、非洲投资开发国际金融公司和非洲再保险公司。

（三）金砖国家新开发银行

金砖国家新开发银行（New Development Bank，NDB）简称新开发银行，是由金砖国家发起建立的跨区域国际金融机构。

2012 年 3 月 29 日，金砖国家领导人第四次会晤在印度新德里举行，会后发表了《德里宣言》，其中就建立更具代表性的国际金融机构达成共识。2013 年 3 月，第五次金砖国家领导人峰会决定建立金砖国家新开发银行。2014 年 7 月 15 日，金砖国家领导人第六次会晤发表《福塔莱萨宣言》，宣布金砖国家新开发银行的初始资本为 1000 亿美元，由 5 个创始成员国平均出资，初始认购资本将为 500 亿美元，总部设在中国上海。

2015 年 7 月 21 日，金砖国家新开发银行正式开业。首任理事长来自俄罗斯，首任董事长来自巴西，首任行长来自印度。新开发银行主要为新兴市场国家的基础设施项目提供融资，拓展了经济合作领域的新空间，作为现有多边和区域金融机构的补充，促进了全球增长与发展。2021 年，新开发银行接纳孟加拉国、埃及、阿联酋和乌拉圭为新成员国。

（四）亚洲基础设施投资银行

亚洲基础设施投资银行（Asian Infrastructure Investment Bank，AIIB），简称“亚投行”，是一个政府间性质的亚洲区域多边开发机构，总部设在北京，法定资本 1000 亿美元。亚投行成立的宗旨是促进亚洲区域建设互联互通化和区域经济一体化进程，加强中国及其他亚洲国家和地区的合作，重点支持基础设施建设。

拓展阅读 3-14：开业运营 7 周年亚投行“朋友圈”何以越来越大？

2013 年 10 月 2 日，习近平主席提出亚投行筹建倡议。2014 年 10 月 24 日，包括中国、印度、新加坡等在内的 21 个首批意向创始成员国的财政部部长和授权代表在北京签约。2015 年 6 月 29 日，《亚洲基础设施投资银行协定》签署仪式在北京举行，亚投行 57 个意向创始成员国财政部部长或授权代表出席了签署仪式。2015 年 12 月 25 日，亚投行正式成立。2020 年 7 月，在亚投行第五届理事会年会视频会议开幕式上，习近平主席宣布，亚投行已经从 57 个创始成员发展到来自全球六大洲的 102 个成员。截至 2023 年 1 月，亚投行已拥有 106 个成员，覆盖全球 81% 的人口和 65% 的 GDP，成为成员数量仅次于世界银行的全球第二大国际多边开发机构。

亚投行正式宣告成立，是国际经济治理体系改革进程中具有里程碑意义的重大事件，标志着亚投行作为一个多边开发银行的法人地位正式确立。亚投行能更好地为亚洲地区长期的巨额基础设施建设融资缺口提供资金支持，缓解亚洲经济体面临的融资瓶颈，与现有多边开发银行形成互补，推进亚洲实现持续稳定增长。中国提倡筹建亚投行，将有利于推动国际金融体系与金融规则的调整与重构，展示了我国作为一个新兴经济大国对世界繁荣与发展的应有担当。同时，亚投行是继提出建立金砖国家新开发银行、上合组织开发银行之后中国试图主导国际金融秩序的又一重大举措。

思考与练习

一、单项选择题

1. 金融机构最基本、最能反映其经营活动特征的职能是（　　）。

A. 支付中介　　B. 信用中介　　C. 降低交易成本　　D. 调节经济

2. 我国的中央银行是（　　）。

A. 中国银行　　B. 中国工商银行

C. 中国人民银行　　D. 国家开发银行

3. 下列属于一国金融管理机构的是（　　）。

A. 商业银行　　B. 财政部

C. 政策性银行　　D. 中央银行

4. 下列属于准中央银行制的金融管理机构是（　　）。

A. 中国人民银行　　B. 美联储

C. 香港金融管理局　　D. 英格兰银行

5.2023 年 5 月 18 日成立的金融监管机构是（　　）。

A. 中国人民银行　　B. 国家金融监督管理总局

C. 中国银行保险监督管理委员会　　D. 中国证监督管理委员会

6. 下列属于银行类金融机构的是（　　）。

A. 保险公司　　B. 证券公司　　C. 信托公司　　D. 商业银行

7. 下列属于存款类金融机构的是（　　）。

A. 信托公司　　B. 共同基金　　C. 养老基金　　D. 兴业银行

8. 下列属于非银行类金融机构的是（　　）。

A. 平安银行　　B. 中国银行　　C. 中信证券　　D. 兴业银行

9. 由我国主导成立的国际金融机构是（　　）。

A. 亚投行　　B. 世界银行

C. 非洲开发银行　　D. 国际货币基金组织

10. 下列国际金融机构成立较早的是（　　）。

A. 世界银行　　B. 亚投行

C. 非洲开发银行　　D. 国际清算银行

二、多项选择题

1. 下列属于金融机构的是（　　）。

A. 世界银行　　B. 商业银行　　C. 保险公司

D. 证券公司　　E. 期货公司

2. 金融机构的功能包括（　　）。

A. 信用中介　　B. 支付中介　　C. 降低交易成本

D. 改善信息不对称　　E. 调节经济

3. 属于国有控股大型商业银行的有（　　）。

A. 民生银行　　B. 中国银行　　C. 中国建设银行

D. 华夏银行　　E. 微众银行

4. 1994 年，我国相继组建三家政策性银行，包括（　　）。

A. 国家开发银行　　B. 中国进出口银行　　C. 中国农业发展银行

D. 中国建设银行　　E. 中国人民银行

5. 我国的金融监管机构包括（　　）。

A. 中国人民银行　　B. 国家金融监督管理总局　　C. 中国农业发展银行

D. 国家开发银行　　E. 中国证券监督管理委员会

6. 商业银行主要经营的业务有（　　）。

A. 吸收公众存款　　B. 发放短期、中期和长期贷款　　C. 办理国内外结算

D. 代理发行、兑付、承销政府债券　　E. 买卖、代理买卖外汇

三、判断题

1. 商业银行属于直接融资性金融机构。（　　）

2. 中央银行在一国金融机构体系中居于核心地位。（　　）

3. 中国人民银行成立于 1949 年 10 月 1 日。（　　）

4. 欧洲中央银行属于跨国性的中央银行。（　　）

5. 政策性银行不以营利为目的，重在贯彻国家产业政策和区域发展政策。（　　）

6. 我国当前的金融监管机构简称“一行一总局一会”。（　　）

7. 我国的农业发展银行属于商业银行性质。（　　）

8. 证券公司属于存款类金融机构。（　　）

9. 保险公司是指专门经营证券业务的金融机构。（　　）

10. 我国的商业银行在组织形式上采用分支行制。（　　）

四、简答题

1. 简述金融机构的功能。

2. 简述我国金融机构体系的构成。

3. 简述国际金融机构体系的构成。

五、实训题

实训项目：走近金融机构

1. 实训目标

金融机构是金融活动的载体和媒介。通过开展实地考察和调研，加深对各类金融机构的职能和性质的认识，近距离感受我国金融业发展的巨大成就，领悟金融机构发展的内在规律。

2. 实训任务

（1）选择某一类金融机构作为调研对象，进行实地考察和实际业务办理，查阅相关书籍或网站，搜集行业研究报告，展示金融机构的主要业务、发展历程以及所取得的成就，探寻数字化背景下金融机构的未来发展趋势。

（2）学生分组协作，完成小组任务。

（3）学生在课堂进行小组任务展示，分享实训项目成果。

3. 实训成果

以走近金融机构为主题，形成一份 3000 字左右的研究报告。

思考与练习参考答案（第三章）

第四章　商业银行

学习目标

知识目标

1. 了解商业银行的产生与发展历程；
2. 理解商业银行的性质、职能与组织形式；
3. 掌握商业银行的主要业务；
4. 掌握商业银行经营管理的理论及方法。

能力目标

1. 能追踪并把握商业银行的发展趋势；
2. 会辨别商业银行的主要业务类型；
3. 会到银行营业网点办理常见的业务；
4. 会进行票据贴现业务相关计算；
5. 会分析商业银行的资产负债管理情况。

素养目标

1. 关注商业银行倒闭案例，建立风险意识与合规意识；
2. 追踪商业银行的发展动态，培养前瞻意识和前沿理念。

知识图谱

商业银行
商业银行概述
Z1.商业银行的产生与发展历程
Z2.商业银行的性质、职能与组织形式
J1.能追踪并把握商业银行的发展趋势
商业银行的主要业务
Z1.负债业务
Z2.资产业务
Z3.中间业务
Z4.表外业务
J1.会辨别商业银行的不同业务类型
J2.能到银行营业网点办理常见的业务
J3.会进行票据贴现业务相关计算
商业银行的经营管理
Z1.商业银行的经营管理原则
Z2.商业银行的资产负债管理理论
Z3.我国商业银行的资产负债管理制度
J1.会分析商业银行的资产负债管理情况
R1.商业银行业务实践报告
S1.关注商业银行倒闭案例，建立风险意识与合规意识
S2.追踪商业银行的发展动态，培养前瞻意识和前沿理念
知识点
技能点
思政点
学习成果

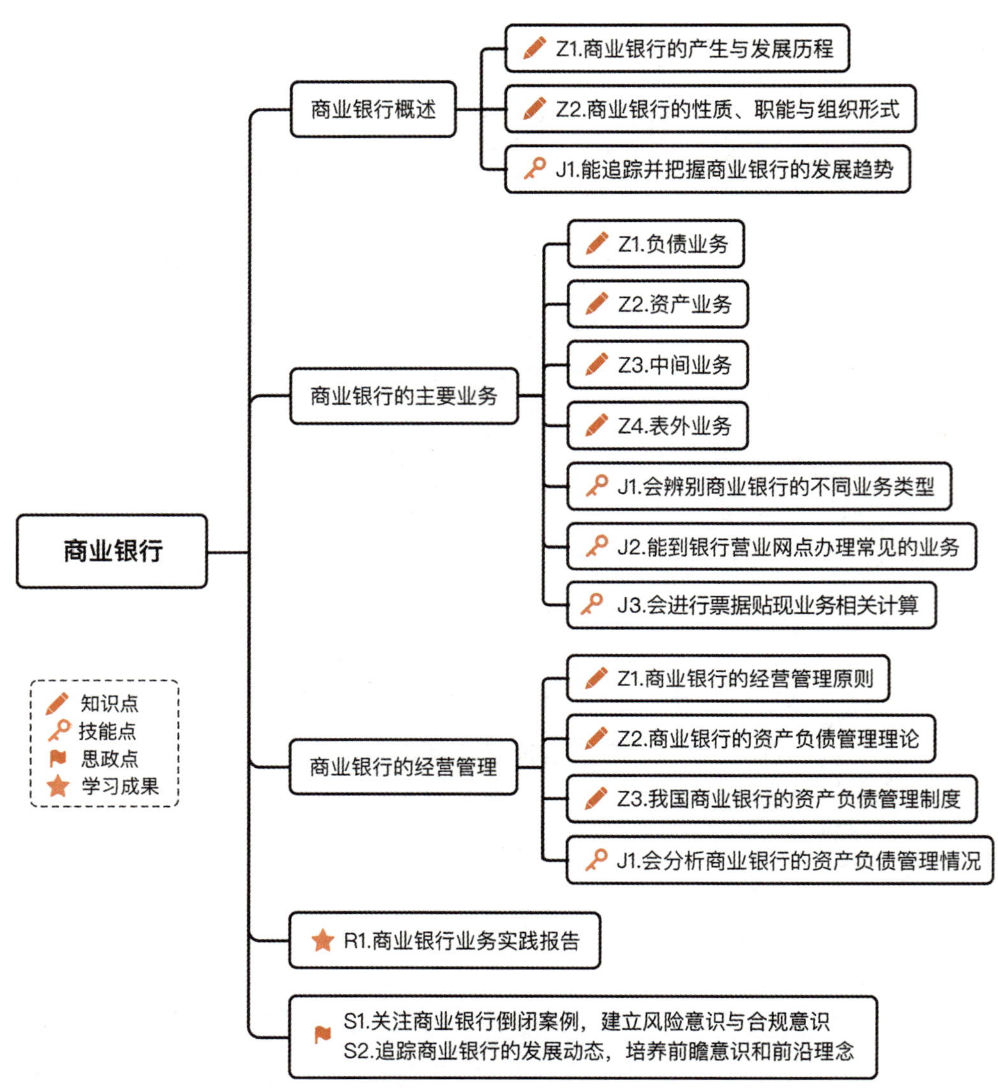

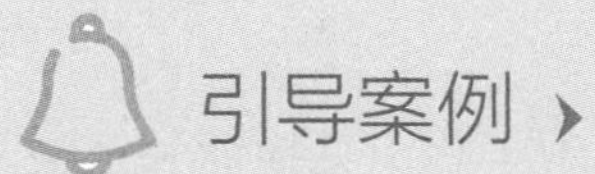

银行业助推实体经济高质量发展

习近平总书记指出："金融是实体经济的血脉，为实体经济服务是金融的天职，是金融的宗旨，也是防范金融风险的根本举措。"党的二十大报告进一步强调，坚持把发展经济的着力点放在实体经济上。

2022 年，银行业为推动实体经济高质量发展提供了有力支撑。在总量方面，加大信贷投放，推动贷款总量稳健增长。人民币贷款增加 21.31 万亿元，同比多增 1.36 万亿元。6 家国有大型银行新增信贷规模达 10.6 万亿元，发挥了重要的"领头雁"作用。在结构方面，优化信贷布局，使整体信贷结构更加均衡优良，不断优化完善制造业、科技创新、绿色低碳等领域的金融资源供给。2022 年，制造业各项贷款新增 4.7 万亿元，其中制造业口长期贷款增长 33.8%。新发放企业贷款超过一半投向了民营企业，普惠型小微企业贷款增长 23.6%。

商业银行是如何产生和发展的？它能提供什么金融服务？又是如何经营管理的？通过本章学习，我们将了解商业银行的产生与发展过程，熟悉其性质、职能、分类及组织形式，掌握商业银行的主要业务及经营管理方法，关注并探究我国现代银行业的发展历程。

第一节　商业银行概述

一、商业银行的概念

商业银行是为适应人类社会的经济发展而形成的一种金融组织，是现代金融体系的重要组成部分。商业银行是指依照《中华人民共和国商业银行法》《中华人民共和国公司法》设立的吸收公众存款、发放贷款、办理结算等业务的企业法人。商业银行以安全性、流动性、效益性为经营原则，实行自主经营，自担风险，自负盈亏，自我约束。

微课 4–1：
商业银行概述

二、商业银行的产生与发展

商业银行的产生历史悠久，从早期的货币兑换和银钱业，到中世纪西方高利贷性质的银行，再到现代股份制商业银行的出现，中西方的发展历程有所不同。

（一）早期的货币兑换商和银钱业

随着人类社会商品经济的发展，东西方先后出现了货币兑换商和银钱业。它们主要从事铸币及货币金属块的鉴定和兑换，货币的保管及汇兑。由于各国铸币单位不同，铸币的成色各异、重量不一，因此进行交易时必须进行兑换。金属货币不易携带储存，货币持有者也需要有一个安全处所进行保管和储存。此外，为了避免长途经商携带货币的风险，商人需要进行远程汇兑，即在此地把货币交给银钱业主，然后持它们的汇兑文书到彼地指定的处所提取货币。随着兑换、保管、汇兑业务的发展，银钱业主手中聚集了大量的货币，于是贷款业务应运而生。当银钱业主需要向货币持有者以提供服务和支付利息为条件吸收存款来扩展贷款业务时，就意味着古老的银钱业开始逐步向现代银行形态演变。

西方很早就有关于银钱业的记载。公元前2000年的巴比伦寺庙、公元前500年的希腊寺庙和公元前200年的罗马帝国均已有经营金银、发放贷款、收取利息的活动。中国南北朝时期寺庙经营典当业，唐朝有经营典质业的质库，有保管钱财的柜房，还有打制金钱饰物和经营金银买卖的金银铺，以及专门放债收息的官府机构。宋、元、明、清时期，票号、钱庄、银号先后兴起，但古老的银钱业一直未能实现向现代银行业的跨越发展。

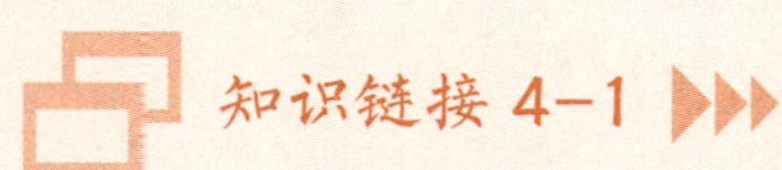

票号——中国本土生长起来的特色金融机构

票号起源于山西。晋商早在清朝初年就形成了南北两大贸易体系——粮船帮和骆驼帮。前者奔波于各省江河口岸，后者远涉万里，足迹直达蒙古、莫斯科，成为中国茶、丝、布、粮、铁等商品最大的贸易商。晋商的票号汇兑网络脱胎于纵横上万公里、从业数十万人的庞大的国内国际贸易网络，强大的网络辐射能力形成了规模效应和快速便捷优势。

由于晋商贸易网络覆盖面庞大，在交通极不发达的时代，资金周转慢严重制约了生意的扩大。同时，远程运送现银时间过长，路途也不安全，因此客观上需要一种便捷的远程资金调动方式，这就是票号起家的核心业务：远程汇兑。例如山西平遥的西玉成颜料庄，其在四川、北京、山西等处都设立了分庄，若此时北京的亲友要将一笔银子汇到四川，只需将银子交予北京分庄，然后由北京分庄写信通知四川分庄，那么在四川的亲友便可到当地分号取到银子。这一汇兑模式一经出现便引来大量业务，而且人们也愿意为此缴纳手续费。颜料庄掌柜雷履泰敏锐地发现了这一潜在能量巨大的商业模式，便立刻放弃了传统的颜料庄生意，于1823年前后成立了中国第一家票号“日昇昌”。经过几年的经营，“日昇昌”票号在专营汇兑、存放款业务中获得了巨额利润。

在此后的近一个世纪里，山西票号基本垄断了当时清朝的汇兑业务，获得了“汇通天下”的美誉。其发展呈现出由北向南扩张、由山西向四方辐射的基本态势。其前期因华北、华中与蒙俄贸易与年俱增，票号在内陆30多个城镇设号200多个，重心在北方，分号以京师为中心。中期则海陆并重，在边疆和沿海设立分号，京、津、沪、汉成为票号集中的四大中心；光绪前期票号的总号、分号已达400多家，构成了一张巨大的金融网络。到20世纪初，全国22家主要票号汇兑总金额大约为8.2亿两白银，利润总额约820万两白银，大约相当于清政府一年财政总收入的1/10。

票号衰落的原因主要有两个：一是由于缺乏地利，没有在国际国内贸易的中心上海建立总部，远离最具增长潜力的贸易金融服务的中心，丧失了主导新兴的商业汇票交易和其他金融市场的机会；二是没能创造出类似欧洲的战争债券和国家债券的融资系统，仅仅将业务局限在汇兑领域，故步自封，最终被外国银行和官办银行逐步侵蚀作为生存根本的汇兑业务。

资料来源：宋鸿兵．货币战争3：金融高边疆[M]．北京：中信出版社，2017.

（二）现代银行的产生与发展

现代银行发源于西方。中世纪，欧洲各国国际贸易集中于地中海沿岸各国，意大利的威尼斯和其他几个城市出现了从事存款、贷款和汇兑业务的机构，但它们贷款的大部分是贷给政府的，并具有高利贷的性质。16世纪，欧洲开始迈进资本主义时期。1580年，在当时世界商业中心意大利建立的威尼斯银行成为最早以“银行”为名的信用机构。此后，相继出现了米兰银行（1593年）、阿姆斯特丹银行（1609年）、鹿特丹银行（1635年）等。这些银行最初只是接受商人存款并为他们办理转账结算，后来开始办理高利贷性质的贷款业务。但过高的贷款利息限制了资本主义发展的现代银行。于是，一方面，旧的高利贷性质的银行为适应新的生产关系而逐步转型；另一方面，新型股份制银行的出现打破了高利贷性质银行的垄断。1694年英国成立英格兰银行，标志着现代银行制度的建立。此后，西方国家纷纷建立起股份制商业银行。

（三）我国现代银行业的产生与发展

当西方国家纷纷建立起现代银行业时，在我国占据主导地位的依然是票号、钱庄等，已无法适应经济社会发展的需求。1845年，英国人在我国开设了第一家现代商业银行——丽如银行。我国自办的第一家银行是1897

年成立的中国通商银行，标志着中国现代银行业的创始。1904 年清政府成立了官商合办的户部银行，1908 年更名为大清银行，1912 年又更名为中国银行。1907 年设立交通银行，属于官商合办性质。一些股份集资或私人独资兴办的商业银行也相继建立，1912 至 1927 年间，新设立了 186 家商业银行。

在国民党统治时期，银行业主要为官僚资本所垄断。国民党政府建立“四行二局一库”的金融体系：“四行”指中央银行、中国银行、交通银行和中国农民银行；“二局”指中央信托局和邮政储蓄汇业局；“一库”指中央合作金库。这些官僚金融机构控制着国统区的金融命脉。在官僚资本的夹缝中，民族资产阶级银行也在顽强生长，主要有“小四行”（中国通商银行、四明银行、中国实业银行和中国国货银行）、“南三行”（浙江兴业、浙江实业和上海商业储蓄银行）和“北四行”（盐业银行、金城银行、中南银行及大陆银行），此外还有众多中小银行。

革命战争时期，在中国共产党的领导下，社会主义性质的银行先后在陕甘宁边区等根据地和各解放区创立。从 1926 年 10 月湖南省衡山县柴山洲特别区第一农民银行发行面值壹元的布币开始，到 1948 年 12 月中国人民银行成立的 22 年间，中国共产党共领导建立了 404 个货币发行机构，如黄冈县农民协会信用合作社、陕甘晋苏维埃银行、华中银行、华北银行、北海银行和西北农民银行等。

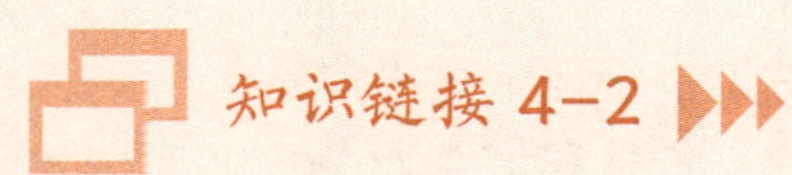

湖北省黄冈等县的农民协会信用合作社

黄冈县农民协会是大革命时期湖北省最大的农民协会。1927 年 4 月，黄冈县各区乡创办了消费合作社，农民协会在黄冈县的经济中心团风镇设立消费合作总社。消费合作总社成为农民进行农副产品与日用品交换的场所，解决了农副产品滞销和日用品无法购买的困难。同年 5 月，县农民协会决定成立农民信用合作社，在信用合作社计划大纲中决定“将各区乡农协没收土豪劣绅及不法地主之财产，尽数集中到县协，依照现金集中制，存入储备金库，作为合作社基金”。共印刷了银圆、铜元两种纸票，其中铜元票适应乡村习惯，银圆票便于市面流转。

在经营方面，黄冈县农民协会信用合作社由农民协会管理并监督使用现金、吸收存款、发放贷款、发行货币。在合作社试办期间，印刷发行价值五十万串铜元的流通券。在管理上，黄冈设立总社，各区乡农民协会均成立分社，以便于县农民协会指导农民就近办理业务。黄冈县农民协会信用合作社发行的流通券主要通过两种方式进入市场。一是通过各区乡农民协会借贷处向贫苦农民发放贷款。流通券以贫苦农民为贷款对象，贫苦市民和商民也可以贷款。贫农贷款需由个人申请，报告用途，村组长出面担保，最后由农民协会审批。贷款数额每次至多不超过铜元三十串或银圆十元，上次贷款未还，不得再贷，所收利息至高不超过五厘，特别贫困者可免付利息。二是农民协会创办的消费合作社用流通券收购农副产品。同时，农民协会又把消费合作社收购的农副产品运往外地出售，购回农民必需的生活、生产资料，使合作社物资达到供求平衡。

流通券的发行在当地取得了很大成功。一方面，流通券不以牟利为目的，而是作为农副产品和日用品交换的媒介。流通券的发行是以没收的土豪劣绅财产和消费合作社物资作为担保，发行量根据资金和物资数量做相应调整。农民用流通券既可到消费合作社购买日用品，也可到县内其他商店购买生活、生产资料。另一方面，流通券的兑换较为便利。凡对持有的流通券产生怀疑者，均可将其随时兑换成银圆或相应商品，因此流通券在广大农民和商人中形成了良好的信誉。流通券成为全县农民资金活动的枢纽，被当时《汉口民国日报》誉为“黄冈农民经济之福音”。遗憾的是，“四·一二”反革命政变后，汪精卫武汉国民政府与南京国民政府合流反共，黄冈县农民协会信用合作社被迫解散，前期发行的流通券也停止发行。

资料来源：张红力，徐烇．红色金融[M]．北京：五洲传播出版社，2021.

1948 年 12 月 1 日，在原华北银行、北海银行和西北农民银行的基础上，中国人民银行成立，正式发行人民币，标志着新中国金融体系的开始。在随后全国大中城市逐步解放的过程中，政府对原官僚资本银行的财产进行接管，并将其归并到中国人民银行。同时，政府对私人银行和钱庄进行社会主义改造，提倡和鼓励它们进行联营，并在此基础上成立全国统一的公私合营银行，经营指定的业务。新中国成立后，初步形成以中国人民银行为主体，由交通银行、中国银行、公私合营银行和大量农村信用社组成的过渡性的社会主义银行体系。

新中国成立后，我国银行业的发展大致经历了三个阶段：

1. 高度集中的金融体制时期（1953—1978 年）

自 1953 年起，国家对农业、手工业和资本主义工商业进行有计划、成系统的社会主义改造。直到 1979 年经济体制改革之前，我国一直实行高度集中的金融体制，又称“大一统”的人民银行体制。这种体制下，全国只保留中国人民银行一家银行，没有其他金融机构。中国人民银行既是国家的中央银行，又具体办理各项信贷、结算、现金出纳等业务。在此期间，也有中国人民建设银行、中国银行和农村信用合作社，但都不办理信贷业务，不能算是真正意义上的商业银行。

2. 专业化改革与发展时期（1979—1992 年）

1978 年，十一届三中全会召开，党和国家的工作重心转移到社会主义经济建设上来，在改革开放的方针指引下，金融领域开启了循序渐进的改革。从1979年开始，政府相继恢复了主管农村金融业务的中国农业银行，从中国人民银行分设出主管外贸信贷和外汇业务的中国银行，从财政部分设出了主管长期投资和贷款业务的中国人民建设银行。1981年12月，成立专门负责接受国际金融机构贷款及其他资金转贷给国内企业的中国投资银行。1983年9月，成立中国工商银行，接管中国人民银行原有的信贷和储蓄等商业银行业务。1987年4月，交通银行重新组建，并同时恢复业务，成为以公有制为主的股份制银行。1987年4月8日，招商银行在深圳特区成立，成为第一家由国有企业兴办的银行。1987年，深圳特区六家信用社联合改制，成立深圳发展银行，成为国内第一家上市的银行。此后，恒丰银行、兴业银行、广东发展银行、光大银行、华夏银行、上海浦东发展银行等股份制商业银行相继成立。

至此，我国银行业初步形成了以中国人民银行为核心，以工商银行、农业银行、中国银行、建设银行等国有专业银行为主体，多家股份制商业银行分工协作的社会主义银行体系。

3. 市场化改革与发展时期（1993至今）

1993年12月，国务院出台《金融体制改革的决定》，提出我国金融体制改革的目标：建立在国务院领导下，独立执行货币政策的中央银行宏观调控体系；建立政策性金融与商业性金融分离，以国有商业银行为主体、多种金融机构并存的金融组织体系；建立统一开放、有序竞争、严格管理的金融市场体系。

1994年，我国相继成立专门办理政策性信贷业务的国家开发银行、中国进出口银行及中国农业发展银行。1995年5月10日，《中华人民共和国商业银行法》出台，对维护商业银行的合法权益、保障商业银行稳健运行、提高信贷资产质量等具有重大意义。1998年以后，国有四大专业银行开始实行股份制改造。1999年，政府先后设立中国华融资产管理公司、中国长城资产管理公司、中国信达资产管理公司和中国东方资产管理公司四家金融资产管理公司，分别收购、管理和处置工、农、中、建四家国有商业银行和国家开发银行剥离出来的不良资产。此后，国有四大银行陆续完成整体改制、商业运作和择机上市。原有的城市和农村信用社也改革重组为城市商业银行和农村商业银行。

2001年12月11日，中国正式加入世界贸易组织，同时取消了外资银行办理外汇业务的客户限制，并允许在上海、深圳、天津、大连经营人民币业务。2014年11月，国务院修订颁布《中华人民共和国外资银行管理条例》，进一步放宽了外资银行的设立运营条件。2015年6月，中国银监会修订公布了《外资银行行政许可事项实施办法》，对外资银行的设立、改制与关闭条件及业务范围等做了更加详细的规定。

目前，我国已经形成包含6家国有控股大型商业银行、12家股份制商业银行、125家城市商业银行、1606家农村商业银行、23家农村合作银行、

548 家农村信用社、38 家资金互助社、1645 家村镇银行、41 家外资银行和 19 家民营银行的庞大的银行业体系。截至 2022 年末，银行业本外币资产总额达到近 380 万亿人民币，累计实现净利润 2.3 万亿。

三、商业银行的性质

商业银行是依照《中华人民共和国商业银行法》和《中华人民共和国公司法》设立的吸收公众存款、发放贷款、办理结算等业务的企业法人。商业银行以追求利润最大化为经营目标，以多种金融资产和金融负债为经营对象，为客户提供多功能、综合性服务的金融企业。

拓展阅读 4–1：中华人民共和国商业银行法

（一）商业银行具有一般企业的特征

商业银行依法设立，自主经营核算，自负盈亏，自担风险，具有独立的法人资格，其经营目标是追求利润最大化。因此，商业银行是一种金融机构，同时也是一种企业，且具有一般企业的基本特征。

（二）商业银行是一种特殊的金融企业

与一般企业经营普通商品不同，商业银行经营的对象是特殊的商品——货币与货币资本，提供的服务也与金融资产和金融负债紧密关联，因此，特殊的经营对象和经营业务决定了它是一种特殊企业。商业银行作为金融体系的主体，提供的金融服务更全面，范围更广，关系国民经济命脉，会对社会产生重大影响，政府因此也会对其实施更加严格的监管。

四、商业银行的职能

（一）充当信用中介

信用中介职能是指商业银行通过负债业务把社会上暂时闲置的资金集中起来，再通过资产业务将它投向国民经济各部门，商业银行充当了资金借入者与贷出者的中介角色，并通过存贷款的利息差及投资收益来获取利润。商业银行充当信用中介，消除了信息不对称，变小额资金为大额资金，变短期资金为长期资金，提高了资金利用效率，实现了货币资金融通，优化资源配置。信用中介是商业银行最基本、最能反映其经营活动特征的职能。

（二）充当支付中介

支付中介职能是指商业银行代理客户办理货币结算、货币收付、货币兑换和存款转移等业务活动。支付中介是商业银行最早出现的功能，通过为收付双方提供资金的支付结算，减少了现金使用，加速了资金周转。商业银行成为政府、工商企业、家庭和个人的货币保管人、出纳人和支付代理人，担负起社会经济活动的出纳中心和支付中心的角色，降低了交易结算成本，提高了资金周转效率，促进了生产和交换的扩大。

（三）实现信用创造

货币通过中央银行发行，再通过商业银行的存款创造机制扩大货币供应量。信用创造职能是指商业银行通过存款业务和贷款业务等信用活动创造存款货币，形成流通中的货币供应量。在部分准备金制度下，商业银行的存款大部分转化为贷款，而贷款又流转入银行体系产生派生存款，如此反复，最终衍生出更多存款，实现了信用创造。

（四）提供金融服务

金融服务职能是指商业银行除了传统的存款、贷款、汇兑业务外，还能提供各类其他金融服务，如利用传统业务中掌握的大量金融信息和客户资料，提供信息咨询、资信等级评定等服务。此外，担保、租赁、代收费用、保管等服务也是商业银行表外业务的重要内容。金融服务已逐步发展成为商业银行的重要职能。

五、商业银行的组织形式

由于各国的政治，经济和文化的环境不同，商业银行在组织形式上也有所不同。

（一）单一银行制

单一银行制是指商业银行不设立分支机构，全部业务由各个相对独立的商业银行独自开展的组织形式。采取这种银行组织形式的国家主要是美国。

由于美国各州的州政府都有对申请成立银行的组织和个人发放执照的权利，而各州为了保护本地的利益会限制其他州的银行在本州设立分支行。单一银行制的优点在于其在一定程度上限制了银行业的兼并和垄断，缓和了银行间的竞争和集中，在业务上具有较大的灵活性和独立性；但由于银行普遍规模不大，单一银行制也限制了银行自身业务的创新和发展。近年来，美国各州关于开设分支机构的限制已明显放松。

（二）分支行制

分支行制又称总分行制，是指商业银行在总行之外设立分支机构开展业务的组织形式。目前世界上大部分国家都采用这种组织形式，包括我国。

分支行制的优点在于银行的规模较大，分支机构众多，且专业化水平高，有利于发挥规模效应，抗风险能力也较强。但由于银行业比较集中，不利于自由竞争，且分支机构众多，经营灵活性欠缺。

（三）集团银行制

集团银行制又称银行控股公司制，是指由某个集团成立股权公司，再由该公司通过持有一家或多家商业银行股票的方式拥有控制权的组织形式。集团银行制在美国最为盛行。

集团银行制主要是为了避开法律对银行业务的限制和对当局银行规模的控制。被控股的商业银行在名义上拥有各自独立的经营权，但实际上被控股公司所操纵。集团银行制的优点在于能够有效地扩大资本总量，增强银行实力，提高银行抵御风险的能力，弥补单一银行制的不足，但由于容易引发银行业的过度集中，在一定程度上影响了银行的经营活力。

（四）连锁银行制

连锁银行制是指由个人或集团通过购买若干商业银行的股份，从而拥有控制权的组织形式。其与集团银行制的区别在于，连锁银行制无须成立股权公司。这种银行组织形式盛行于美国的中西部地区。连锁银行制的成立是为了弥补单一银行制的不足，可以规避法律对设置分支机构的限制，具有一定规模优势，经营决策灵活，但由于受个人或某一集团控制，也容易出现过度集中的经营风险。

六、商业银行的发展趋势

随着互联网、大数据、云计算、人工智能、区块链等一系列技术创新与传统金融服务的深度融合，支付清算、借贷融资、财富管理、数据信息等领域的创新不断涌现，银行业数字化转型不断催生出新服务、新产品、新的运营和业务模式，商业银行逐步进化成为智慧银行。

（一）业务线上化

商业银行逐步缩减物理经营场所，通过虚拟平台空间来提供全天候、全场景式服务；借助手机银行、网络银行、小程序、公众号等线上渠道，突破空间与时间限制，为银行生态圈的场景化建设提供支撑，实现线上渠道与物理网点的整合，多渠道交叉引流与联动，业务场景互相渗透，打造线上线下一体化经营模式。

（二）服务智能化

依托金融科技，借助大数据、人工智能等前沿技术，构建客户画像，精准识别客户需求、信用等级，研判客户信贷风险，智能配置资产，以场景为依托，针对人群进行细分，通过提供差异化产品和服务，实现“千人千面”的智投服务和营销体验。

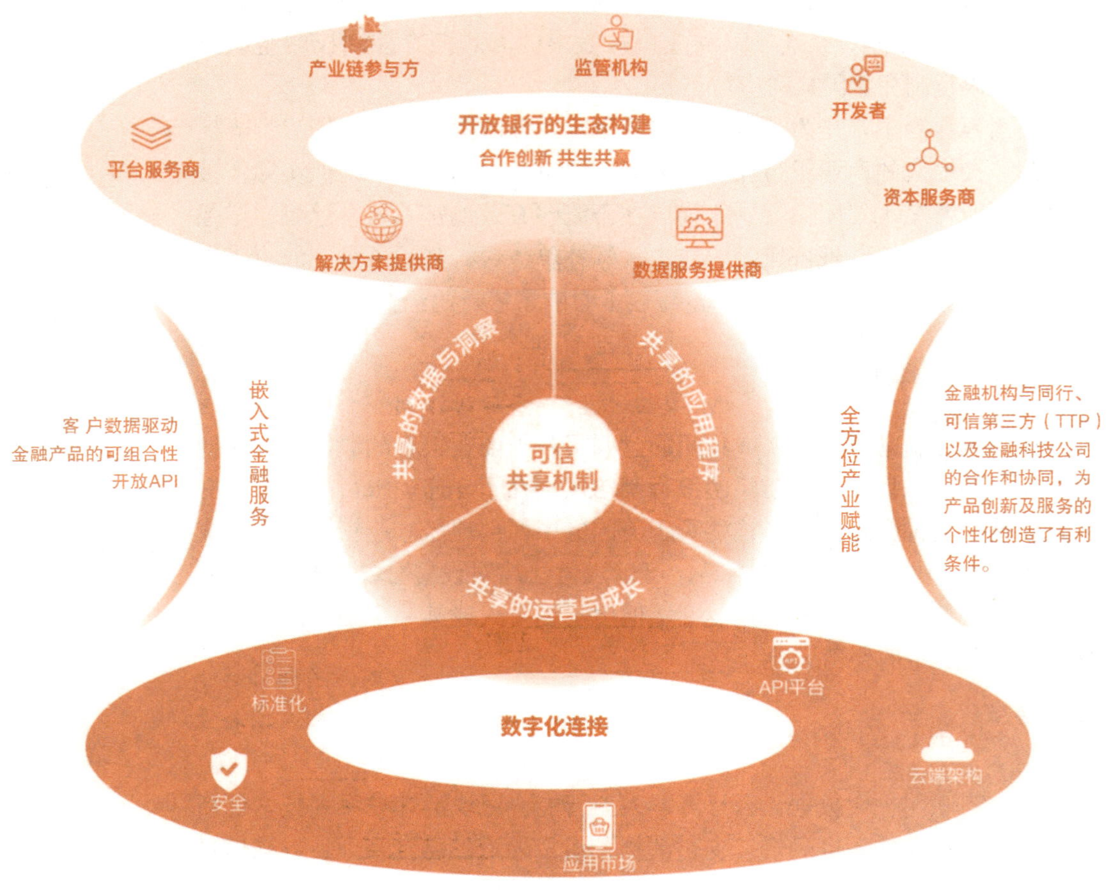

图4-1　开放银行生态图

资料来源：IDC&平安银行《中国开放银行白皮书2022》。

（三）平台开放化

以用户需求为导向、场景服务为载体，以整合生态、搭建平台为目标，借助 API 等技术手段实现双向开放，深化与第三方机构的业务连接和合作，使银行与平台企业跨界融合、共建生态。同时将金融服务嵌入平台企业生态场景，提升金融资源的优化配置与服务效率，实现多方共赢合作。

（四）经营全球化

全球化经营是银行通过全球配置资源提升综合实力的重要方式。金融科技的加速演进和跨境金融需求的日益深化对银行业全球化经营提出了新的要求。中国经济的高质量发展必然要求高水平的对外开放，中国银行业的全球化发展要以服务国内实体经济发展为根本，以经济对外开放的需求和推进节奏为依据，助推“一带一路”建设、人民币国际化、区域战略协作，全面参与全球金融竞争与合作，持续丰富境内境外、商行投行、线上线下立体化全球服务体系，合理高效配置资源，为推动我国经济对外开放新发展格局贡献力量。

第二节　商业银行的主要业务

根据《中华人民共和国商业银行法》，商业银行可以经营以下部分或全部业务：吸收公众存款；发放短期、中期和长期贷款；办理国内外结算；办理票据承兑与贴现；发行金融债券；代理发行、代理兑付、承销政府债券；买卖政府债券、金融债券；从事同业拆借；买卖、代理买卖外汇；从事银行卡业务；提供信用证服务及担保；代理收付款项及代理保险业务；提供保管箱服务；经国务院银行业监督管理机构批准的其他业务。

按照业务性质的不同，商业银行的上述经营业务一般可分为负债业务、资产业务、中间业务和表外业务四大类。其中，负债业务和资产业务属于商业银行的信用业务，中间业务和表外业务属于负债业务和资产业务派生的非信用业务。

一、商业银行的负债业务

商业银行负债业务是指各种形成商业银行资金来源的业务，包括资本金、存款和借款等业务。

微课 4-2：商业银行的负债业务

（一）资本金

1. 资本金的含义

资本金又称自有资本或银行所有者权益，是指股东的投资、税后留存利润和未分配利润等商业银行拥有的永久归银行支配使用的资金。从会计的角度看，就相当于商业银行的资产减去负债，表示商业银行股东的所有者权益。

2. 资本金的构成

1988 年 7 月，巴塞尔银行监管委员会颁布《关于统一国际银行资本衡量和资本标准的协议》，将商业银行资本分为核心资本和附属资本两类。

（1）核心资本

核心资本也称一级资本，它是最具完全意义的银行自有资本。核心资本包括以下几部分：

①股本（普通股和优先股）。股本即银行股东投入的资金，等于股票票面价格与发行量的乘积。普通股的持有人享有对银行控制的参与权及相对资产收益的要求权。优先股持有人对银行资产的收益和索赔有优先于普通股持有人的权力。

②永续债。永续债是指没有固定期限，或是到期日为机构存续期的债券。永续债是商业银行补充资本金的一种工具，具有一定的损失吸收能力，可计入银行其他一级资本。

③资本公积。资本公积是指银行在发行股票时，其发行价格超过股票面值所形成的盈余部分。

④盈余公积。盈余公积是指银行从税后利润中提取形成的，存留于企业内部具有特定用途的收益积累。

⑤未分配利润。未分配利润是指银行税后净利润减去优先股股息和普通股红利后的余额。

⑥公开储备。公开储备是商业银行为应付意外事件的发生而从税后收益中提取一定比例的资金，包括资本储备和坏账储备。资本储备是银行为应付偶然事件或突然事件引起股东资本的减少而保持的储备。坏账储备是银行为应付坏账、证券本金的拒付和价格的下跌而保持的储备。

（2）附属资本

附属资本也叫二级资本，它是核心资本的补充，包括以下几部分：

①未公开储备。未公开储备又称隐蔽储备，各国标准不同，一般是指在该项目中只包括虽未公开、但已反映在损益表上并为银行的监管机构所接受的储备。

②重估储备。重估储备是按照监管会计条例允许对某些资产重估，以便反映其市值，或相对于历史成本更接近市值。这类资本一般包括对计入资产负债表上的银行自身房产的正式重估和来自于隐蔽价值的资本的名义增值。

③普通准备金。普通准备金是为了防备将来可能出现的亏损而设立的，用于某项特别资产。

④混合资本工具。混合资本工具是指带有一定股本性质又有一定债务性质的资本工具。

⑤长期附属债务。长期附属债务是资本债券与信用债券的合称，商业银行通过发行 5 年以上的附属债务工具来筹集资金，它可以部分替代资本的职能。

3. 商业银行的资本监管

商业银行资本对其抵御风险，安全稳健经营具有重要意义。为维护银行体系的安全稳健运行，保护存款人利益，各国都在不断加强商业银行的资本监管。

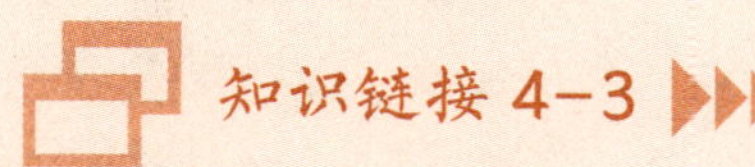

巴塞尔协议

《巴塞尔协议》是指由巴塞尔银行监管委员会制定的一系列在全球范围内实施的银行资本和风险监管标准。巴塞尔银行监管委员会由来自各个国家的银行监管当局组成，是国际清算银行的四个常务委员会之一。

1988 年 7 月，巴塞尔银行监管委员会颁布第一个准则文件“关于统一国际银行的资本计算和资本标准的协议”，简称《巴塞尔协议 I》，规定了商业银行的资本组成，最低资本充足率（资本与加权风险资产的比率）为 8%，核心资本充足率（即核心资本与加权风险资产的比率）不得低于 4%。2004 年 6 月，巴塞尔银行监管委员会颁布新的准则《巴塞尔协议Ⅱ》。该协议将银行业的风险监控范围由单一的信用风险扩大到信用风险、市场风险、操作风险，并构建强化商业银行的风险管理三大支柱，即最低资本规定、监管当局的监督检查、市场约束与信息披露。

2008 年全球金融危机爆发后，巴塞尔银行监管委员会旋即启动改革，并于 2010 年 9 月发布初版的《巴塞尔协议Ⅲ》，规定商业银行的一级资本充足率将由 4% 上调到 6%，同时计提 2.5% 的防护缓冲资本和不高于 2.5% 的反周期准备资本，核心资本充足率可达 8.5% ～ 11%，总资本充足率要求仍维持 8% 不变。协议还引入杠杆比率、流动杠杆比率和净稳定资金来源比率的要求，以降低银行系统的流动性风险，加强抵御金融风险的能力。2017 年 12 月，巴塞尔银行监管委员会完成对《巴塞尔协议Ⅲ》的修订，2023 年 1 月该协议开始在全球范围内执行。

2012 年，我国银监会颁布《商业银行资本管理办法》，为《巴塞尔协议Ⅲ》国际监管改革在我国的落地打下了基础。2019 年，银保监会启动国内监管规则的修订工作，标志着《巴塞尔协议Ⅲ》国际监管改革在我国的全面落地实施。到 2023 年 2 月，银保监会会同中国人民银行就《商业银行资本管理办法（征求意见稿）》公开征求意见。征求意见稿的出台标志着我国银行业金融机构监管制度与国际规则的全面接轨，有助于我国银行业稳健运行，筑牢防范风险的能力。2023 年 11 月 1 日，国家金融监督管理总局令第 4 号公布《商业银行资本管理办法》，自 2024 年 1 月 1 日起施行。

拓展阅读 4-2：商业银行资本管理办法

（二）存款业务

存款是商业银行基本业务之一，属于商业银行负债业务中的一种。存款是商业银行的主要资金来源。按存款人性质不同，存款可分为个人存款、单位存款和同业存款。按提取款方式不同，存款又可分为活期存款、定期存款等。

拓展阅读 4–3：商业银行资本充足率两极化趋势将持续

1. 个人存款

个人存款又称储蓄存款，是指居民个人将暂时闲置的资金存入银行的一种存款形式。我国对公民的储蓄存款实行“存款自愿，取款自由，存款有息，为储户保密”的原则。

（1）活期储蓄存款

活期存款是指存款人开户时不限存期，凭银行卡或存折及预留密码在自助设备或营业网点柜台随时存取现金的一种存款形式。

（2）定期储蓄存款

定期存款是指存款人与银行事先约定存取日期，到期存入或支取的一种存款形式。由于定期存款期限较长，能够为银行提供稳定的资金来源，因此银行会给出更高的利息回报。定期存款按存取款方式的不同，分为整存整取、零存整取、整存零取、存本取息、定活两便和通知存款等。

2. 单位存款

单位存款又称对公存款，是指企业、事业、机关、部队和社会团体等单位在商业银行办理的人民币存款，包括活期存款、定期存款、通知存款、协定存款及经中国人民银行批准的其他存款。

（1）单位活期存款

单位活期存款是指存款单位在商业银行开立结算账户，办理不规定期限、可随时转账存取的一种存款形式。单位活期存款一般包括基本存款账户、一般存款账户、专用存款账户和临时存款账户。

（2）单位定期存款

单位定期存款是指存款单位在商业银行办理的约定存款期限，到期存取的一种存款形式。单位定期存款的存款期限一般包括 3 个月、半年、1 年、2 年、3 年、5 年六个档次可供选择。

（3）单位通知存款

单位通知存款是指存款单位在存入款项时不约定存期，支取时需提前通知银行，约定支取存款日期和金额方能支取的存款。按存款单位提前通知的期限长短可分为 1 天通知存款和 7 天通知存款两个品种。

（4）单位协定存款

单位协定存款是指存款单位通过与银行签订《协定存款合同》，约定期限、商定结算账户需要保留的基本存款额度，由银行对基本存款额度内的存款按结息日或支取日活期存款利率计息，超过基本存款额度的部分按结息日或支取日人行公布的高于活期存款利率、低于6个月定期存款利率的协定存款利率给付利息的一种存款。

3. 同业存款业务

同业存款又称同业存入，是指银行等金融机构之间开展的同业资金存入的一种存款形式。

4. 存款业务创新

商业银行为了规避管制、增加竞争能力和开创新的资金来源，不断推出新的存款类业务，比较有代表性的创新业务如大额可转让定期存单、结构性存款等。

大额可转让定期存单是指由银行业存款类金融机构面向个人、非金融企业、机关团体发行的以人民币计价的记账式大额存款凭证，是银行存款类金融产品，属一般性存款。我国大额存单于2015年6月15日正式推出。个人投资者认购大额存单起点金额不低于20万元，机构投资者认购大额存单起点金额不低于1000万元。大额存单期限包括1个月、3个月、6个月、9个月、1年、18个月、2年、3年和5年共九个品种。

结构性存款是指商业银行吸收的嵌入金融衍生产品的存款，通过与利率、汇率、指数等的波动挂钩或者与某实体的信用情况挂钩，使存款人在承担一定风险的基础上获得相应的收益。结构性存款自2004年在国内银行开始试行，根据挂钩标的资产的不同，又可以分为利率挂钩型、汇率挂钩型、股票挂钩型、商品挂钩型和信用挂钩型。

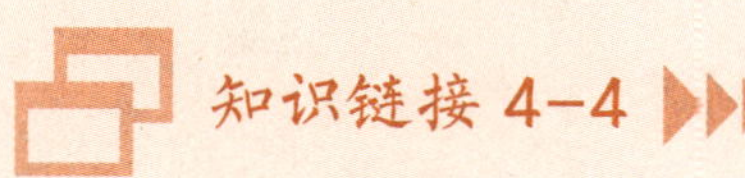

存款保险制度

2015年5月1日，《存款保险条例》正式施行，这标志着中国存款保险制度正式建立。

存款保险是指投保机构向存款保险基金管理机构交纳保费，形成存款保险基金，存款保险基金管理机构依照本条例的规定向存款人偿付被保险存款，并采取必要措施维护存款以及存款保险基金安全的制度，建立和规范存款保险制度，以立法形式对公众的存款提供明确的法律保障，促进银行业健康发展。存款保险作为一项金融业基础性制度安排，有利于更好地保护存款人权益，促进金融机构健康稳定发展，维护金融稳定。

存款保险实行限额偿付，最高偿付限额为人民币50万元。据统计，99.63%的客户能够在限额以内覆盖，存款能够得到全额的保护。这样的覆盖率跟国际比较也是非常高的。我国境内设立的商业银行、农村合作银行、农村信用合作社等吸收存款的银行业金融机构都能受到保障，外资法人银行也能受到保障，但外国银行在我国境内设立的分支机构除外。

（三）借款业务

借款是商业银行主动向中央银行或其他金融机构和金融市场借入资金的一种业务活动，属于商业银行的主动负债。商业银行的借款业务主要包括同业借款、中央银行借款、发行金融债券、国际金融市场借款等。

1. 同业借款

同业借款是银行之间或银行与其他金融机构之间发生的短期资金融通活动。具体包括以下几种形式。

（1）同业拆借。同业拆借是指经中国人民银行批准进入全国银行间同业拆借市场的金融机构之间，通过全国统一的同业拆借网络进行的无担保资金融通行为。向其他金融机构借入资金的业务叫同业拆入，而向其他金融机构借出资金的业务叫同业拆出。同业拆借属于临时调剂性的借贷行为，主要用于解决银行日常性资金周转的需要，是反映货币市场上资金供求状况最重要的基准利率之一。目前，国际货币市场上较有代表性的同业拆借利率有美国联邦基金利率、伦敦同业拆借利率（LIBOR）、新加坡同业拆借利率和香港同业拆借利率，国内货币市场是上海银行间同业拆放利率（Shibor）。

上海银行间同业拆放利率

上海银行间同业拆放利率（shanghai interbank offered rate，Shibor），以位于上海的全国银行间同业拆借中心为技术平台计算、发布并命名，是由信用等级较高的银行组成报价团自主报出的人民币同业拆出利率计算确定的算术平均利率，是单利、无担保、批发性利率。目前，对社会公布的 Shibor 品种包括隔夜、1 周、2 周、1 个月、3 个月、6 个月、9 个月及 1 年。

Shibor 报价银行团现由 18 家商业银行组成。报价银行是公开市场一级交易商或外汇市场做市商，在中国货币市场上人民币交易相对活跃、信息披露比较充分的银行。中国人民银行成立 Shibor 工作小组，依据《上海银行间同业拆放利率实施准则》确定和调整报价银行团成员、监督和管理 Shibor 运行、规范报价行与指定发布人行为。全国银行间同业拆借中心授权 Shibor 的报价计算和信息发布。每个交易日根据各报价行的报价，剔除最高、最低各 4 家报价，对其余报价进行算术平均计算后，得出每一期限品种的 Shibor，并于 11:00 对外发布。

资料来源：上海银行间同业拆放利率官方网站。

（2）回购协议。回购协议是指商业银行将持有的有价证券暂时出售给其他金融机构，并约定于未来某一时间以约定的价格再购回该证券的交易协议。回购协议实质上是一种短期抵押融资方式，银行以有价证券作为担保而获得借款。回购协议分两种：一种是正回购协议，是指在出售证券的同时，协议在一定得期限后按照约定价格回购其所出售的证券；另一种是逆回购协议，是指买入证券的一方同意按照约定期限和价格再卖出证券给卖出方的协议。

（3）转贴现。转贴现是指商业银行为解决短期资金不足，将已办理贴现业务时所取得的尚未到期的票据在二级市场上转售给其他金融机构而获得资金融通的业务。

（4）转抵押。转抵押是指商业银行为解决短期资金不足，将客户申请抵押贷款提供的抵押品再次向其他银行抵押而获得资金融通的业务。

2. 中央银行借款

当商业银行出现资金不足时，可以向中央银行申请借款，中央银行充当商业银行的最后贷款人。商业银行向中央银行借款主要有再贴现和再贷款两种方式。

再贴现是指商业银行将已办理贴现业务时所取得的尚未到期的票据向中央银行再次申请贴现的行为。再贷款是指商业银行向中央银行申请贷款，以解决其季节性或临时性的资金需求。再贴现和再贷款不仅是商业银行筹措短期资金的重要渠道，同时也是中央银行重要的货币政策工具。

拓展阅读 4–4：全国银行间债券市场金融债券发行管理办法

3. 发行金融债券

金融债券是指经中央银行或政府金融管理部门批准，由银行或其他金融机构发行的债务凭证。商业银行通过向社会公众发行金融债券的方式来筹集长期资金。根据《全国银行间债券市场金融债券发行管理办法》规定，我国的金融债券均是通过全国银行间债券市场进行发行和交易。

此外，商业银行还可以在国际金融市场上通过吸收存款、发行大额存单、金融债券等方式来筹集资金，以弥补资金来源的不足。

二、商业银行的资产业务

商业银行的资产业务是指银行将通过负债所获取的货币资金加以运用的业务。资产业务是商业银行获取收益的主要途径，包括现金资产、贷款业务、票据贴现和证券投资等业务。

微课 4–3：商业银行的资产业务

（一）现金资产业务

现金资产是指商业银行随时可以用来应付现金需要的资产，是银行资产中流动性最强的部分。现金资产并不能给银行带来利息收益，但却是银行维持正常经营所必需的。现金资产包括库存现金、存款准备金、同业存款和在途资金。

1. 库存现金

库存现金是指商业银行保存在业务库中的纸币和硬币。库存现金主要用于应付提现和日常开支，由于其不能生息，保管有风险且费用昂贵，因此商业银行通常会选择留存最低限度的库存现金。

2. 存款准备金

存款准备金由法定存款准备金和超额存款准备金构成。法定存款准备金是指商业银行必须按其吸收的存款总额的一定比率向中央银行缴存的准备存款，用于应付客户提取存款和资金清算。中央银行规定的这个比率称为法定存款准备金率。超额存款准备金是指商业银行缴存在中央银行的存款准备金账户中超过法定存款准备金的那部分，也叫备付金。超额存款准备金占全部存款的比率就是超额存款准备金率。

3. 存放同业

存放同业是指商业银行存放在代理行和有业务往来的其他金融机构的款项。存放同业的目的是便于同业之间开展代理业务和结算。由于存放同业款项属于活期存款性质，随时可以支取，银行一般将其视同为现金资产。

4. 在途资金

在途资金也称托收未达款或托收中的现金，是指本行通过对方银行向外地付款单位或个人收取的票据款项。在途资金未收妥之前，是一笔他行占用的资金，由于其通常在途时间较短，收妥后即成为存放同业存款，银行一般将其视同为现金资产。

（二）贷款业务

商业银行贷款又称放款，是指银行根据国民经济和社会发展需要，在国家产业政策指导下，按一定的利率和归还条件提供给借款人的一种借贷行为。贷款业务是商业银行资金运用的主要方式，属于商业银行的核心资产业务。商业银行的贷款种类包括如下几种：

1. 按贷款期限不同，分为短期贷款、中期贷款和长期贷款

短期贷款是指贷款期限在 1 年（含 1 年）以内的贷款，如银行的信用卡贷款、小额消费信用贷款等；中期贷款是指贷款期限在 1 年以上（不含 1 年）5 年以下（含 5 年）的贷款，如个人消费类汽车贷款等；长期贷款是指贷款期限在 5 年（不含 5 年）以上的贷款，如个人住房按揭贷款等。

2. 按有无担保物，分为担保贷款和信用贷款

担保贷款又具体分为抵押贷款、质押贷款和保证贷款。抵押贷款和质押贷款需要借款人或第三方为贷款的偿还提供抵押物、质押物，一旦借款人不能履行债务责任，贷款银行可通过处置抵押物或质押物来挽回损失。保证贷款需要有第三方以其全部财产为借款人的偿还做出保证，如果借款

人到期不能履行债务责任，由保证人代为履行。信用贷款是指银行仅凭借款人的信用资质而无须提供抵押物、质押物或第三方保证而发放的贷款。

3. 按贷款利率是否定期调整，分为固定利率贷款和浮动利率贷款

固定利率贷款是指在贷款时就约定一个确定的利率水平，还款时按约定利率支付利息，在贷款期内利率不变。固定利率贷款多适用于短期贷款。浮动利率贷款是指在贷款时选定一种利率作为基础，并确定一个浮动幅度和时间区间，贷款利率在贷款期限内可以根据市场利率的变化而相应变动的贷款。浮动利率贷款多适用于中长期贷款，如个人住房按揭贷款等。

4. 按风险程度不同，分为正常贷款、关注贷款、次级贷款、可疑贷款和损失贷款

1998 年 5 月，中国人民银行参照国际惯例结合中国国情，制定《贷款分类指导原则》。2007 年，原银监会发布《贷款风险分类指引》，进一步明确五级分类监管要求。2023 年 2 月，为进一步推动商业银行准确识别、评估信用风险，真实反映资产质量，中国银保监会会同中国人民银行联合制定《商业银行金融资产风险分类办法》，自 2023 年 7 月 1 日起施行。

金融资产包括贷款、债券和其他投资、同业资产、应收款项等。金融资产按照风险程度分为五类，分别为正常类、关注类、次级类、可疑类、损失类，后三类合称不良资产。

拓展阅读 4–5：商业银行金融资产风险分类办法

（1）正常类。债务人能够履行合同，没有客观证据表明本金、利息或收益不能按时足额偿付。

（2）关注类。虽然存在一些可能对履行合同产生不利影响的因素，但债务人目前有能力偿付本金、利息或收益。

（3）次级类。债务人无法足额偿付本金、利息或收益，或金融资产已经发生信用减值。

（4）可疑类。债务人已经无法足额偿付本金、利息或收益，金融资产已发生显著信用减值。

（5）损失类。在采取所有可能的措施后，只能收回极少部分金融资产，或损失全部金融资产。

（三）票据贴现业务

票据贴现是指持票人将未到期的票据背书转让给商业银行等票据经营机构，商业银行从票据到期值中扣除按贴现率计算的贴现利息，将余额支付给持票人的业务。票据贴现不同于贷款，是一种票据的买卖活动，也是金融机构向持票人融通资金的一种方式。

票据贴现的具体计算公式如下：

贴现利息＝汇票面值 × 实际贴现天数 × 年贴现利率 /360

实付贴现金额＝票面金额 － 贴现利息

举例：A 企业持有未到期的银行承兑汇票向 B 商业银行申请票据贴现。票面金额 100000 元，票据还差 60 天到期，若银行年贴现利率为 3.6%。则：

贴现利息＝ 100000×60×3.6%/360 ＝ 600（元）

实付贴现金额＝ 100000－600 ＝ 99400（元）

B 银行收取贴现利息 600 元，A 企业从银行获得贴现金额 99400 元。（注意：年利率折算成日利率时一般按一年 360 天计算）

（四）证券投资业务

商业银行的证券投资业务是指商业银行在金融市场上购买各种有价证券的业务活动，是商业银行收入的主要来源之一。

商业银行投资有价证券的目的，一般是为了增加收益、分散风险和提高资产的流动性。因此，证券投资的主要对象是安全性高、风险较小、流动性较强的短期债券，如国库券、央行票据、金融债券和优质的企业债券等。根据《中华人民共和国商业银行法》第四十三条规定，商业银行在中华人民共和国境内不得从事信托投资和证券经营业务，不得向非自用不动产投资或者向非银行金融机构和企业投资，但国家另有规定的除外。

此外，商业银行除上述资产外，还包括银行持有的投资性房地产、固定资产、使用权资产、无形资产以及商誉等。

三、商业银行的中间业务

商业银行的中间业务是指银行不用或少量动用资金，而以中间人的身份代客户办理收付和其他委托事项，提供金融服务并从中收取手续费的业务。中间业务包括结算业务、代理业务、银行卡业务、信托业务、租赁业务、信息咨询业务等。

（一）结算业务

结算业务是指商业银行通过提供结算工具，为收付款双方完成货币收付、划账的业务，是由商业银行存款业务派生出来的业务。结算业务可分为国际结算和国内结算，国内结算又可按收款人和付款人所处的地点是否位于同一城市或地区分为同城结算和异地结算两种。同城结算是指收款人和付款人在同一城市或地区的结算，其主要的结算工具是支票。异地结算是指收款人和付款人不在同一地的结算，主要有汇兑、托收和信用证等三种方式。

1. 汇兑业务

汇兑是指付款人委托银行将其款项汇付给收款人的结算方式。银行（承汇行）通过银行汇票或支付委托书向收款人所在地的本行分支机构或有代理行关系的他行（承兑行）发出支付命令，命令其向收款人支付一定数额的款项。根据承汇行通知承兑行付款方式的不同，汇兑业务可分为票汇、信汇和电汇三种。

2. 托收业务

托收是指收款人委托银行向异地付款人收取款项的业务。商业银行的托收业务根据委托人是否提交委托收款的依据分为跟单托收和光票托收两种。跟单托收是指委托人在提出委托收款申请的同时提交货运单据；而光票托收是指委托人在提出委托收款申请的同时没有提交货运单据。

3. 信用证业务

信用证是一种银行开立的有条件的承诺付款的书面文件。采用信用证结算时，开证银行根据申请人的要求和指示，向受益人开立的载有一定金额并在一定期限内凭规定的单据在指定地点付款的书面保证文件。信用证结算能够避免购货人拖欠货款或不按合同付款等结算风险，在国际贸易中被广泛采用。

（二）代理业务

代理业务是指商业银行接受单位或个人委托，以代理人的身份受托办理一些代理权限范围内的事项的业务。

1. 代理收付款业务

代理收付款业务是指商业银行利用自身结算和网点优势，受客户委托办理各种款项的收支，具体包括代理各项公共事业收费、行政事业收费和财政性收费、代发工资、代理缴费业务等。

2. 代理融通业务

代理融通业务是指商业银行代客户收取应收账款，并向客户提供资金融通的业务。具体业务流程为，商业银行接受客户转让的应收账款，先为客户提供所需资金，并由其在该应收账款到期时向欠款方收取账款的业务。银行在这项业务中既可获得手续费，又可收取垫款利息。

3. 代理发行和兑付有价证券业务

代理发行和兑付有价证券业务是指商业银行接受政府或公司的委托，代理发行和兑付政府债券、公司债券和基金等。办理这类业务，商业银行既可以获得手续费，又能增强吸收存款的能力。

4. 基金托管业务

基金托管业务是指商业银行接受基金管理公司的委托，代理投资基金的申购、赎回及剩余资金保管的业务。基金托管业务产生的收益主要有两方面：一是直接收益，包括基金托管年费与基金申购、赎回的手续费；二是间接收益，受托资产可能会有一部分资金沉淀在托管账户中，形成商业银行优质的活期负债，成本较低。

拓展阅读 4–6：商业银行代理保险业务管理办法

5. 代理其他业务

除上述列举的业务外，商业银行还从事代理保险业务、代理个人外汇买卖业务、代理证券业务等。

（三）银行卡业务

银行卡是指经批准由商业银行（含邮政金融机构）向社会发行的具有消费信用、转账结算、存取现金等全部或部分功能的信用支付工具。银行卡减少了现金和支票的流通，使银行业务突破了时间和空间的限制。银行卡有不同的分类方式：

1. 按是否给予持卡人授信额度分为信用卡和借记卡。借记卡又分为一类卡、二类卡、三类卡。信用卡分为贷记卡和准贷记卡。借记卡可以储蓄、转账、理财，信用卡可以透支消费。

2. 按信息载体不同分为磁条卡和芯片卡。

3. 按发行主体是否在境内分为境内卡和境外卡。

4. 按发行对象不同分为个人卡和单位卡。

5. 按账户币种不同分为人民币卡、外币卡和双币种卡。

（四）信托业务

商业银行的信托业务是指商业银行接受单位或个人委托，代为经营、管理或处理所托管的资产，为受益人谋取利益的业务。信托关系中的受益人既可以是委托人本身，也可以是委托人指定的个人或机构。与信贷业务不同，商业银行经营信托业务只收取有关的手续费，至于在营运中所获得的收入，则归委托人或其指定的受益人所有。

（五）租赁业务

租赁业务是指商业银行作为出租人，向客户提供租赁形式的融资业务。租赁业务分为经营性租赁和融资性租赁。

经营性租赁是指银行作为出租人购买设备、仪器等供承租人租用，收取租金的业务。对于一些单位价值较大、技术更新快且使用次数不多的仪器、设备等，客户往往愿意以租借的方式使用。客户可以节省资金并避免技术升级带来的风险。融资性租赁是指商业银行根据客户的需要购买设备、仪器等，客户向银行租用这些设备并支付租金，在租赁期内，设备的所有权属于银行，使用权属于承租人，当设备租赁期满后，承租人可以退租、续租或购买设备。

（六）信息咨询业务

信息咨询业务是指商业银行利用人才、技术、机构网络等方面的优势，为客户提供资信证明、资信调查、资信评级及信息咨询等相关服务，并凭此收取服务费用。

四、商业银行的表外业务

表外业务是指商业银行所从事的，按照通行的会计准则不列入资产负债表内，不影响其资产负债总额，但能影响银行当期损益的经营活动。商业银行的表外业务包括担保类业务、承诺类业务和金融衍生工具交易类业务等。

（一）担保类业务

担保类业务是指商业银行接受客户的委托对第三方承担责任的业务，包括票据承兑、保函、备用信用证等。

1. 票据承兑

票据承兑是一种传统的银行担保业务，银行在汇票上签章，承诺在汇票到期日支付汇票金额。向银行申请办理汇票承兑的是商业汇票的出票人，经过银行承兑的商业汇票就成为银行承兑汇票，其付款人为承兑人。

拓展阅读 4–7：国家开发银行农民工工资支付保函创新

2. 保函业务

保函是指商业银行应申请人的请求向第三方开立的一种书面信用担保凭证。保证在申请人未能按双方协议履行其责任或义务时，由担保人代其履行一定金额、一定期限范围内的某种支付责任或经济赔偿责任。银行保函包括履约保函、不上网保函、上网保函、预付款保函、投标保函、维修保函、预留金保函、税款保付反担保函、海关风险保证金保函等。

3. 备用信用证

备用信用证是银行为客户开立的保证书，是银行担保客户履行支付义务的安排。得到银行担保的客户在债务到期无法偿付时，由银行负责偿付。

（二）承诺类业务

承诺类业务是指商业银行在未来某一日期按照事先约定的条件向客户提供约定的信用业务，包括贷款承诺、票据发行便利等。

1. 贷款承诺

贷款承诺是指银行向客户做出承诺，保证在未来一定时期内，根据一定条件，随时应客户的要求提供贷款。银行根据贷款承诺金额，按一定比例向顾客收取承诺费，即使在规定的期限内，客户并没有申请贷款，承诺费也要照交不误。

2. 票据发行便利

票据发行便利是商业银行与客户之间签订的中期循环融资支持协议。银行保证在协议期限内，银行对客户承诺一个信用额度，在此额度内向客户保证：若客户未能通过发售短期票据取得资金，则由银行提供资金支持，或者购买其未售完票据，或者提供相应银行信贷，以保证客户可以得到所需资金。

（三）金融衍生交易类业务

金融衍生交易类业务是指商业银行为满足客户保值或自身储备管理的需要而进行的货币和利率的远期、期权等衍生交易业务。

表外业务和中间业务虽然都不直接在银行资产负债表中反映出来，但是银行所承担的风险却是不同的。银行在中间业务中仅处在中间人的地位，不承担任何资产负债方面的风险。而表外业务却是一种潜在的资产或负债，在一定条件下，表外业务可以转化为表内业务，因此银行要承担一定的风险。

第三节　商业银行的经营管理

商业银行是营利性组织，其经营目标是实现利润的最大化。《中华人民共和国商业银行法》规定，商业银行以安全性、流动性、效益性为经营原则，实行自主经营，自担风险，自负盈亏，自我约束。实施有效的管理对于商业银行稳健经营具有重要的意义。

一、商业银行的经营原则

微课 4–4：商业银行的经营管理

在长期的经营实践中，商业银行形成了三条基本的经营原则，即安全性原则、流动性原则和盈利性原则。

（一）安全性原则

安全性是指商业银行应避免各种风险的影响，以保证其稳健经营。商业银行之所以坚持这一原则，是由其经营的特殊性决定的。由于商业银行的自有资本较少，资金主要来源于存款等负债业务。如果不能保证安全性经营，到期无法收回贷款本息，或出现流动性危机，则会影响到银行信誉，甚至引发银行挤兑，波及整个金融系统的安全稳定。此外，银行经营过程中会面临各种风险，如信用风险、利率风险、汇率风险、流动性风险、操作风险、法律风险等。因此，要保证商业银行的安全性经营，必须施行有效的风险控制。

（二）流动性原则

流动性是指商业银行随时应付客户提取存款与满足必要的贷款支付的

能力，包括资产的流动性与负债的流动性两重含义。资产的流动性是指银行的资产在不发生价值损失条件下迅速变现的能力。衡量银行资产流动性的标准有两个：资产变现的成本和资产变现的速度。负债的流动性是指银行以适当的价格取得可用资金的能力。衡量银行负债流动性的标准也有两个：获得可用资金的价格，获得可用资金的时效。商业银行是典型的负债经营，其资金来源的主体部分是客户的存款和借入款。存款是以能够按时提取为前提的，借入款是要按期归还或随时兑付的。资金来源流动性这一属性决定了资金运用方面即资产必须保持相应的流动性，因此必须分层次搭配资产，形成流动性储备，以满足资产的流动性需求。

视频链接 4-1：海南发展银行倒闭

（三）盈利性原则

盈利性是指商业银行为其所有者获取利润的能力。商业银行作为经营性的企业，获取利润既是其最终的目标，又是其生存的必要条件，因为只有获得足够的利润，商业银行才能扩大其自身的规模，巩固自身的信誉，提高自身的竞争能力。盈利性是商业银行经营管理活动的主要动力。

安全性、流动性和盈利性三原则之间既对立又统一。只有在保持较高盈利水平的条件下，银行才有可能增加自有资本的积累，增强抵抗风险和履行付款责任的能力。同时也只有在安全性、流动性有保证的前提下，银行才可能获得较高的效益水平。一般来说，安全性与流动性是相对统一的：流动性较强的资产，风险较小，更安全有保障。但安全性与流动性和盈利性之间也存在矛盾：流动性强，安全性高的资产，盈利水平一般较低；盈利水平较高的资产，往往流动性较差或安全性偏低。因此，商业银行在其经营过程中经常面临两难选择，只能从现实出发，综合考量金融环境、监管要求、股东目标等因素，寻求安全性、流动性和盈利性的平衡。

二、商业银行的资产负债管理理论及方法

商业银行要实现盈利性、流动性和安全性三原则要求，核心是资产与负债的管理问题。伴随不同时期经营环境的变化，商业银行经营管理理论先后形成了资产管理理论、负债管理理论、资产负债综合管理理论。

（一）资产管理理论

资产管理理论是以商业银行资产的流动性为管理重点的传统管理方法。20 世纪 60 年代以前，银行的资金来源大多是吸收活期存款，存款的主动权都在客户手中，银行主动管理负债的意愿不强。由于资金运用的主动权掌握在银行手中，因而银行更看重资产管理，尤其是资产流动性的管理。随着经济环境的变化和银行业务的发展，资产管理理论先后经历了商业贷款理论、资产转移理论、预期收入理论等不同的发展阶段。商业银行

资产管理的方法主要包括：资金总库法、资金分配法与线性规划法。

1. 资金总库法

资金总库法的核心是将存款、股本、借款等不同来源的资金，统一汇集成资金池，不考虑其单一来源的资金期限，而是严格按照银行资金运用的流动性高低来按顺序分配资金。

2. 资金分配法

资金分配法的核心是根据不同资金来源的流动性和法定准备金要求，按不同权重分配到银行各类资产上去。

3. 线性规划法

首先确定资产管理目标，然后根据各种资产与目标的关系建立目标函数，确定对各种目标函数的限制因素，再运用建立模型和数学分析的手段，有效地分析资产和负债各项目间的复杂关系，最后再根据所得的线性规划模型的解确定各项资产负债的量，以实现银行利润最大化。

（二）负债管理理论

负债管理理论是以负债为经营重点来保证流动性和效益性的经营管理理论。该理论主张以借入资金的办法来保持银行流动性，增加银行收益。

20 世纪 60 年代以来，各国经济的迅速发展迫切需要银行提供更多的资金，从而促使银行不断寻求新的资金来源，以满足客户借款的需要。银行业竞争的加剧，存款利率的最高限制实施，迫使商业银行必须开拓新的负债业务，不断拓展资金来源。除存款业务以外，商业银行还积极向中央银行借款，发展同业拆借，向欧洲货币市场借款，发行大额可转让定期存单等。负债管理理论的缺陷是：提高了银行的融资成本，增加了经营风险，不利于银行稳健经营。负债管理方法的主要方法包括储备头寸管理和全面负债管理。

1. 储备头寸管理

头寸是指银行当前所有可以运用的资金的总和，主要包括在央行的超额准备金、存放同业清算款项净额、银行存款以及库存现金等。通过从市场借入资金补足储备头寸，满足临时提取现金和发放贷款的短期流动性需求，通过资金调拨保障高收益但流动性差的资产。

2. 全面负债管理

全面负债管理是指银行通过借入的资金持续扩大资产负债规模。此方法需要市场有足够的资金提供较大的资金供应弹性，否则一旦资金获取出现问题，或中央银行采取紧缩性货币政策，全面负债管理可能会使银行陷入困境。

（三）资产负债管理理论

资产负债管理理论要求商业银行对资产和负债进行全面管理，而不能只偏重于资产或负债某一方面的管理。

20 世纪 80 年代初，金融市场利率大幅度上升，存款管制的放松导致存款利率上升，银行吸收资金的成本提高，这就要求商业银行必须合理安排资产和负债结构，以增强资金流动性，实现最大限度的盈利。资产负债管理理论就是通过资产和负债的共同调整，协调资产和负债项目在期限、利率、风险性和流动性方面的搭配，尽可能使资产、负债达到均衡，以实现安全性、流动性和盈利性的完美统一。由于资产负债管理理论是从资产和负债之间相互联系、相互制约的整体出发来研究管理方法，所以被认为是商业银行最为科学、合理的经营管理理论。资产负债管理的主要方法包括缺口管理法和资产负债比例管理法。

1. 缺口管理法

缺口管理法是根据期限或利率等指标将资产和负债分成不同的类型，然后对同一类型的资产和负债之间的差额，即缺口进行分析和管理。以利率指标为例，商业银行的资产和负债都可以分为固定利率和浮动利率两种类型。根据这两种类型的资产和负债之间的不同组合，可以有三种不同的缺口管理战略：

（1）零缺口战略，就是使浮动利率资产占总资产的比例等于浮动利率负债占总负债的比例，两者之间不存在缺口。在这种战略下，当利率水平上升时，资产收益和负债成本都将同比例上升，因此从理论上说，利率波动的影响能够被完全抵消，银行的收益将保持不变。

（2）正缺口战略，就是使浮动利率资产占总资产的比例大于浮动利率负债占总负债的比例，两者之间存在着一个正缺口。在这种战略下，利率的上升将使银行的收入增加，利率的下降则使银行的收入下降。

（3）负缺口战略，与前一种战略正好相反，即使浮动利率资产上总资产的比例小于浮动利率负债占总负债的比例。在这种战略下，若利率下降，则银行收益增加；反之则下降。商业银行应根据自己对利率波动方向的判断选择这三种不同的战略。

2. 资产负债比例管理法

资产负债比例管理法是通过一系列资产负债比例指标来对商业银行的资产和负债进行监控和管理。它既可以作为商业银行自身的一种业务管理方式，也可以作为银行监管部门对商业银行实施监管的一种手段。这种方法是在 1970 年代产生和发展起来的，目前资产负债比例管理已成为商业银行平衡其资产负债表中的各个项目、协调其资产负债业务的重要的具体操作方法和过程，且已在银行界得到广泛使用。

三、我国商业银行的资产负债管理制度

（一）资产负债管理制度的建立

拓展阅读 4-8：商业银行金融资产风险分类办法

拓展阅读 4-9：商业银行负债质量管理办法

我国银行资产负债管理制度是随着经济体制、金融体制改革的深化而演变发展的。1994 年 2 月，商业银行遵照中国人民银行《信贷资金管理暂行办法》要求，开始资产负债管理全面推行资产负债比例管理制度，即以比例加限额控制的办法，对商业银行资产负债实行综合管理。1995 年 7 月 1 日，《中华人民共和国商业银行法》颁布，决定从 1998 年起取消对国有商业银行的贷款规模控制，严格按照《中华人民共和国商业银行法》的规定，全面推行资产负债比例管理，实行“计划指导、自我平衡、比例管理、间接控制”的信贷资金管理体制。2005 年 12 月 31 日，原银监会发布《商业银行风险监管核心指标》。为促进商业银行提升资产质量、负债质量管理水平，2021 年 3 月，原银保监会制定施行《商业银行负债质量管理办法》。2023 年 3 月，原银保监会、中国人民银行制定《商业银行金融资产风险分类办法》，自 2023 年 7 月 1 日起施行。

（二）资产负债管理的指标体系

商业银行风险监管核心指标分为三个层次：风险水平类指标、风险迁徙类指标和风险抵补类指标。

1. 风险水平类指标

风险水平类指标包括流动性风险指标、信用风险指标、市场风险指标和操作风险指标，以时点数据为基础，属于静态指标。

（1）流动性风险指标

衡量商业银行流动性状况及其波动性，包括流动性比例、核心负债比例和流动性缺口率，按照本币和外币分别计算。

流动性比例为流动性资产余额与流动性负债余额之比，衡量商业银行流动性的总体水平，不应低于 25%。

核心负债比例为核心负债与负债总额之比，不应低于 60%。

流动性缺口率为 90 天内表内外流动性缺口与 90 天内到期表内外流动性资产之比，不应低于 −10%。

（2）信用风险指标

信用风险指标包括不良资产率、单一集团客户授信集中度、全部关联度三类指标。

不良资产率为不良资产与资产总额之比，不应高于 4%。该项指标为一级指标，包括不良贷款率一个二级指标；不良贷款率为不良贷款与贷款总额之比，不应高于 5%。

单一集团客户授信集中度为最大一家集团客户授信总额与资本净额之比，不应高于 15%。该项指标为一级指标，包括单一客户贷款集中度一个二级指标；单一客户贷款集中度为最大一家客户贷款总额与资本净额之比，不应高于 10%。

全部关联度为全部关联授信与资本净额之比，不应高于 50%。

（3）市场风险指标

市场风险指标衡量商业银行因汇率和利率变化而面临的风险，包括累计外汇敞口头寸比例和利率风险敏感度。

累计外汇敞口头寸比例为累计外汇敞口头寸与资本净额之比，不应高于 20%。具备条件的商业银行可同时采用其他方法（比如在险价值法和基本点现值法）计量外汇风险。

利率风险敏感度为利率上升 200 个基点对银行净值的影响与资本净额之比，指标值将在相关政策出台后根据风险监管实际需要另行制定。

（4）操作风险指标

衡量由于内部程序不完善、操作人员差错或舞弊以及外部事件造成的风险，表示为操作风险损失率，即操作造成的损失与前三期净利息收入加上非利息收入平均值之比。银监会将在相关政策出台后另行确定有关操作风险的指标值。

2. 风险迁徙类指标

风险迁徙类指标衡量商业银行风险变化的程度，表示为资产质量从前期到本期变化的比率，属于动态指标。风险迁徙类指标包括正常贷款迁徙率和不良贷款迁徙率。

（1）正常贷款迁徙率

正常贷款迁徙率为正常贷款中变为不良贷款的金额与正常贷款之比，正常贷款包括正常类和关注类贷款。该项指标为一级指标，包括正常类贷款迁徙率和关注类贷款迁徙率两个二级指标。正常类贷款迁徙率为正常类贷款中变为后四类贷款的金额与正常类贷款之比，关注类贷款迁徙率为关注类贷款中变为不良贷款的金额与关注类贷款之比。

（2）不良贷款迁徙率

不良贷款迁徙率包括次级类贷款迁徙率和可疑类贷款迁徙率。次级类贷款迁徙率为次级类贷款中变为可疑类贷款和损失类贷款的金额与次级类贷款之比，可疑类贷款迁徙率为可疑类贷款中变为损失类贷款的金额与可疑类贷款之比。

3. 风险抵补类指标

风险抵补类指标衡量商业银行抵补风险损失的能力，包括盈利能力、准备金充足程度和资本充足程度三个方面。

（1）盈利能力指标

盈利能力指标包括成本收入比、资产利润率和资本利润率。成本收入比为营业费用加折旧与营业收入之比，不应高于 45%；资产利润率为税后净利润与平均资产总额之比，不应低于 0.6%；资本利润率为税后净利润与平均净资产之比，不应低于 11%。

（2）准备金充足程度指标

准备金充足程度指标包括资产损失准备充足率和贷款损失准备充足率。资产损失准备充足率为一级指标，为信用风险资产实际计提准备与应提准备之比，不应低于 100%；贷款损失准备充足率为贷款实际计提准备与应提准备之比，不应低于 100%，属于二级指标。

（3）资本充足程度指标

资本充足程度指标包括核心资本充足率和资本充足率，核心资本充足率为核心资本与风险加权资产之比，不应低于 4%；资本充足率为核心资本加附属资本与风险加权资产之比，不应低于 8%。

思考与练习

一、单项选择题

1. 1694 年（　　）的成立，标志着现代银行制度的建立。

A. 苏格兰银行　B. 英格兰银行　C. 花旗银行　D. 汇丰银行

2. 按外部组织形式划分，我国商业银行主要实行的是（　　）。

A. 单一银行制　B. 连锁银行制　C. 分支行制　D. 集团银行制

3. 商业银行最基本、最能反映其经营活动特征的职能是（　　）。

A. 信用创造　B. 信用中介　C. 支付中介　D. 金融服务

4.《巴塞尔协议》主要针对商业银行的（　　）进行有效监管。

A. 理财业务　B. 贷款业务　C. 资本金　D. 库存现金

5. 委托代理业务属于商业银行的（　　）。

A. 资产业务　B. 负债业务　C. 中间业务　D. 表外业务

6. 下列属于商业银行的核心资产业务的是（　　）。

A. 存款业务　B. 结算业务　C. 贷款业务　D. 票据贴现

7. 持票人将未到期的票据背书转让给商业银行的业务叫（　　）。

A. 转贴现　B. 票据承兑　C. 再贴现　D. 票据贴现

8.《巴塞尔协议》对商业银行资本充足率的规定是不低于（　　）。

A.4%　B.6%　C.8%　D.50%

二、多项选择题

1. 按照业务性质的不同，商业银行的经营业务一般可分为（　　）。

A. 负债业务　B. 资产业务　C. 中间业务　D. 表外业务

E. 自营业务

2. 商业银行的核心资本包括（　　）。

A. 股本　　B. 永续债　　C. 资本公积　　D. 盈余公积

E. 未分配利润

3. 下列属于商业银行资产业务的是（　　）。

A. 吸收存款　　B. 票据贴现　　C. 发放贷款　　D. 委托代理

E. 同业拆入

4. 下列属于商业银行负债业务的是（　　）。

A. 发放贷款　　B. 信托业务　　C. 吸收存款　　D. 同业拆入

E. 租赁业务

5. 下列属于商业银行表外业务的是（　　）。

A. 票据承兑　　B. 备用信用证　　C. 贷款承诺

D. 票据发行便利　　E. 保函业务

6. 按风险程度不同，商业银行贷款可分为（　　）。

A. 正常贷款　　B. 关注贷款　　C. 次级贷款　　D. 可疑贷款

E. 损失贷款

7. 商业银行的现金资产包括（　　）。

A. 库存现金　　B. 存款准备金　　C. 同业存款　　D. 在途资金

E. 利息收入

8.《巴塞尔协议》关于商业银行风险管理的三大支柱包括（　　）。

A. 最低资本规定　　B. 监管当局的监督检查　　C. 市场约束与信息披露

D. 稳健运营　　E. 信用风险管理

9. 商业银行经营管理的主要原则包括（　　）。

A. 安全性原则　　B. 流动性原则　　C. 盈利性原则　　D. 风险性原则

E. 稳健性原则

10. 商业银行风险监管核心指标体系中的风险水平类指标包括（　　）。

A. 流动性风险指标　　B. 信用风险指标　　C. 市场风险指标　　D. 操作风险指标

E. 资本充足程度指标

三、判断题

1. 信用中介职能是商业银行最基本的职能。（　　）

2. 商业银行的主要资金来源是同业拆入。（　　）

3.《巴塞尔协议》规定，商业银行的核心资本充足率必须低于 4%。（　　）

4. 票据贴现属于商业银行的资产业务。（　　）

5. 商业银行支持消费者购买消费品发放的贷款属于消费贷款。（　　）

6. 信用卡业务属于商业银行的中间业务。（　　）

7. 转贴现是央行面向商业银行开展的业务。（　　）

8. 通常流动性强的资产，安全性好，盈利率一般较低。（　　）

9. 中国自办的第一家银行是 1897 年成立的中国通商银行。(   )

10. 我国的商业银行在组织形式上采用分支行制。(   )

四、简答题

1. 简述商业银行的功能。

2. 列举商业银行的主要业务。

3. 简述商业银行的发展趋势。

五、计算题

1. 某企业持有 3 个月后到期的 100000 元银行承兑汇票，若银行的票据贴现率为年化利率 8%，则企业目前到银行办理贴现业务，贴现利息和实付贴现金额分别是多少？

六、实训题

实训项目：商业银行业务实践

1. 实训目标：商业银行与日常生活关系密切。通过开展实地考察和具体的业务实践，加深对商业银行的业务性质和职能的理解，近距离感受金融专业服务，强化行业认知。

2. 实训任务

（1）选择一家商业银行，查阅相关网站及资讯，熟悉该银行的业务、企业文化、发展历程及所取得的成就。分组到该银行的营业网点进行实地考察和具体业务办理，熟悉业务操作流程，加深对商业银行业务的认识和理解。

（2）学生分组协作，完成小组任务。

（3）学生在课堂进行小组任务展示，分享实训项目成果。

3. 实训成果

以商业银行业务实践为主题，形成一份 3000 字左右的实训报告。

思考与练习参考答案（第四章）

第五章　金融市场

学习目标

知识目标

1. 理解金融市场的概念、功能及构成要素；
2. 了解金融市场的产生与发展历程；
3. 掌握各类金融工具的概念及特点；
4. 掌握各类金融市场的概念及特点。

能力目标

1. 会运用金融工具提升理财投资能力；
2. 能追踪并把握金融市场的发展趋势；
3. 能结合金融市场的运行规律分析市场动态；
4. 会运用模拟交易软件进行金融市场投资实践。

素养目标

1. 深化对金融市场风险的认知，建立金融安全底线思维；
2. 关注我国金融市场的发展成就，坚定“四个自信”。

知识图谱

金融市场
金融市场概述
Z1.金融市场的概念、功能及构成要素
Z2.国内外金融市场的发展历程
J1.能追踪并把握金融市场的发展趋势
金融工具概述
Z1.金融工具的概念与特征
Z2.各类金融工具的特点
J1.会运用金融工具提升理财投资能力
货币市场
Z1.货币市场的组成
Z2.货币市场的子市场
J1.能结合金融市场的运行规律分析货币市场动态
资本市场
Z1.资本市场的组成
Z2.资本市场的子市场
J1.能结合金融市场的运行规律分析资本市场动态
J2.会运用模拟交易软件进行金融市场投资实践
金融衍生工具市场与黄金市场
Z1.金融衍生工具市场与黄金市场的产生与发展
Z2.金融衍生工具市场与黄金市场的子市场
J1.能结合金融市场的运行规律分析金融衍生工具市场与黄金市场的市场动态
R1.金融市场投资实践报告
S1.深化对金融市场风险的认知，建立金融安全底线思维
S2.关注我国金融市场的发展成就，坚定“四个自信”
知识点
技能点
思政点
学习成果

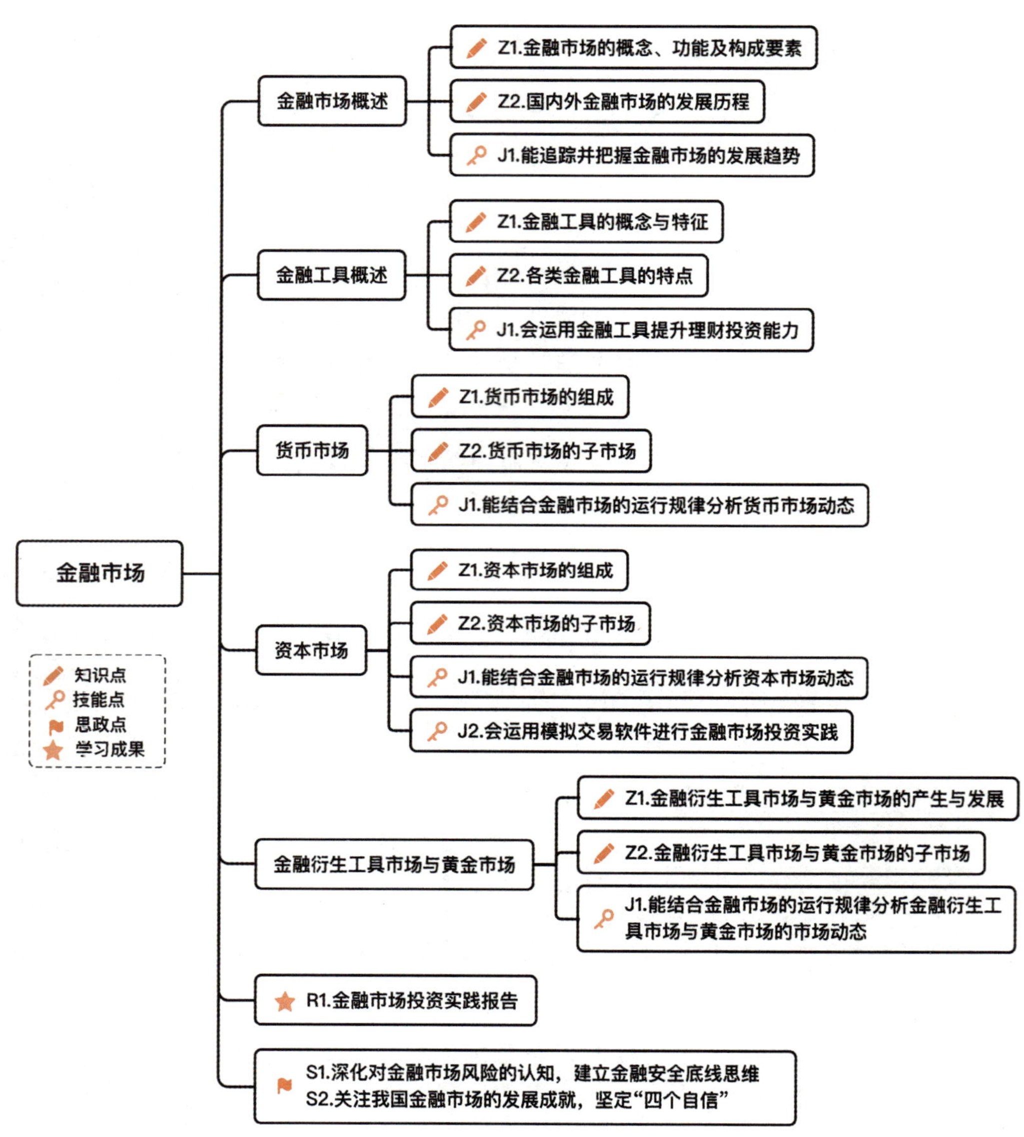

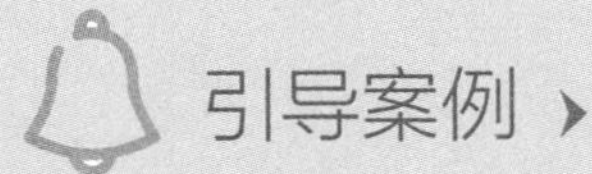

国际金融市场经历“动荡之年”

2022 年，地缘政治危机四伏，“黑天鹅”事件层出不穷，能源危机与通货膨胀肆虐全球，美联储掀起加息浪潮，国际金融市场风起云涌……多重危机叠加下，“动荡”成为 2022 年国际金融市场的主题。

为压制高通胀，美联储等多国央行采取了最激进的加息行动和缩紧性货币政策，给金融市场造成巨大冲击。全球利率上行背景之下，债券收益率大幅上升。美国 10 年期国债收益率从年初的 1.5% 最高上升到 4.3%，英国 10 年期国债收益率从年初的 1% 最高上升到 4.6%。2022 年，纳斯达克综合指数下跌超 30%，标普 500 指数下跌近 20%。由于利率不断攀升，对利率敏感的增长型科技股遭遇大幅下跌。股债“双杀”的大背景下，外汇市场上美元指数大幅走高，最大涨幅达 21%，新兴市场国家货币对美元的汇率创历史新低。

什么是金融市场？金融市场有哪些功能？什么是金融工具？金融工具和金融市场是如何产生和发展的？本章我们将系统了解金融市场和金融工具的概念、特点及组成，熟悉国内外金融市场的发展历程，学会把握金融市场内在的运行规律。

第一节　金融市场概述

一、金融市场的概念

金融活动的本质是实现货币资金的融通，金融市场是通过金融工具的交易买卖实现货币资金融通的场所或机制。在金融市场上，资金的需求者发行金融工具，成为资金的借入方（债务方），资金的供给者通过购买金融工具将资金转移给需求者，成为资金的借出方（债权人）。

微课 5-1：金融市场的概念和功能

金融市场的概念有广义与狭义之分。广义的金融市场是指一切与资金融通活动相关的市场，包括间接融资市场和直接融资市场，涵盖了资金存贷业务、保险业务、信托业务、贵金属买卖业务、外汇买卖业务、同业拆借业务和有价证券买卖业务等。狭义的金融市场则主要指直接融资市场，包括货币市场、资本市场、黄金市场和外汇市场。金融市场与商品市场、劳务市场和技术市场共同构成市场经济体系。

二、金融市场的产生与发展

人类早期的经济活动主要是物物交换和局部贸易。随着商品经济的发展，货币、信用、银行、金融市场相继产生。早在古罗马时代，地中海沿岸的经济贸易活动就已达到相当规模，并开始使用各种票据进行结算。14世纪末15世纪初，更多的资金融通通过银行来完成。到了17世纪，随着殖民地的扩张和全球贸易的发展，阿姆斯特丹成为当时的金融中心、贸易中心、航运中心。1602年，世界上第一个可以上市交易的股份公司——荷兰东印度公司成立，人们开始使用股票等金融工具进行融资。1609年，世界上第一个股票交易所——阿姆斯特丹证券交易所诞生，标志着现代股票市场的形成。18世纪开始，工业革命的成功使英国崛起。1694年，英国成立了世界上第一家股份制商业银行——英格兰银行，标志着英国现代银行制度的确立。1773年成立的伦敦交易所取代了阿斯特单交易所，成为当时世界上最大的交易所。1792年，纽约证券交易所成立。日本明治维新后，随着股票和债券的产生与发展，金融市场开始向亚洲扩张。1816年，英国首先实行金本位制，英镑成为当时全世界使用最广泛的货币。伦敦金融市场率先发展成为国际金融市场，并取代阿姆斯特丹成为欧洲的金融中心。

随着国际金融市场的形成与资本主义的扩张，经济活动出现国际化趋势，金融交易活动也开始超越国界，金融市场逐渐具有国际化特征。第二次世界大战之后，美国凭借其政治、经济实力，建立起了以美元为中心的布雷顿森林体系，自此，美元取代英镑，成为世界主要的储备货币和国际清算货币，纽约国际金融市场的地位迅速上升。瑞士的经济在战争中因保持中立而未受到战争的严重破坏，瑞士苏黎世金融市场也因此快速发展。至20世纪中叶，纽约、伦敦、苏黎世成为最重要的国际金融中心。1957年，欧洲货币市场开始在伦敦出现，形成美元借贷市场即欧洲美元市场，成为重要的国际金融市场之一。法兰克福、巴黎、阿姆斯特丹、东京、香港、新加坡市等金融中心迅速崛起。20世纪70年代后，随着全球金融改革与创新浪潮的不断高涨，信息和通讯技术在金融领域开始广泛应用，金融市场表现出国际化和全球一体化的发展趋势，具体表现为：金融市场组织形式的全球网络化，市场交易主体的国际化，以及资本流动的全球化。

视频链接 5-1：香港金融市场保卫战

三、我国金融市场的发展历程

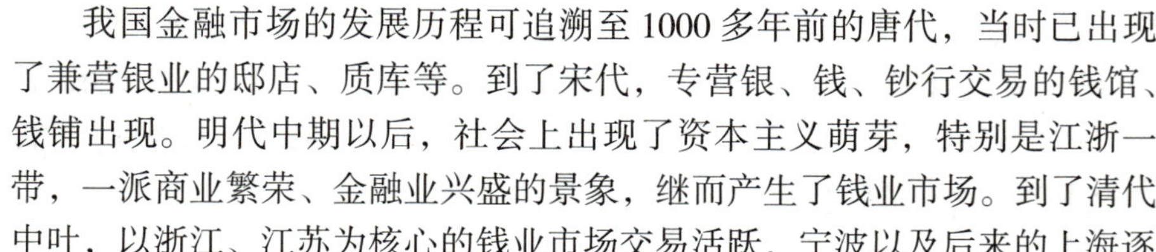

我国金融市场的发展历程可追溯至1000多年前的唐代，当时已出现了兼营银业的邸店、质库等。到了宋代，专营银、钱、钞行交易的钱馆、钱铺出现。明代中期以后，社会上出现了资本主义萌芽，特别是江浙一带，一派商业繁荣、金融业兴盛的景象，继而产生了钱业市场。到了清代中叶，以浙江、江苏为核心的钱业市场交易活跃，宁波以及后来的上海逐

拓展阅读 5-1：庄票

渐成了钱业中心市场。但在当时的封建社会制度下，贸易经济难有突破性的发展，以钱庄、票号为经营主体的钱业市场最终未能发展成为现代金融市场。

鸦片战争后，外国金融机构的进入加速了中国金融市场的形成，股票、债券、保险等开始出现。1872 年，清政府成立的轮船招商局发行了中国最早的股票。1894 年，清政府发行了中国最早的政府债券。1913 年，上海一些钱商、茶商等兼营证券买卖的大商号成立了“上海股票商业公会”。1914 年，北洋政府颁布《证券交易所法》，从此，证券交易开始走上正轨。1918 年，经北洋政府批准，“北京证券交易所”成立，这是第一家由中国人创办的证券交易所。1920 年，“上海股票商业公会”正式改组为“上海华商证券交易所”；1921 年，北洋政府又批准成立了“天津证券物品交易所”。这一时期我国的保险业实际上被外国资本所垄断，从 1805 年英商设立广州保险社至新中国成立前，外商保险机构共有 64 家。中资保险机构主要是国民党政府官办的“四行两局”以及一些私营保险机构。在半殖民地半封建的社会背景下，外资金融组织掌控着中国金融市场的局面。

抗战胜利后，国民党政府明令禁止证券交易。1945 年 8 月，上海华商证券交易所被停业解散，但是黑市交易并未停止。于是，国民党政府转而筹划建立官方证券市场。1946 年 9 月，上海证券交易所正式开业，分股票、债券两个市场。1948 年 2 月，天津证券交易所开业。由于国民党政府宣布实行币制改革，故通令全国各交易所暂行停业。解放初期，为了稳定市场，打击黑市，人民政府决定在天津、北京等城市成立在人民政府管理下的证券交易所。1952 年，所有的证券交易所关闭停业。1958 年，国家停止向外借款。1959 年，终止国内政府债券的发行。

党的十一届三中全会以后，随着我国经济体制改革的深入和商品经济的发展，经济建设的资金不足问题十分突出，恢复建立并发展金融市场的需求日益迫切。货币市场方面：1981 年我国重新发行国债；1982 年企业债券开始发行；1988 年国库券开始可以上市流通交易，国债交易市场逐步形成。1997 年 6 月，建立银行间债券市场，允许金融机构间进行国债或政策性金融债券的回购交易。目前，我国已经形成以银行间债券市场为主导，包括交易所市场、商业银行柜台市场在内的多元化、分层次的债券市场体系。

拓展阅读 5–2：2022 年金融市场运行情况

我国的同业拆借市场起步于 1984 年，武汉、广州等城市率先建立同业拆借网络，随后各地的同业拆借市场形成。1985 年，票据市场初步形成。1986 年，全国统一的银行同业拆借市场建立。2016 年，全国统一的票据交易平台即上海票据交易所建立。2022 年，全国共发生票据业务 1.01 亿笔，金额 98.14 万亿元。同业拆借市场、债券回购市场和票据市场共同构成了我国的货币市场，成为金融机构管理流动性和中央银行开展公开市场操作的重要平台。

外汇市场方面。改革开放以前，我国实行统收统支的外汇管理体制。改革开放后，我国开始实行外汇留存管理，外汇调剂市场逐步产生。1994年4月，中国外汇交易中心暨全国银行间同业拆借中心在上海建立，负责外汇市场的组织运行，全国统一的银行间外汇市场建立。

黄金市场方面。1982年，政府开放了黄金饰品零售市场，中央银行发行熊猫金币。2002年10月30日，上海黄金交易所正式开业，标志着我国统一黄金市场的形成。2008年1月9日，黄金期货在上海期货交易所上市。2019年12月20日，黄金期权在上海期货交易所正式挂牌交易，这是我国期货市场首个贵金属期权品种。

保险市场方面。中国人民保险总公司于1979年6月先后推出企业财产保险、货物运输保险和家庭财产保险三个险种，自此拉开了改革开放后保险业发展的序幕。新疆兵团保险公司、平安保险公司、太平洋保险公司等相继成立。1992年9月，美国友邦保险公司在上海开设分公司，标志着我国保险市场迈出了国际化的第一步。目前，保险市场不断发展壮大，一个以国有商业保险公司为主体、中外保险公司并存、多家保险公司竞争的市场多元化的格局已经形成。

证券市场方面。1990年11月和1991年4月，上海证券交易所和深圳证券交易所相继成立，标志着我国股票交易市场正式形成。1992年，国债期货交易开办，此后商品期货交易也得到发展，并形成了以上海、大连和郑州三家期货交易所为核心的市场架构。2013年9月，时隔18年后国债期货重返证券市场。2004年5月17日，深圳证券交易所设立中小企业板。2009年10月23日，中国创业板举行开板启动仪式。2009年10月30日，中国创业板正式上市。2010年4月16日，我国推出股指期货。2013年1月16日，全国中小企业股份转让系统（简称“新三板”）正式揭牌运营。2019年6月13日，科创板正式开板。2020年8月24日，创业板注册制首批企业挂牌上市，宣告资本市场正式进入全面改革的“深水区”。2021年4月，经中国证监会批准，深交所主板和中小板合并。2021年9月3日，北京证券交易所成立，这是我国经国务院批准设立的第一家公司制证券交易所。2023年2月1日，我国启动全面股票发行注册制改革。

四、金融市场的功能

（一）资金聚集功能

国民经济各部门的资金收支在时间上往往不一致，金融市场通过金融工具的交易买卖，将资金盈余者的货币资金转移给资金短缺者使用，构建了资金融通渠道，降低了交易的搜寻成本和信息成本，促进了社会投资顺利完成，提升了货币资金的利用效率。此外，由于社会中的闲置资金较为零散，难以满足大规模投资的需要，金融市场的存在能够引导汇聚零散的小额资金，起到资金“蓄水池”的作用，在满足众多投资者的收益和风险偏好的同时，实现了资金的积累聚集，支持了大规模的社会再生产。

（二）资源配置功能

金融市场的存在能够引导资金流向，完成资金盈余部门和资金短缺部门之间的调剂，实现资源的合理配置，提高资金使用效率。基于自身利益的最大化，作为资金盈余方的投资者要将资金投向最有利可图的部门和项目，而作为资金短缺方的筹资者则在实现融资目标的前提下选择成本相对较低的融资方式，于是市场上的资金自然流向经济效益高、发展潜力大的产业和企业。此外，风险厌恶者还可以通过购买避险工具，把风险转移给风险偏好者，实现风险的再分配。

（三）价格发现功能

一般而言，金融产品发行时的面值并不一定能反映其真实的价值，只有通过金融市场中买卖双方持续交易所形成的市场价格，才能真正发现其内在价值；而价格反过来又为潜在的市场参与者提供了信号，引导资金在不同的金融资产之间进行配置，达成供需平衡。金融市场交易的制度越健全，参与交易者数量越多，市场越活跃，其价格发现功能才能发挥得越充分。资金按照金融资产的价格或收益率的指引在不同部门流动，价格信号的真实与否，决定了资源配置的效率。

（四）宏观调控功能

金融市场被称为国民经济和企业价值的“晴雨表”，能够反映国民经济的发展态势。金融市场是国家进行宏观经济调控的重要场所和渠道。在经济发展需要之时，中央银行可以利用同业拆借市场、银行间债券市场、外汇市场等金融市场实施宏观经济调控。通过制定货币政策，围绕利率、货币供应量、银行信贷规模等经济变量影响金融市场上利率、汇率的变化，实现经济发展目标，解决经济发展中的问题。

五、金融市场的构成要素

金融市场的构成要素包括四个基本要素：交易主体、交易对象、交易价格和交易组织形式。

（一）交易主体

金融市场的交易主体也称市场主体，主要是指资金的供给方、需求方、中介方和监管机构，如金融机构、政府部门、企业和居民等都属于市场参与者。

金融机构是金融市场的重要参与者，包括中央银行、金融监管部门、商业银行以及非银行类金融机构。中央银行以金融市场管理者的身份参与市场活动，通过业务活动干预市场价格波动，实现货币政策目标。金融监管部门不参与市场交易，其主要责任是与中央银行共同规范和维护金融市场秩序，防范和化解金融风险，实现宏观调控目标。商业银行、证券公司和保险公司等金融机构通过吸收存款、发行有价证券和契约性的方式聚集社会闲散资金，通过贷款、投资等方式运用资金，扮演资金的供给者、需求者和中介人等多重角色，在资金的供求者之间架起桥梁，实现资金融通。

政府部门在金融市场上是主要的资金需求者，通过在金融市场上发行政府债券筹措资金来弥补财政赤字或筹措建设资金。企业既是资金需求者，也是资金供给者，通过参与市场交易实现融资与投资目的，同时也通过金融市场来规避风险。居民包括家庭和个人是主要的资金供给者，他们通常会根据自身的风险承受能力来选择相应的金融商品进行投资。

（二）交易对象

交易对象是金融市场交易的客体，一般是指金融工具。金融工具主要包括短期金融工具和长期金融工具，其中短期金融工具包括票据、大额可转让定期存单、国库券等，长期金融工具包括股票、债券等。金融工具种类和数量的多少在一定程度上反映出金融市场的发展水平。

（三）交易价格

交易价格是指金融市场中金融工具的交易价格，通常以利率或收益率等不同形式来表示，也有直接以价格方式表示的，如股票价格、基金价格等，外汇市场中的交易价格用汇率表示。

（四）交易组织形式

交易组织形式是指金融市场主体进行交易时所采用的方式，主要分为场内交易和场外交易两类。

1. 场内交易也称交易所交易，是指交易双方集中在交易所内采取公开竞价、交易系统撮合的方式来完成交易。例如，证券交易所、期货交易所内的股票、期货和期权交易等均采取场内交易方式。

2. 场外交易也称柜台交易、店头交易或询价交易，通常没有集中的交易场所，交易双方通过金融机构的柜台当面协商或借助现代通讯技术和网络等工具进行沟通交易，主要以协商定价方式成交。例如，区域性股权市场、证券公司柜台市场、私募基金市场等，一般采取场外交易方式。

六、金融市场的分类

（一）按交易对象不同，分为货币市场、资本市场、外汇市场与黄金市场

1. 货币市场

货币市场是指融资期限在 1 年以内的短期资金市场。货币市场主要有同业拆借市场、票据市场、回购市场、短期政府债券市场、大额可转让定期存单市场等。货币市场的交易标的物具有偿还期限短、风险小且流动性强的特点，具有类似货币的功能。

2. 资本市场

资本市场是指融资期限在 1 年以上的长期资金市场。资本市场包括股票市场、债券市场、投资基金市场等。资本市场的交易标的物具有偿还期限长、风险较大，且流动性相对较弱的特点。

3. 外汇市场

外汇市场是指专门从事外汇买卖，调剂外汇供求的交易场所。目前，国际外汇市场主要有伦敦外汇市场、纽约外汇市场、东京外汇市场、香港外汇市场等。国内的外汇市场主要有银行间外汇市场和银行对客户零售市场。

4. 黄金市场

黄金市场是集中进行黄金买卖的交易中心或场所。目前，国际黄金市场有两种类型：欧洲型市场与美国型市场。前者以现货交易为主，如伦敦和苏黎世黄金市场；后者以期货交易为主，如纽约、芝加哥和香港黄金市场。国内的上海黄金交易所和上海期货交易所是经国务院批准的开展黄金交易的场所。

（二）按金融交易程序不同，分为发行市场与流通市场

1. 发行市场

发行市场又称为初级市场、一级市场，是指有价证券、票据等金融工具最初发行的市场。资金需求者通过发行市场发行金融工具筹集资金。

2. 流通市场

流通市场又称为次级市场、二级市场，是指已发行的金融工具流通转让的市场。投资者通过在流通市场交易金融工具获取收益。

我国的证券交易所和期货交易所等一般兼具一级市场和二级市场的功能。

（三）按交割期限不同，分为现货市场与期货市场

1. 现货市场

现货市场是指交易双方成交后，立即或在很短的时间内（一般不超过3天）进行交割的市场。交割是指结清交易的手续。

2. 期货市场

期货市场是指交易双方达成交易协议后，不立即进行交割，而是约定在未来某一个特定时间进行进行交割的市场。

（四）按交易地理范围不同，分为国内金融市场与国际金融市场

1. 国内金融市场

国内金融市场是指金融交易范围限于一国国内的市场，如国内的证券交易市场、金融期货交易市场、保险市场等。

2. 国际金融市场

国际金融市场是国内金融市场在国际范围内的延伸，由国际性的资金借贷、结算以及证券、黄金和外汇的买卖活动所组成的市场，如国际货币市场、国际资本市场、黄金市场和外汇市场等。全球著名的国际金融市场大都在国际金融中心城市，如纽约、伦敦、苏黎世、东京、香港、新加坡市等。

第二节　金融工具概述

一、金融工具的概念

微课 5-2：
金融工具的
概念和特征

金融工具是以书面形式发行和流通，借以保证债权人或投资人权利的合法凭证。金融工具是资金或资本的载体，是金融市场交易的对象，包括股票、债券、期货等形式。金融工具又称信用工具、金融产品、金融资产等。

二、金融工具的特征

（一）偿还性

偿还性是指金融工具的发行主体按期还本付息的特征。金融工具上一般载明偿还期限即偿还期，到期必须进行还本付息。金融工具的偿还期可以是零或无期限，如活期存款的偿还期可视为零，而股票的偿还期则为无期限。

（二）流动性

流动性又称变现能力，是指金融工具迅速变现为货币而不致遭受损失的能力。金融工具越容易变现，流动性就越强，反之则越弱。金融工具的流动性主要受两个因素的影响，一是金融工具的偿还期，二是发行金融工具的主体（债务人）的信用能力。一般来说，金融工具的流动性与偿还期成反比，即偿还期越长，流动性越弱；与债务人的信用能力成正比，即债务人的资信等级越高，流动性越好。

（三）风险性

风险性是指金融工具的本息遭受损失的可能性。金融工具的风险主要有如下两种：一种是信用风险，也称违约风险，是指债务人不履行合同、不按期归还本金的风险，这类风险与债务人的信誉、经营状况有关，同时还与金融工具的种类有关，如股票与债券的风险不同。另一种是市场风险，是指因金融市场出现波动，导致金融工具价格下跌，投资者持有的金融资产贬值的风险。

（四）收益性

收益性是指金融工具能定期或不定期给持有者带来收益的特性。金融工具的收益性大小通常用收益率来衡量，具体包括：一、固定收益，如债券、存单的票面载明利率，投资者可获得利息收入；二、非固定收益，如股票，其收益大小取决于分红或通过股票交易获得价差收益。收益性一般与偿还期成正比，即偿还期越长，收益越高，反之则收益越低；与流动性成反比，即流动性越好，收益越低，反之则收益越高；与风险性成正比，即风险越高，收益越高，反之则收益越低。

三、金融工具的分类

（一）按融资期限不同，分为短期金融工具和长期金融工具

1. 短期金融工具

短期金融工具也称货币市场工具，是指偿还期限在 1 年或 1 年以内的各种金融工具，包括票据、国库券、大额可转让定期存单等。

2. 长期金融工具

长期金融工具也称资本市场工具，是指偿还期限在 1 年以上的金融工具，如股票、长期债券等。

（二）按融资方式不同，分为直接金融工具和间接金融工具

1. 直接金融工具

直接金融工具是指直接进行资金融通时所使用的金融工具，如股票、债券等。

2. 间接金融工具

间接金融工具是指通过银行等金融中介机构进行资金融通时所使用的金融工具，如银行券、存款单、银行票据和保险单等。

（三）按权利义务不同，分为债权类金融工具和所有权类金融工具

1. 债权类金融工具

债权类金融工具是指以票据、债券等代表，记载债权债务关系的书面凭证，投资者以债权人的身份索取本金和利息。

2. 所有权类金融工具

所有权类金融工具是指以股票为代表，记载所有权关系的书面凭证，投资者以股东身份索取股息和红利。

（四）按是否直接与信用活动相关，分为基础金融工具和衍生金融工具

1. 基础金融工具

基础金融工具又称原生金融工具，是指在实际信用活动中出具的能证明债权债务关系或所有权关系的合法凭证。例如，商业票据、债券、股票、投资基金等。

2. 衍生金融工具

衍生金融工具又称金融衍生工具或金融衍生产品，是在基础金融工具基础上派生出来的金融合约，其价值取决于一种或多种基础资产或指数。例如，金融期货、金融期权、互换合约、远期合约等。

四、主要金融工具

（一）票据

1. 票据的概念

票据是指由出票人签发的，约定自己或者要求付款人在见票时或指定的日期向持票人或收款人无条件支付款项的信用凭证。

拓展阅读 5–3：红色革命时期以来我国的票据发展

2. 票据的种类

（1）汇票

汇票是由出票人签发的一种要求付款人按照指定的日期向持票人无条件支付款项的票据。汇票可分为商业汇票与银行汇票。

①商业汇票是出票人签发的，要求付款人按约定期限向持票人支付款项的票据。商业汇票必须经过付款人承认才有效，承认付款的手续叫承兑。由工商企业承兑的汇票称为商业承兑汇票，由付款人委托银行承兑的汇票称为银行承兑汇票。

②银行汇票是汇款人将款项交存其代理银行，由银行签发给汇款人持往异地银行办理转账结算或向指定银行兑取款项的票据。

（2）本票

本票是指由出票人签发的，承诺自己在见票时无条件支付确定的金额给收款人或持票人的票据。本票又称期票，出票人即是付款人。本票可分为商业本票与银行本票。

①商业本票是指企业单位或个人签发并承诺在见票时或指定日期无条件向收款人或持票人支付一定金额的票据，通常被分类为交易性的商业本票以及融资性的商业本票。

②银行本票是指由银行签发的，以出票银行自己为付款人，承诺见票或在票据到期日无条件向收款人或持票人支付一定金额的票据。《中华人民共和国票据法》中所称的本票，是指银行本票。

拓展阅读 5-4：中华人民共和国票据法

（3）支票

支票是指由银行活期存款客户签发的，要求其开户银行见票时向持票人无条件支付一定款项的票据。支票本质上是无条件支付命令书。支票可分为记名支票和无记名支票，以及现金支票、转账支票和保付支票。

①按是否记载收款人姓名，支票分为记名支票和无记名支票。记名支票有明确的支付对象，即载明了收款人；无记名支票不记载收款人，银行可向任何持票人付款。

②按支付方式不同，支票分为现金支票、转账支票和保付支票。现金支票只能用于提取现金；转账支票只能用于转账，不能提取现金；保付支票的票面上有付款银行加盖的“保付”戳记，保证付款的责任由银行承担，出票人不再负责。

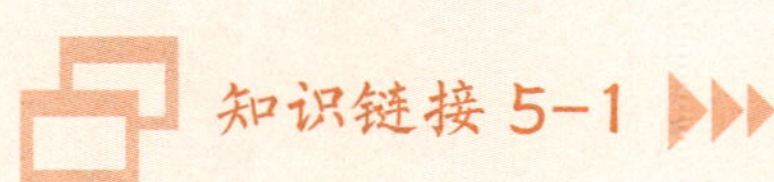

中国古代票据的起源与发展

我国最早与票据相关的记载可以追溯到周朝的傅别。《周礼·天官·小宰》中有记载：“听称责以傅别。”书中所说的“称责”即为贷款，“傅别”就是契据。这种因借贷而订立的契据采取两联式，在两联契据的中缝上写一行字，并将其一分为二，由债权人、债务人双方各执一半，收债时再将两联合二为一，验证中缝上的字迹是否吻合，吻合后即偿付，债主常执左券以索偿。

“飞钱”是唐代出现的一种早期汇兑凭证。《新唐书·食货志》中记载“宪宗以钱少，复禁用铜器。时商贾至京师，委钱诸道进奏院及诸军诸使富家，以轻装趋四方，合券乃取之，号飞钱。”当时京城长安的商人将货币交给地方驻京的进奏院及各军各使或富商，由他们发给半联票券，另半联票券则及时送往有关的院、号，待持券的商人到目的地时，凭半联票券进行“合券”核验兑付。

唐代还出现了“书帖”，一种类似于支票功能的信用票据。“书帖”上注明出帖日期、支付日期、付款数额、收款人姓名，再加上出帖者签名，持此帖便可向指定商铺兑换现金。胡寄窗在《中国经济思想史简编》中指出，“书帖是临时书写的便条，而支票则系预先印好的空白待填凭证而已。汇票在古巴比伦时代早已出现，而书帖则是世界上最早出现的支票。”

宋代官府设官号“便钱务”，发行“便钱”。商人向“便钱务”纳付现金，持“便钱”可到异地官府兑付现钱。“便钱”类似于“见票即付”的汇票，由政府机关发行、兑付。宋真宗时期，蜀地（今四川地区）的地方富户联办“交子铺”，发行“交子”，代替金属货币进行贸易，也可携带“交子”到异地的“交子铺”进行兑现。为规范化管理，宋仁宗天圣元年（公元1023年），官府设益州交子务，由政府正式发行“官交子”。

“关子”是南宋根据军事需要发行的兑钱凭券。南宋绍兴元年（公元1131年），设“御前关子务”，印发“关子”。规定商人纳钱于婺州榷货务，领取关子券后，可前往杭州、越州等地榷货务兑换现钱。此外，当时临安商民私造便钱，由富户主持发行，称作“会子”，可直接进入市面流通。政府于绍兴三十一年（1161年）设置“会子务”，“会子”的印制发行权由官府经营和监管。

明清时期，主要由“票号”“钱庄”等经营汇兑业务和存放款业务。商人持票券到异地的分号兑现，也可直接以票券进行支付、交易，其印制、防伪、密押、水印等工艺达到了中国古代票据的最高水平。清朝晚期，随着西方侵略者入侵，现代银行进入中国，我国传统的票据业务逐渐走向衰落。

资料来源：江西财经大学九银票据研究院. 票据史[M]. 北京：中国金融出版社，2020.

（二）股票

1. 股票的概念

股票是由股份公司签发的，证明股东按其所持有股份享有权利和承担义务的所有权凭证。股票持有人是公司的所有者，也是股东。股票是所有权凭证，其他金融工具大多是债权凭证。

股票能带来的收益主要包括股息与红利（合称股利）以及市价盈利。其中，市价盈利即买卖股票所获取的差价，又称资本利得。

2. 股票的分类

（1）按股东权益不同，分为普通股与优先股

①普通股是最普遍的股票形式，构成公司资本的基础。普通股股东主要享有以下三方面的权利：一是经营决策权，即股东可参加股东大会，对公司重大经营决策问题进行表决，并选举董事等；二是盈余和剩余资产的分配权，公司盈利可取得股息，股息随公司经营业绩的好坏而变化，公司破产或解散时，还可分享公司的剩余资产；三是公司增发新股时，有新股优先认购权。

②优先股是享有优先权的股票。相对于普通股而言，优先股的股东对公司资产、利润分配等享有优先权，类似于举债集资，无论公司经营好坏、利润大小，都按固定比例领取股息。优先股股东对公司事务无表决权。优先股不能退股，只能通过优先股的赎回条款被公司赎回。

（2）按上市地点不同，分为 A 股、B 股和 H 股

① A 股，即人民币普通股票，是由中国境内注册公司发行，在境内上市，以人民币标明面值，供境内机构、组织或个人（2013 年 4 月 1 日起，境内港澳台居民可开立 A 股账户）以人民币认购和交易的普通股股票。

② B 股，即人民币特种股票，是由中国境内注册公司发行，在境内上市，以人民币标明面值，供境内外投资者以外币认购和交易的特种股票。

③ H 股是指中国境内注册公司在香港联合证券交易所上市发行和交易的中资企业股票。早期在香港上市的多为国有企业，也称国企股。

图5–1　北京市天桥百货股份有限公司发行的股票[①]

① 1984年发起设立的北京市天桥百货股份有限公司，发行股票300万元，是中国改革开放以来第一家正式注册的股份制企业。票据实物收藏于中国证券博物馆。

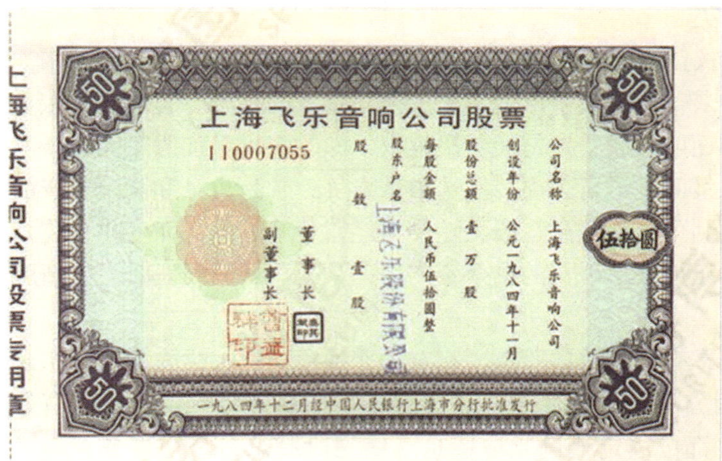

图5–2　上海飞乐音响公司股票①

（三）债券

1. 债券的概念

债券是政府、金融机构、工商企业等发行人为筹集资金，按照法定程序发行，承诺按一定利率支付利息并按约定条件偿还本金的债权债务凭证。

债券购买者与发行者之间是一种债权债务关系，债券发行人即债务人，债券持有人即债权人。债券的票面一般包括面值、利率、偿还期限和发行者等要素。

2. 债券的分类

（1）按发行主体不同，分为政府债券、公司债券和金融债券

①政府债券。政府债券是指政府财政部门或其他代理机构为筹集资金，以政府名义发行的、承诺在一定时期支付利息和到期还本的债务凭证。政府债券包括公债券、国库券和地方政府债券。公债券和国库券并无本质区别，主要区别是偿还期不同。公债券的偿还期一般在 1 年以上，国库券的期限在 1 年以下。由于它是以中央政府的信用为担保，通常被认为是没有风险的。地方政府债券是由地方政府发行的债券，其目的是满足地方财政的需要，或筹资兴办地方公共事业。地方政府债券与中央政府债券无本质区别。

① 上海飞乐音响公司股票被称为“新中国第一股”，该公司在1984年成立，当时注册资本金为人民币50万元，其中法人股25万元，个人股25万元。票据实物收藏于中国证券博物馆。

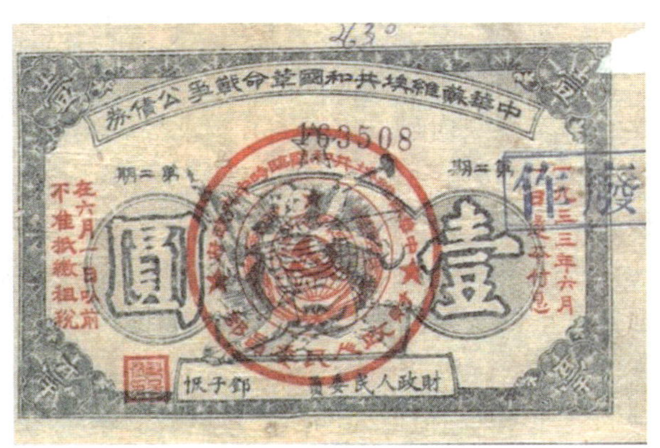

图5-3　中华苏维埃共和国1932年发行的革命战争公债券[①]

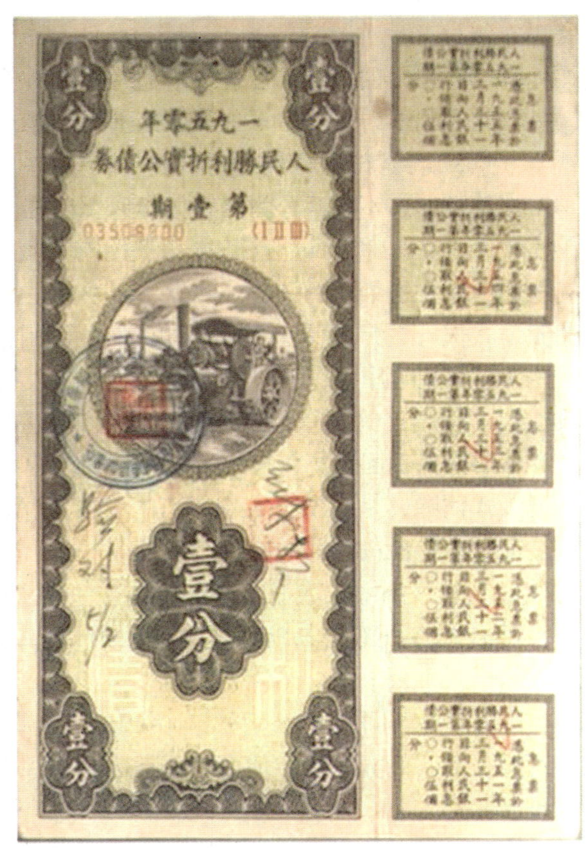

图5-4　1950年发行的人民胜利折实公债[②]

②公司债券。公司债券是指公司依照法定程序发行的、约定在一定期限还本付息的有价证券。公司债券的发行一般需要经过信用评级。由于公司债券的流动性和安全性不及政府债券和金融债券，因此利息率通常

① 中华苏维埃共和国1932年发行的革命战争公债券是中央苏区发行最早的一期公债，实物收藏于中国证券博物馆。

② 1950年起发行的人民胜利折实公债是新中国第一张公债，实物收藏于中国证券博物馆。

较高。

③金融债券。金融债券是指银行及非银行金融机构依照法定程序发行并约定在一定期限内还本付息的有价证券。金融债券违约风险相对较小，具有较高的安全性。所以，金融债券的利率通常低于一般的公司债券利率，但高于风险更小的国债利率。

（2）按偿还期限不同，分为短期债券、中期债券和长期债券

通常 1 年以下（含 1 年）的债券为短期债券；1 年以上、10 年以内的债券为中期债券；10 年以上的债券为长期债券。

（3）按利息支付方式不同，分为息票债券、零息债券和息票累积债券

①息票债券，也称附息债券，是指在债券券面上附有息票的债券，或是按照债券票面载明的利率及支付方式支付利息的债券。

②零息债券，也称贴现债券，是指以低于票面金额的价格发行，到期时仍按面额偿还本金的债券。贴现债券通常采取折价发行。

③息票累积债券与附息债券相似，但债券持有人必须在债券到期时一次性获得本息，存续期间没有利息支付。

（4）按债券形态不同，分为实物债券、凭证式债券和记账式债券

①实物债券，也称无记名债券，是一种具有标准格式实物券面的债券。实物债券通常是纸质的。

②凭证式债券，是指国家采取不印刷实物券，而用填制“国库券收款凭证”的方式发行的国债。我国从 1994 年开始发行凭证式国债。凭证式国债具有类似储蓄、又优于储蓄的特点，通常被称为“储蓄式国债”。凭证式债券从购买之日起计息，可记名、可挂失，但不能上市流通。

③记账式债券，是指没有实物形态的票券，以计算机记账方式记录债权，通过证券交易所的交易系统发行和交易，如我国近年来通过沪、深交易所的交易系统发行和交易的记账式国债。如果投资者进行记账式债券的买卖，就必须在证券交易所设立账户。所以，记账式国债又称无纸化国债。

（5）按利率是否固定，分为固定利率债券和浮动利率债券

①固定利率的债券是指在债券偿还期内利率固定不变，利息按发行时约定的利率支付。

②浮动利率债券是指在债券偿还期内按照约定的时间间隔根据选定的基准利率进行上浮和下浮。

一般中长期债券采用浮动利率发行，短期债券采用固定利率发行。

（四）基金

1. 基金的概念

基金是一种利益共享、风险共担的集合投资方式。基金管理公司通过发行基金单位，集中投资者的资金，由基金托管人负债托管，由基金管理

人管理和运用资金从事股票、债券等金融工具投资。在我国，基金通常是指证券投资基金。

2. 基金的分类

（1）按能否自由申购和赎回，分为开放式基金和封闭式基金

开放式基金是指基金发行总额不固定，基金单位总数随时增减，投资者可以按基金的报价在国家规定的营业场所申购或者赎回基金单位的一种基金。投资者可以随时购买或赎回基金，价格按基金的净资产计算。

封闭式基金是指事先确定发行总额，在封闭期内基金单位总数不变，上市后投资者可以通过证券市场转让、买卖基金单位的一种基金。投资者可以在二级市场上买卖封闭式基金，但基金公司本身不参与交易。封闭式基金的价格是由市场的供求关系决定的，可能高于或低于基金的资产净值。

（2）按组织形式不同，分为契约型基金和公司型基金

契约型基金是由基金管理人通过发行基金单位的方式来募集资金的一种基金。基金托管人负责保管基金资产。执行管理人负责基金资产，执行管理人的有关指令，办理基金名下的资金往来。投资者通过购买基金单位，享有投资收益。我国的证券投资基金均为契约型基金。

公司型基金是以发行股份的方式募集资金而组成的公司形态的基金。认购基金股份的投资者即为公司股东，凭其持有的股份依法享有投资收益。

（3）按募集方式不同，分为私募基金和公募基金

公募基金是以公开方式向社会公众投资者募集资金，并以有价证券为主要投资对象的基金。

私募基金是以非公开发行方式募集资金所设立的基金。私募基金面向特定的投资群体，一般以投资机构和高净值客户为主。

（4）按投资对象不同，分为股票基金、债券基金、货币市场基金、混合基金

股票基金是以股票为投资对象的证券投资基金。根据《证券投资基金运作管理办法》规定，60% 以上的基金资产投资于股票的基金为股票基金。

债券基金是以债券为投资对象的证券投资基金。根据《证券投资基金运作管理办法》规定，80% 以上的基金资产投资于债券的基金为债券基金。

货币市场基金是仅以货币市场上短期有价证券为投资对象的基金。该类基金资产主要投资于短期货币工具，如国库券、商业票据、银行定期存单、政府短期债券、企业债券等短期有价证券。

混合基金是同时以股票、债券和货币市场工具为投资对象的基金。根据《证券投资基金运作管理办法》规定，投资于股票、债券和货币市场工

具，并且股票投资和债券投资的比例不符合股票基金、债券基金规定的基金为混合基金。

（五）金融衍生工具

1. 金融衍生工具的概念

金融衍生工具是在基础金融工具基础上派生出来的金融合约，其价值取决于一种或多种基础资产或指数，如金融期货、金融期权、互换合约、远期合约等。

2. 金融衍生工具的种类

（1）金融期货

金融期货是指期货交易场所统一制定的、约定在将来某一特定的时间和地点交割一定数量金融工具的标准化金融合约。金融期货有如下种类：

①外汇期货

外汇期货是交易双方通过公开叫价，买卖在未来某一日期，根据协议价格交割标准数量外汇的金融合约。外汇期货交易的主要品种有美元、英镑、德国马克、日元、瑞士法郎、加拿大元、澳大利亚元、法国法郎、荷兰盾等。我国目前尚未推出外汇期货交易。

②利率期货

利利率期货是指以利率和债券类产品为合约标的的金融合约。根据利率期货合约标的期限不同，利率期货分为短期利率期货和中长期利率期货两类。短期利率期货的交易标的主要是期限在 1 年以内（含 1 年）的短期利率，中长期利率期货的交易标的主要是期限在 1 年以上的中长期国债。

③股票指数期货

股票指数期货简称股指期货，是交易双方约定在未来的某个特定日期，可以按照事先确定的股价指数的大小进行标的指数的买卖，到期后通过现金结算差价来进行交割的金融合约，如沪深 300 股指期货、上证 50 股指期货等。

（2）金融期权

金融期权是指买方向卖方支付一定期权费，约定买方有权在将来某一时间以特定价格买入或者卖出约定标的物（包括期货合约）的金融合约。金融期权有不同的分类方式：

①按标的资产不同，分为股票指数期权、利率期权、外汇期权

股票指数期权（简称股指期权），是指以股票指数为标的物，买方在支付了期权费后即取得在合约有效期内或到期时以协议指数与市场实际指数进行盈亏结算的权利。如上证 50 股指期权、沪深 300 股指期权等。

利率期权是一种与利率变化挂钩的期权，到期时以现金或者与利率相关的合约进行结算。利率期权品种多样，主要为利率互换期权、利率上 / 下限期权、国债期货期权、债券期权等，如国外的欧洲美元期货期权、美

国 10 年期国债期货期权等。2020 年 3 月，银行间外汇市场推出利率期权业务。

外汇期权也称货币期权，指合约购买方在向出售方支付一定期权费后，所获得的在未来约定日期或一定时间内，按照规定汇率买进或者卖出一定数量外汇资产的选择权。2011 年 4 月 1 日，银行间外汇市场正式开展人民币对外汇期权交易。2019 年 8 月 26 日，银行间外汇市场推出外币对期权交易。

②按合约类型不同，分为看涨期权和看跌期权

看涨期权是指买方有权在将来某一时间以特定价格买入标的期货合约，而卖方需要履行相应义务的期权合约。看跌期权是指买方有权在将来某一时间以特定价格卖出标的期货合约，而卖方需要履行相应义务的期权合约。

③按行权时间不同，分为欧式期权与美式期权

欧式期权是指期权买方只能在期权到期日行使权利的期权。美式期权是指期权买方可以在期权到期之前的任一交易日行使权利的期权。目前，上交所的股票期权和股票 ETF 期权，以及中金所的股指期权都是欧式期权。

（3）互换合约

互换合约又称掉期合约，是指约定在将来某一特定时间内相互交换特定标的物的金融合约。互换合约主要有货币互换与利率互换等。

（4）远期合约

远期合约是指期货合约以外的，约定在将来某一特定的时间和地点交割一定数量标的物的金融合约。远期合约主要有远期利率合约和远期外汇合约等。

第三节　货币市场

货币市场是指融资期限在一年以内的短期资金市场，是金融市场的重要组成部分。货币市场交易的金融工具具有偿还期限短、风险小且流动性强的特点，在货币供应量层次划分上被置于现金货币和存款货币之后，称之为“准货币”，因而被称为货币市场。

微课 5-3：初识货币市场

货币市场是中央银行实施货币政策调控宏观经济的重要场所。货币市场主要由同业拆借市场、票据市场、回购市场、短期政府债券市场、大额可转让定期存单等子市场组成。

一、同业拆借市场

（一）同业拆借市场的概念

同业拆借市场是指银行等金融机构之间进行短期、临时性资金融通的市场。开展同业拆借业务的目的在于调剂头寸和临时性资金余缺。这种交易活动一般没有固定的场所，主要通过电讯手段成交。

（二）同业拆借市场利率

1. 按资金流向不同，分为拆进利率和拆出利率。拆进利率表示金融机构愿意借款的利率，拆出利率表示金融机构愿意贷款的利率。

2. 按拆借期限不同，分为隔夜利率和期限利率。隔夜利率的资金拆借期限只有 1 天。期限利率的资金拆借期限大于 1 天，包括 1 周、2 周、1 个月、3 个月、6 个月、9 个月及 1 年。

同业拆借利率是拆借市场的资金价格，是货币市场的核心利率，也是整个金融市场上具有代表性的利率，它能够及时、灵敏、准确地反映货币市场乃至整个金融市场短期资金供求关系。

目前，国际货币市场上代表性的同业拆借利率有美国联邦基金利率、伦敦同业拆借利率（LIBOR）、新加坡同业拆借利率（SIBOR）和香港同业拆借利率（HIBOR），国内的是上海银行间同业拆借利率（SHIBOR）。

二、票据市场

票据市场是票据通过流通转让进行交易的场所，客户通过银行票据、商业票据的发行、转让、承兑、贴现、转贴现、再贴现等业务可实现短期资金融通。按交易方式来划分，票据市场包括票据发行市场、票据承兑市场和票据贴现市场，其中票据贴现市场是最主要的子市场。

票据贴现市场是对未到期票据进行贴现，为客户提供短期资金融通的市场。票据贴现市场的参加者主要是票据持有者、商业银行、中央银行以及专门从事贴现业务的承兑公司和贴现公司。可贴现的票据主要有商业本票、商业承兑汇票、银行承兑汇票、政府债券和金融债券等。票据贴现分为贴现、转贴现和再贴现。其中，再贴现是指中央银行通过买进在中国人民银行开立账户的银行业金融机构持有的已贴现但尚未到期的商业票据，向其提供融资支持的行为。

三、回购市场

回购市场是指通过回购协议进行短期资金融通交易的市场。回购是指在出售证券时，与证券的购买商签订协议，约定在一定期限后按约定的价格购回所卖证券，从而获得即时可用资金的一种交易行为。目前，我国回购市场的标的物以国债为主，市场的参与者主要是银行等金融机构。

回购市场活动由正回购与逆回购组成。正回购是指交易者在卖出某种证券的同时，确定于未来某一日再以事先约定的价格将同种证券购回的交易。逆回购是指交易者在买入某种证券的同时，确定于未来某一日再以事先约定的价格将同种证券卖出的交易。回购市场是中央银行实施公开市场操作业务的重要场所，中央银行通过逆回购操作，购买公开市场业务一级交易商（包括商业银行、证券公司等，2023 年达到 51 家金融机构）的债券，相当于向市场投放流动性。中央银行通过正回购操作，向公开市场业务一级交易商卖出债券，相当于向市场收回流动性。

四、短期政府债券市场

短期政府债券市场主要是指流通转让国库券、中央银行票据等短期政府债券的市场。由于国库券和中央银行票据在有价证券中信誉度高、风险最小，因而市场流动性强，是中央银行开展公开市场操作、实施货币政策的重要途径。

（一）国库券市场

国库券是国家财政当局为弥补国库收支不平衡而发行的一种政府债券。国库券一般不记名，不附息票，不载明利率，且通常采取公开招标的方式贴现发行。中央银行、商业银行、非银行金融机构、企业、个人及国外投资者等都可参与国库券市场交易。我国从 1988 年开始建立国库券二级市场，目前已基本形成集中的交易所市场（批发市场）和分散的柜台市场（零售市场）相结合的市场体系。

拓展阅读 5–5：中华人民共和国国库券条例

国库券的发行可以追溯到 1950 年的“人民胜利折实公债”，接着我国在 1954 年至 1958 年之间又发行了“国家经济建设公债”，但后来由于各种原因暂停发行，直到 1981 年国家才又恢复国债的发行。

（二）中央银行票据市场

中央银行票据简称央票，是中央银行为调节商业银行超额准备金而向商业银行发行的短期债务凭证，其实质是中央银行债券，之所以叫“中央银行票据”，是为了突出其短期性的特点。

中央银行票据由中国人民银行在银行间市场通过中国人民银行债券发行系统发行，发行的对象是公开市场业务一级交易商。央行票据采用价格招标的方式贴现发行，在全国银行间债券市场上市交易，采取回购协议方式交易。

拓展阅读 5–6：央行将在香港招标发行总额 250 亿元人民币央票

中央银行票据的前身是1993年发行的中央银行融资券，2003年4月22日，中国人民银行正式通过公开市场业务操作有规律地、滚动发行中央银行票据。

五、大额可转让定期存单市场

大额可转让定期存单市场是指发行和经营大额可转让定期存单的市场。可转让大额定期存单市场的主要参与者是货币市场基金、商业银行、政府和其他非金融机构投资者，市场收益率高于国库券。

拓展阅读 5-7：大额存单管理暂行办法

我国的大额可转让定期存单于2015年6月15日正式推出。目前，大额可转让定期存单主要指银行业存款类金融机构面向个人、非金融企业、机关团体发行的以人民币计价的记账式大额存款凭证。国外的大额可转让定期存单主要有欧洲美元存单、扬基存单等。

第四节　资本市场

资本市场是指融资期限在1年以上的长期资金市场，是金融市场的重要组成部分。资本市场交易的金融工具具有偿还期限长、风险较大，且流动性相对较弱的特点。资本市场主要由股票市场、债券市场、投资基金市场等组成。

一、股票市场

股票市场是指股票发行和流通转让的场所。股票市场包括股票发行市场和股票流通市场。

（一）股票发行市场

微课 5-4：走近股票市场

股票发行市场又称初级市场或一级市场，是指股份公司向投资者出售新发行股票完成筹资活动的市场。股票发行市场的功能就是联结资金需求者和资金供给者，股票发行人通过销售股票向社会募集资金，而投资者通过购买其发行的股票提供资金，将社会闲散资金转化为生产建设资金，实现直接融资的目标。

股票发行市场主要由股票发行人、股票承销商和投资者组成，在我国股票发行工作通常由证券公司等股票承销商协助完成。

1. 股票发行方式

（1）按发行对象不同，分为私募发行和公募发行

私募发行又称非公开发行或定向发行，只面向少数特定的投资者发行

股票。私募发行有确定的投资者，如股东、员工、机构投资者等。私募发行手续简便，可以节省发行时间和发行费用。其不足之处是投资者数量有限，股票流通性相对较差。《上市公司非公开发行股票实施细则》对发行对象有限制性转让规定。

拓展阅读5–8：上市公司非公开发行股票实施细则

公募发行又称公开发行，是以非特定的广大投资者为发行对象，按统一条件向社会公开发行股票。公开发行能筹集到的资金量大，且可以直接上市流通，虽手续复杂，发行成本较高，但多数公司更愿意采用公募方式发行新股。

（2）按有无发行中介机构，分为直接发行和间接发行

直接发行是指发行人不通过股票发行中介机构直接向投资者销售股票。直接发行比较适合公司内部集资或股票发行量小的公司，其投资者主要面向与发行者有业务往来关系的机构。私募发行的股票通常采取直接发行的方式。

间接发行是指通过股票发行中介机构（如证券公司）向社会发行股票。间接发行比较适合社会知名度、筹资额大且急的公司。这样做既可以在较短时间内筹足所需资本，也可以进一步提高发行公司的知名度，扩大社会影响力。公募发行的股票通常采取由证券公司承销的间接发行方式。

根据《中华人民共和国证券法》和《证券发行与承销管理办法》规定，证券承销分为代销和包销两种。证券代销是指证券公司代发行人发售证券，在承销期结束时，将未售出的证券全部退还给发行人的承销方式。证券包销是指证券公司将发行人的证券按照协议全部购入或者在承销期结束时将售后剩余证券全部自行购入的承销方式。

拓展阅读 5–9：中华人民共和国证券法

（3）按发行目的不同，分为初次发行和增资发行

初次发行是指股份公司首次发行股票，初次发行一般都是发行人在满足发行人必须具备的条件，并经证券主管部门审核批准或注册后，通过证券承销机构面向社会公众公开发行股票。

拓展阅读 5–10：证券发行与承销管理办法

增资发行是指随着公司的发展和业务的扩大，为达到增加资本金的目的而发行股票的行为。股票增资发行按取得股票时是否缴纳股金来划分，可分为有偿增资发行、无偿增资发行和有偿无偿搭配增资发行三种方式。

2. 股票发行价格

股票的发行价格是指发行人将股票出售给投资者时的价格。发行价格有三种：平价发行是指发行价格与面额一致；溢价发行是指发行价格高于面额；折价发行是指发行价格低于面额。

《中华人民共和国公司法》规定，股票发行价格可以按票面金额，也可以超过票面金额，但不得低于票面金额。

（二）股票流通市场

股票流通市场又称交易市场或二级市场，是投资者买卖已发行股票的

场所。股票流通市场为股票提供了流动性，即转让、变现的可能。股票流通市场可分为证券交易所市场和场外交易市场。

1. 证券交易所市场

证券交易所市场又称场内交易市场，是交易所会员、证券经纪人集中买卖上市股票的场所。证券交易所市场的组织形式有公司制和会员制两种。

证券交易所市场具有以下特征：有固定的交易场所和交易时间；交易参与者为交易所会员，交易采取经纪制，一般投资者只能委托经纪人间接进行交易；交易采取公开竞价方式决定交易价格。

中国大陆目前有三家证券交易所，即 1990 年 11 月 26 日成立的上海证券交易所、1990 年 12 月 1 日成立的深圳证券交易所，以及 2021 年 11 月 15 日成立的北京证券交易所。台湾地区目前有台湾证券交易所，台湾证券交易所于 1961 年 10 月 23 日成立，1962 年 2 月 9 日开始运作。2000 年 3 月 6 日，香港交易所即香港交易及结算所有限公司成立，全资拥有香港联合交易所有限公司、香港期货交易所有限公司和香港中央结算有限公司三家附属公司。

截至 2023 年 6 月 1 日，上海证券交易所、深圳证券交易所和北京证券交易所上市公司总量达 5208 家，总市值近 83 万亿元。其中，上海证券交易所上市公司数量达 2220 家，上市股票达 2259 只，总市值达 49.29 万亿元，股票流通市值达 42.84 万亿元，平均市盈率达 12.74 倍。深圳证券交易所上市公司数量达 2789 家，总市值达 33.35 万亿元，股票流通市值达 27.31 万亿元，平均市盈率达 23.63 倍。北京证券交易所上市公司达到 199 家，总市值达 2687.56 亿元，流通市值达 1398.82 亿元。

2. 场外交易市场

场外交易市场是指在证券交易所外进行证券买卖的市场。它主要由柜台交易市场、第三市场、第四市场组成。场外交易市场具有以下特征：无集中交易场所和统一的交易制度；交易程序简单，交易成本低廉；交易价格由双方协商确定；交易活动管理宽松、灵活性强。

（1）柜台交易市场，又称店头市场，是指交易双方通过证券经营机构的柜台进行未上市的股票买卖市场。证券交易所通常被称为第一市场，柜台交易市场通常被称为第二市场。

（2）第三市场是指已上市却在证券交易所之外进行交易的股票买卖市场。第三市场指交易已经在证券交易所挂牌上市的股票，而场外交易市场没有入场限制，股票有没有挂牌上市都可以进行交易。

（3）第四市场是指机构投资者绕开证券经纪商，由买卖双方直接通过电信、网络等技术进行交易的市场。

国内场外交易市场的代表机构有天津股权交易所和上海股权托管交易中心。天津股权交易所是依据国务院关于“要为在天津滨海新区设立全国性、非上市公众公司股权交易市场创造条件”的要求批准设立的公司制交易所，于2008年9月在天津滨海新区注册营业。上海股权托管交易中心系经上海市政府批准设立，遵循中国证监会对中国多层次资本市场体系建设的统一要求的场外交易市场。2012年2月15日，上海股权托管交易中心正式启动。

3. 股票交易价格

（1）股票交易价格是指股票在流通市场上的买卖价格。股票的交易价格与股票理论价格往往偏离，多种因素的相互作用形成了实际的交易价格。

股票理论价格是指从理论上来说，股票价格应由其价值决定，但股票本身没有价值，股票的价格取决于对未来收益的评定。股票的理论价格可以表示为：

$$\text{股票理论价格} = \frac{\text{股息红利收益}}{\text{利息率}}$$

股票交易的理论价格取决于股票的预期股利收益和市场利率。理论价格与前者成正比，与后者成反比。股票的市价一般不等于股票的理论价格，但理论价格是决定股票交易价格的一个基本因素，是预测股市价格变动的重要依据。

（2）股票交易价格的影响因素

①宏观经济因素

宏观经济因素对股价有着普遍影响，主要包括经济增长与经济周期、通货膨胀、利率水平、汇率水平、货币政策、财政政策等。

②政治因素

政治因素包括战争、政局稳定、国际形势、行业法令等因素。

③行业因素

行业因素包括行业生命周期、行业景气度以及其他影响行业价值面的因素。

④社会心理因素

投资者的心理状况对股票价格影响较大。股价涨落与投资者的心理与行为有关，导致出现群体性的非理性行为如羊群效应等，都有可能造成股价波动。

⑤公司自身因素

公司自身的经营状况及其发展前景会直接影响该公司的股价，包括公司的盈利水平、股利分配政策、投资决策、产品市场前景、企业竞争能力等。

4. 股票价格指数

股票价格指数（简称股价指数）是用来反映股票市场中股票价格总体水平变动的指标。通常用报告期的股票价格与选定的基期价格相比，以反映报告期的股价总水平相对于基期价格的变动情况。多数国家的证券交易所均采用加权平均法来编制股价指数。

目前，国际证券市场有影响力的股价指数有：道·琼斯股票价格平均指数、标准普尔股价指数、伦敦金融时报指数、日经股票指数等。国内证券市场的股价指数有：上海证券综合指数、深圳证券交易所成份股价指数，以及香港恒生指数。

上海证券综合指数（简称上证指数或上证综指），其样本股是上海证券交易所的全部上市股票，是采用市值加权平均法编制而成的股价指标。以1990年12月19日为基期，基点为100点，自1991年7月15日起正式发布，反映了上海证券交易所上市股票价格的变动情况。

深圳证券交易所成份股价指数（简称深证成指），其样本股是深圳证券交易所500家有代表性的上市公司，用样本股的自由流通股数作为权数，采用派氏加权法编制而成的股价指标。以1994年7月20日为基期，基点为1000点，反映深圳证券交易所上市股票价格的变动走势。

香港恒生指数是香港影响最大、历史最为悠久的指数。它以1964年7月31日为基期，基期值是100，从香港联交所上市股票中选择33种股票作为指数的初始成分股，包括金融类、公用事业类、地产类、工商类等蓝筹公司。1969年11月24日，恒生指数正式发布。

5. 股票交易程序

以国内证券交易所的股票交易程序为例，股票交易主要包括以下环节：

（1）开户。投资者首先到证券公司处开立证券账户和资金账户，开户之后才有资格委托证券公司代为买卖股票。证券账户负责交割股票，资金账户负责交割股票交易款项。

（2）委托买卖。投资者办理完开户手续后，即可在开市期间委托证券公司代购或代售股票。

（3）竞价成交。证券公司在接受投资者委托交易指令后申报竞价并促成交易。目前，我国沪深北证券交易所同时采用集合竞价和连续竞价两种方式。每个交易日上午9：15至9：25由交易系统对接收的全部有效委托进行集合竞价处理，对其余交易时段的有效委托进行连续竞价处理。

（4）清算交割。清算是指证券公司在证券交易所买卖证券成交后，对应收或应付的证券数量、价款分别同证券交易所进行轧抵的差额计算过程。交割是指买卖双方在成交后，相互交纳价款与股票的行为。清算与交割几乎是同步进行的，即由证券登记机构在证券公司的清算账户上进行划拨交割。

我国沪深两市于1995年1月1日起实行次日交割制度，即“T+1”交割，即当天买入的股票，第二个交易日才能卖出，但对资金仍然实行“T+0”交割，即当日回笼的资金马上可以使用。

（5）过户。股票过户是指股票持有人记载到公司股东名册上的过程。目前，我国证券交易所的过户手续均采用交易系统自动过户。

二、债券市场

债券市场是指债券发行和流通转让的场所。债券市场包括债券发行市场和债券流通市场。

（一）债券发行市场

债券发行市场，又称一级市场，是指政府、金融机构、企业等资金需求者为筹措资金发行新债券，并通过招投标或承销商出售给投资者的市场。

1. 债券发行方式

债券的发行方式分为私募发行、承购包销和招标发行。

（1）私募发行，又称定向发行，是指面向特定投资者发行，一般由债券发行人与投资者直接洽谈发行条件和具体事务。

（2）承购包销是指发行人与由商业银行、证券公司等金融机构组成的承销团通过协商条件签订承购包销合同，由承销团分销拟发行债券的发行方式。

（3）招标发行是指通过招标方式确定债券承销商和发行条件的发行方式。根据中标规则不同，招标发行可分为荷兰式招标（单一价格中标）和美式招标（多种价格中标）。

2. 债券偿还期限与票面利率

（1）债券偿还期限

债券偿还期限是指从债券发行之日起到还本付息之日的时间间隔。短期债券的偿还期限在1年以内；中期债券的偿还期限在1年以上、10年以内；长期债券的偿还期限在10年以上。

（2）债券票面利率

债券票面利率是指债券发行者每年向投资者支付的利息占票面金额的比率。决定债券票面利率的主要因素有：

①债券期限的长短

债券的偿还期越长，投资者承担的风险越大，则债券的票面利率越高；债券的偿还期越短，投资者承担的风险越小，则债券的票面利率就越低。

②债券的信用评级

在偿还期限相同的情况下，债券的信用等级越低，投资者面临的风险越大，要求的回报越高，则债券的票面利率就越高；债券的信用等级越高，投资者面临的风险越小，则债券的票面利率就越低。

信用评级是指信用评级机构对影响经济主体或者债务融资工具的信用风险因素进行分析，就其偿债能力和偿债意愿作出综合评价，并通过预先定义的信用等级符号进行表示。债务融资工具包括：贷款，地方政府债券、金融债券、非金融企业债务融资工具、企业债券、公司债券等债券，资产支持证券等结构化融资产品，其他债务类融资产品。

国际上公认的最具权威性的专业信用评级机构只有三家，分别是美国标准·普尔公司、穆迪投资服务公司，以及惠誉国际信用评级有限公司。国内目前规模较大的全国性评级机构有中诚信国际、联合资信、大公国际、上海新世纪。

表5-1　中长期债项信用等级符号及定义

等级符号	含 义
AAA	债券安全性极强，基本不受不利经济环境的影响，信用风险极低
AA	债券安全性很强，受不利经济环境的影响较小，信用风险很低
A	债券安全性较强，较易受不利经济环境的影响，信用风险较低
BBB	债券安全性一般，受不利经济环境影响较大，信用风险一般
BB	债券安全性较弱，受不利经济环境影响很大，有较高信用风险
B	债券安全性较大地依赖于良好的经济环境，信用风险很高
CCC	债券安全性极度依赖于良好的经济环境，信用风险极高
CC	基本不能保证偿还债券
C	不能偿还债券

注：除AAA级、CCC级及以下等级外，每一个信用等级可用“+”“−”符号进行微调，表示略高或略低于本等级。

资料来源：中诚信国际信用等级符号及定义（2023版）。

③同期银行储蓄存款利率

债券的利率应高于同期银行存款利率，才对投资者有吸引力。

④债券市场的供需状况

债券市场的供需状况受多种因素影响，如替代品、政府政策、可支配收入改变、对未来的预期等。

知识链接 5-2

新开发银行成功发行85亿元人民币熊猫债券

5月29日，金砖国家新开发银行（NDB）在中国银行间债券市场成功发行85亿元人民币熊猫债。通过此次交易，新开发银行在中国银行间债券市场建立了新的熊猫债债券基准。该笔交易吸引了境内和境外投资者的关注和参与，最终以负溢价为债券成功定价。本期债券的募集资金将为新开发银行支持的基础设施和可持续发展项目提供融资，支持成员国发展和促进实现可持续发展目标。本次债券的发行得到了投资者的广泛关注和踊跃认购，反映了投资者对新开发银行的信心以及银行在市场上的良好声誉。

"熊猫债券"是指国际多边金融机构在华发行的人民币债券。根据国际惯例，国外金融机构在一国发行债券时，一般以该国最具特征的吉祥物命名。据此，财政部部长金人庆将国际多边金融机构首次在华发行的人民币债券命名为"熊猫债券"。它与日本的"武士债券"、美国的"扬基债券"统统属于外国债券的一种。

发行人	新开发银行（NDB）
发行人评级	AA+ （标准普尔）/AA （惠誉）/AAA（JCR）/ AAA（ACRA）
金额	8,500,000,000
面值	人民币
结算日	2023年5月30日
到期日	2026年5月30日
挂牌	中国银行间债券市场
联合主承销商	中国银行
联席承销商	中国工商银行、中国农业银行、中国建设银行、平安银行、宁波银行、中信证券、国泰君安证券

资料来源：央视新闻2023年05月30日报道。

3. 债券发行价格

债券发行价格是指在债券发行市场上，投资者购买债券时实际支付的价格。与股票发行不同，债券发行时很少采用溢价发行，一般是平价发行或折价发行。

（1）平价发行是指债券按面值发行，到期按照票面利率一次性还本付息。

（2）折价发行是指以低于面值的价格发行，到期按面值偿还，面值与发行价之间的差额即为债券利息。

（二）债券流通市场

债券流通市场又称债券二级市场或债券次级市场，是指已发行债券交易的市场。发达的债券流通市场是金融市场的重要支撑，债券流通市场分为场内交易市场和场外交易市场。

1. 债券流通市场组成

目前，我国债券流通市场主要由沪深北证券交易所市场、银行间交易市场和证券经营机构柜台交易市场组成。债券流通市场的交易机制与股票交易并无差别，只是由于债券的风险小于股票，其交易价格的波动幅度也较小。

2. 债券交易价格

债券交易价格是指在债券流通市场上投资者交易债券时形成的价格。债券交易价格主要取决于偿还期限、票面利率、信用评级、市场利率、市场供求关系、货币政策等因素。

3. 债券交易程序

以国内证券交易所的债券交易程序为例，债券交易主要包括以下环节：

（1）开户。投资者首先选择一家证券公司办理开户手续，订立开户合同，开设证券账户和资金账户，证券账户负责交割债券，资金账户负交割交易款项。

（2）委托。投资者在证券公司开立账户，办理证券交易委托关系。

（3）竞价成交。证券公司在接受投资者的有效委托后，通过交易所进行撮合成交，遵循价格优先、时间优先、客户委托优先的竞价原则。

（4）清算交割。确定债券交割的数量和价款，然后按照“净额交收”的原则，将债券由卖方交给买方，将价款由买方交给卖方。

（5）过户。债券交易最后一道程序是完成债券过户，即债券所有权的转移。

三、基金市场

基金市场是指基金发行和流通转让的场所。基金市场包括基金发行市场和基金流通市场。

（一）基金发行市场

基金发行也称基金募集，是指基金发起人在其设立或扩募基金的申请获得主管部门批准之后向投资者销售基金单位、募集资金的行为。基金发行市场主要由基金发行人、基金承销商和投资者等组成。

1. 基金发行方式

（1）按发行阶段不同，分为初次发行和扩募发行

初次发行是指基金设立时的首次发行。扩募发行是指基金成立后为扩大资金规模增加的发行。

拓展阅读 5-11：证券投资基金运作管理办法

（2）按募集方式不同，分为私募发行和公募发行

私募发行是指基金发行人以非公开的方式向特定群体发售基金单位。公募发行是指基金发行人以公开的方式向不特定的社会公众发售基金单位。公募发行可采取包销、代销和自销等方式，其中包销、代销需要证券公司等机构参与承销。

（3）按发行渠道不同，分为网上发行和网下发行

网上发行是指通过与证券交易所联网的证券营业部门或基金网络销售体系向社会公众发售基金单位的发行方式，我国封闭式基金大多采取网上发行方式。网下发行是指通过基金公司或证券公司、银行等代销营业网点向社会公众发售基金单位的发行方式。

2. 基金发行程序

基金发行程序一般包括发行申请、审核、发售、认购、备案、公告等。认购是指投资者在开放式基金募集期间、基金尚未成立时购买基金单

位的过程。

（二）基金流通市场

基金流通市场是指已发行基金交易的市场，是证券市场的重要组成部分。基金流通市场与股票流通市场一样，也分为场内交易市场和场外交易市场。

场内交易市场以证券交易所挂牌上市的封闭式基金为主，需要通过开通证券账户进行基金单位的申购和赎回。场外交易市场以未在证券交易所挂牌上市的开放式基金为主，通过特定的销售渠道，如基金公司销售体系或证券公司、银行等代销机构进行基金单位的申购和赎回。申购是投资者购买基金单位的行为，赎回是投资者卖出所持基金单位的行为。

第五节　金融衍生工具市场与黄金市场

一、金融衍生工具市场

金融衍生工具市场是交易金融衍生工具的场所，包括金融期货市场、金融期权市场、远期合约市场和互换市场等子市场。本节主要介绍金融期货市场和金融期权市场。

（一）金融期货市场

1. 金融期货市场的产生与发展

期货交易产生于 19 世纪中叶，早期以农产品、矿产资源等商品期货为主。20 世纪 70 年代初期，随着布雷顿森林体系的崩溃，浮动汇率制的实行加剧了各国的汇率风险，利率与汇率剧烈变动，经济活动风险加大，人们需要新的保值避险手段。1972 年 5 月，芝加哥商业交易所推出了历史上第一个外汇期货，标志着金融期货的诞生。2006 年 9 月 8 日，中国金融期货交易所（简称中金所）成立，这是国内首家金融衍生品交易所和首家采用公司制的交易所。2010 年中金所推出首个股指期货——沪深 300 股指期货。2022 年 8 月 1 日，《期货和衍生品法》正式开始实施，填补了我国期货市场法治建设的空白。目前，中金所已上市交易权益类、利率类共 8 个金融期货品种。

拓展阅读 5-12：中华人民共和国期货和衍生品法

2. 金融期货市场的类型

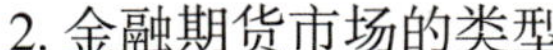

金融期货市场包括外汇期货市场、利率期货市场和股指期货市场等。

（1）外汇期货市场

外汇期货市场是进行外汇期货合约交易的场所。目前我国尚未正式开放外汇期货交易，外汇交易以全国统一的银行间外汇市场为主，主要交易类型有人民币外汇即期、人民币外汇远期、人民币外汇掉期和人民币外汇货币掉期等。

（2）利率期货市场

利率期货市场是买卖以利率和债券类产品为标的物的期货合约的交易场所。目前，中金所上市交易的有 2 年期、5 年期、10 年期和 30 年期共 4 个品种的国债期货合约。

表5-2　10年期国债期货合约表

合约标的	面值为100万元人民币、票面利率为3%的名义长期国债	每日价格最大波动限制	上一交易日结算价的±2%
可交割国债	发行期限不高于10年、合约到期月份首日剩余期限不低于6.5年的记账式附息国债	最低交易保证金	合约价值的2%
报价方式	百元净价报价	最后交易日	合约到期月份的第二个星期五
最小变动价位	0.005元	最后交割日	最后交易日后的第三个交易日
合约月份	最近的三个季月（3月、6月、9月、12月中的最近三个月循环）	交割方式	实物交割
交易时间	9:30—11:30 ，13:00—15:15	交易代码	T
最后交易日交易时间	9:30—11:30	上市交易所	中国金融期货交易所

资料来源：中国金融期货交易所官方网站。

（3）股指期货市场

股指期货市场是买卖以股票指数价格为标的物的期货合约的交易场所。目前，中金所上市交易沪深 300 股指期货、上证 50 股指期货、中证 500 股指期货、中证 1000 股指期货共 4 个品种。

表5-3　沪深300股指期货合约表

合约标的	沪深300指数	最低交易保证金	合约价值的8%
合约乘数	每点300元	最后交易日	合约到期月份的第三个星期五，遇国家法定假日顺延
报价单位	指数点	交割日期	同最后交易日
最小变动价位	0.2点	交割方式	现金交割
合约月份	当月、下月及随后两个季月	交易代码	IF
交易时间	上午：9:30—11:30，下午：13:00—15:00	上市交易所	中国金融期货交易所
每日价格最大波动限制	上一个交易日结算价的±10%		

资料来源：中国金融期货交易所官方网站。

3. 金融期货市场的交易规则

（1）会员制度

我国金融期货市场实行会员交易制度，即只允许会员进行交易，非会员必须委托会员代为交易。

（2）标准化合约

金融期货合约必须标准和规范，即合约的品种、交易数量及单位、交割期限等条件必须按照交易所的规定，买卖双方不得私下增减内容。

（3）保证金制度

实行保证金制度，期货结算机构向结算参与人收取保证金，结算参与人向交易者收取保证金。保证金用于结算和履约保障。交易方只需按照买卖合约金额的一定比例交纳保证金即可进行交易。客户保证金不足时，应及时追加保证金或自行平仓，否则将会被期货公司强行平仓。

（4）交割期制度

每种金融期货合约都有规定的交割月份、交割日期。金融期货交易很少有真正在交割日进行实物交割的，一般都是在交割日之前，买卖双方通过对冲交易结束其期货头寸。

（5）无负债结算制度

期货结算机构应当在当日按照结算价对结算参与人进行结算；结算参与人应当根据期货结算机构的结算结果对交易者进行结算。结算结果应当在当日及时通知结算参与人和交易者。通过计算、检查保证金账户余额，及时发出追加保证金通知，防止负债现象发生。

（6）持仓限额制度

实行持仓限额制度，当会员或客户某品种持仓合约的投机头寸达到交易所相关规定时，必须向交易所申报。申报的内容包括客户的开户情况、交易情况、资金来源、交易动机等，便于交易所审查大户是否有过度投机和操纵市场行为以及大户的交易风险情况。

4. 金融期货市场交易程序

以国内期货交易所的期货交易程序为例，金融期货交易主要包括以下环节：

（1）开户。投资者首先选择一家期货公司办理开户手续，订立开户合同，开设期货交易账户，申请交易编码。

（2）委托交易。投资者对期货公司下达委托指令，委托期货公司代为交易，并确认成交。

（3）清算交割。根据每日无负债原则，交易所对期货公司结算，期货公司再对投资者清算，将每日交易情况反馈给投资者。

（二）金融期权市场

1. 金融期权市场的产生与发展

期权交易最早可以追溯至公元前 1200 年古希腊人和古腓尼基人的海

上贸易。17世纪初，期权交易在郁金香交易中得到广泛使用。然而，由于当时郁金香市场缺乏管理，没有任何履约保障，许多期权投资者在市场崩溃之际遭到重创。18世纪时，期权被引入金融市场。早期的股票期权交易属于场外交易，比较分散。1973年4月26日，芝加哥期权交易所成立，并推出标准化的股票认购期权合约，标志着有组织、标准化期权交易时代的开始。1982年，芝加哥货币交易所开始进行S&P 500期权交易，标志着股票指数期权的诞生。同年，美国国库券期权交易首次引入，成为利率期权交易的开端。1984年，芝加哥商品交易所推出外汇期货期权，世界各国也相继建立了期权交易市场，期权合约的种类大大增加。

我国金融期权市场整体起步较晚，目前仍处于探索发展阶段，成立有股指期权市场、外汇期权市场和利率期权市场。

2015年2月9日，我国首个场内期权产品上证50ETF期权的推出标志着我国资本市场期权时代的来临。目前，国内的股指期权市场有上交所、深交所和中交所，上市的场内金融期权共有10个品种，包括上交所的上证50ETF期权、沪深300ETF期权与中证500ETF期权，深交所的沪深300ETF期权、创业板ETF期权、中证500ETF期权与深证100ETF期权，中交所的沪深300股指期权、中证1000股指期权与上证50股指期权。

国内的外汇期权市场主要以银行间外汇市场交易为主。2011年4月1日，银行间外汇市场组织开展人民币对外汇期权交易。2019年8月26日，银行间外汇市场又推出外币对期权交易。2020年3月23日，全国银行间同业拆借中心开启试运行交易品种为挂钩LPR1Y/LPR5Y的利率互换期权、利率上/下限期权，标志着国内利率期权市场的开启，随后新增了挂钩FDR001、FDR007的利率互换期权、利率上/下限期权。

表5-4　上证50股指期权合约表

合约标的物	上证50指数
合约乘数	每点人民币100元
合约类型	看涨期权、看跌期权
报价单位	指数点
最小变动价位	0.2点
每日价格最大波动限制	上一交易日上证50指数收盘价的±10%
合约月份	当月、下2个月及随后3个季月
行权价格	行权价格覆盖上证50指数上一交易日收盘价上下浮动10%对应的价格范围：①对当月与下2个月合约：行权价格≤2500点时，行权价格间距为25点；2500点＜行权价格≤5000点时，行权价格间距为50点；5000点＜行权价格≤10000点时，行权价格间距为100点；行权价格＞10000点时，行权价格间距为200点。②对随后3个季月合约：行权价格≤2500点时，行权价格间距为50点；2500点＜行权价格≤5000点时，行权价格间距为100点；5000点＜行权价格≤10000点时，行权价格间距为200点；行权价格＞10000点时，行权价格间距为400点。

续表

行权方式	欧式
交易时间	9:30—11:30，13:00—15:00
最后交易日	合约到期月份的第三个星期五，遇国家法定假日顺延
到期日	同最后交易日
交割方式	现金交割
交易代码	看涨期权：HO合约月份-C-行权价格 看跌期权：HO合约月份-P-行权价格
上市交易所	中国金融期货交易所

资料来源：中国金融期货交易所官方网站。

2. 金融期权市场的交易规则

期权买方即为买入期权的一方，也称权利方，其持仓被称为权利仓。期权卖方即为卖出期权的一方，也称义务方，其持仓被称为义务仓。

拓展阅读 5-13：期权业务指南

金融期权与金融期货在交易规则方面具有一定相似之处，如均实行会员制，通过交易所进行交易，交易标的物是标准化合约，实行持仓限额和强行平仓制度，以及无负债结算制度。金融期权与金融期货在交易规则方面的不同之处在于：

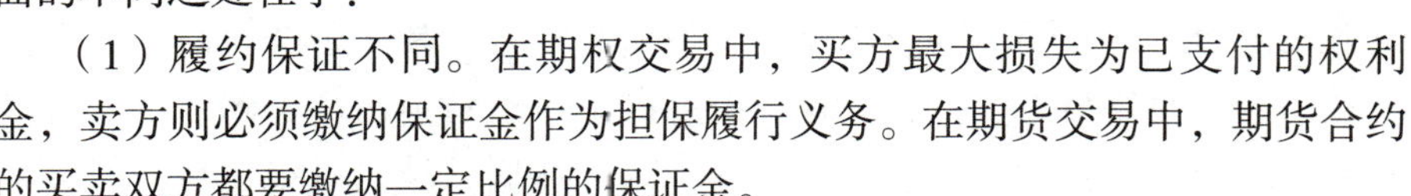

（1）履约保证不同。在期权交易中，买方最大损失为已支付的权利金，卖方则必须缴纳保证金作为担保履行义务。在期货交易中，期货合约的买卖双方都要缴纳一定比例的保证金。

（2）权利和义务不同。期权是单向合约，买卖双方的权利与义务不对等。买方有以合约规定的价格买入或卖出标的资产的权利，而卖方则被动履行义务。期货合约是双向的，双方都要承担期货合约到期交割的义务。

（3）清算交割方式不同。在期货交易中，在期货合约的到期日，标的物将自动交割。在期权交易中，当期权合约被持有至行权日，期权买方可以选择行权或者放弃权利，期权的卖方则只能被行权。

3. 金融期权市场交易程序

以国内期货交易所的期权交易程序为例，金融期权交易主要有以下环节：

（1）开户。投资者需要在期货公司或券商办理开户手续，开设交易账户。

（2）委托交易。投资者可以登录交易平台，在期权合约列表中选择自己感兴趣的期权合约，向所在期权经纪公司发出交易指令，确认买进或卖出的期权数量。交易指令确认之后，期权交易将在交易所进行匹配撮合。如果双方买卖意愿相同且价格一致，交易即成交，合约被锁定，进入持仓状态。

（3）持仓管理。在持仓状态下，投资者可以随时平仓或调整持仓，进行盈利或止损操作。同时也需要注意期权合约到期日，避免过期未行使权利。

（4）清算交割。到期日，如期权合约被行使，交易所将根据行权价格结算买卖双方的利润。如果期权合约未被行使，合约将自动作废，无须进行实际交割。

二、黄金市场

（一）黄金市场的产生与发展

微课 5-5：
黄金市场概况

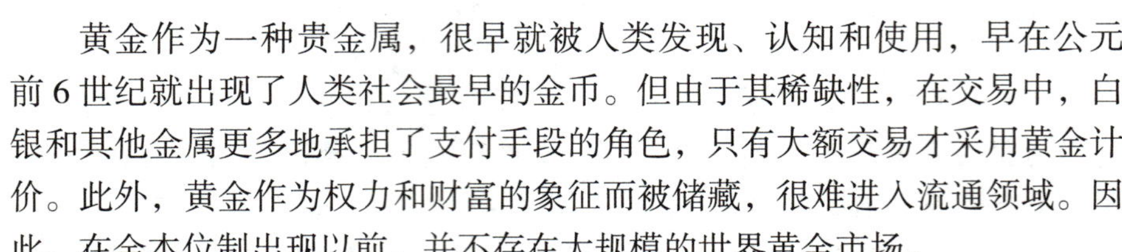

黄金作为一种贵金属，很早就被人类发现、认知和使用，早在公元前 6 世纪就出现了人类社会最早的金币。但由于其稀缺性，在交易中，白银和其他金属更多地承担了支付手段的角色，只有大额交易才采用黄金计价。此外，黄金作为权力和财富的象征而被储藏，很难进入流通领域。因此，在金本位制出现以前，并不存在大规模的世界黄金市场。

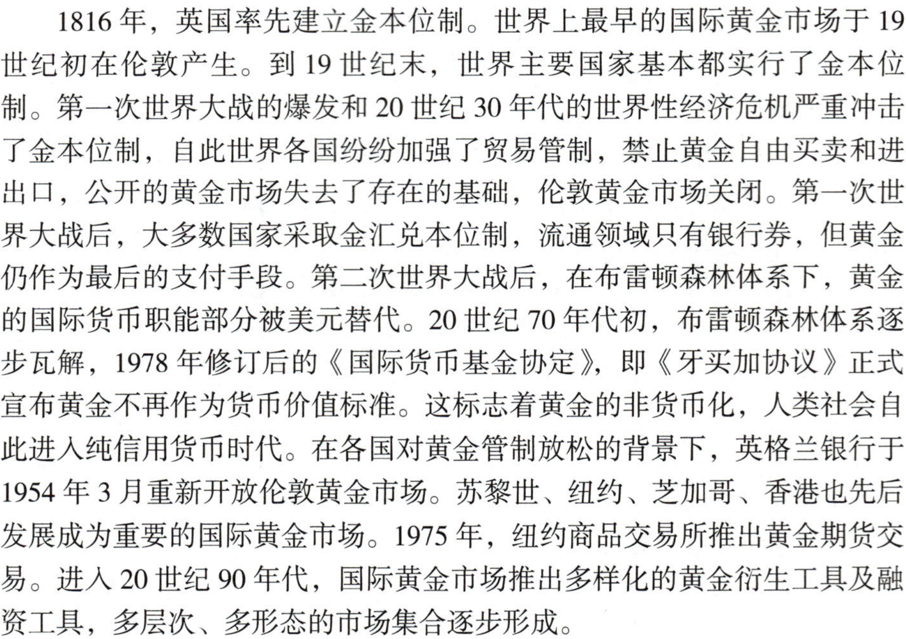

1816 年，英国率先建立金本位制。世界上最早的国际黄金市场于 19 世纪初在伦敦产生。到 19 世纪末，世界主要国家基本都实行了金本位制。第一次世界大战的爆发和 20 世纪 30 年代的世界性经济危机严重冲击了金本位制，自此世界各国纷纷加强了贸易管制，禁止黄金自由买卖和进出口，公开的黄金市场失去了存在的基础，伦敦黄金市场关闭。第一次世界大战后，大多数国家采取金汇兑本位制，流通领域只有银行券，但黄金仍作为最后的支付手段。第二次世界大战后，在布雷顿森林体系下，黄金的国际货币职能部分被美元替代。20 世纪 70 年代初，布雷顿森林体系逐步瓦解，1978 年修订后的《国际货币基金协定》，即《牙买加协议》正式宣布黄金不再作为货币价值标准。这标志着黄金的非货币化，人类社会自此进入纯信用货币时代。在各国对黄金管制放松的背景下，英格兰银行于 1954 年 3 月重新开放伦敦黄金市场。苏黎世、纽约、芝加哥、香港也先后发展成为重要的国际黄金市场。1975 年，纽约商品交易所推出黄金期货交易。进入 20 世纪 90 年代，国际黄金市场推出多样化的黄金衍生工具及融资工具，多层次、多形态的市场集合逐步形成。

新中国成立后，政府对黄金实行严格的计划管理体制，由中国人民银行统一收购和销售黄金，统一制定黄金价格，严禁民间黄金流通。1982 年，政府开放了黄金饰品零售市场，央行发行熊猫金币。2001 年 4 月，央行宣布取消黄金“统购统配”的计划管理体制。2002 年 10 月，上海黄金交易所在上海成立；同年 6 月，启动黄金周报价制度，即根据国际市场价格变动对国内金价进行调整。2008 年 1 月 9 日，经国务院同意和中国证监会批准，黄金期货在上海期货交易所上市。2019 年 12 月 20 日，黄金期权在上海期货交易所正式挂牌交易，这是我国期货市场首个贵金属期权品种。目前，我国黄金市场体系基本建成，初步形成了上海黄金交易所、上海期货交易所、商业银行和零售市场共同发展的市场格局。

知识链接 5-3

上海黄金交易所

上海黄金交易所简称上金所，是经国务院批准，由中国人民银行组建，专门从事黄金等贵金属交易的金融市场，于 2002 年 10 月正式运行。上交所的成立实现了中国黄金生产、消费、流通体制的市场化，是中国黄金市场开放的重要标志。目前，我国已逐步形成了以上金所集中统一的一级市场为核心，竞争有序的二级市场为主体，多元的衍生品市场为支撑的多层次、全功能的黄金市场体系，涵盖竞价、定价、询价、金币、租借、黄金 ETF 等市场板块。2020 年，上金所黄金交易量、实物交割量均居全球交易所市场前列。

2014 年 9 月，上金所启动国际板，成为中国黄金市场对外开放的重要窗口。2016 年 4 月，全球首个以人民币计价的黄金基准价格“上海金”发布，有效提升了我国黄金市场的定价影响力。2018 年 9 月，中国熊猫金币正式挂牌，打通了我国黄金市场与金币市场的产品通道。2019 年 10 月，“上海银”集中定价合约正式挂牌，为国内市场提供白银基准价。2021 年，上金所总交易金额达 20.53 万亿元。上金所近年来响应国家“一带一路”倡议，搭建“黄金之路”，积极落实与相关省份和沿线国家、地区黄金市场的全方位对接以及战略合作，中国黄金市场的竞争力及影响力日益增强。

资料来源：上海黄金交易所官方网站。

（二）黄金市场的类型

黄金市场是集中进行黄金买卖的交易中心或场所，是金融市场体系的重要组成部分。黄金市场的市场主体主要有金商、商业银行、中央银行、对冲基金等金融机构、经纪公司和私人投资者等。按交易类型和交割方式的不同划分，黄金市场主要分为现货交易市场和期货交易市场。

1. 黄金现货市场

黄金现货市场是指以黄金现货交易为主的市场，主要交易标的物包括金条、金币和金银首饰等实物黄金，以及纸黄金和黄金保证金等。黄金现货市场一般在交易成交后当天交割或数天内交割，属于即期市场。

黄金现货市场主要有银行间黄金市场、黄金现货交易市场和黄金零售市场。目前，国内主要通过上海黄金交易所、银行和金店等零售渠道进行实物黄金交易。上海黄金交易所主要面向企业、机构投资者，个人也可委托上海黄金交易所会员进行实物黄金交易。银行、金店等零售渠道主要面向个人投资者。实物黄金的交易品种有央行的熊猫金币，工商银行的如意金条等标准化产品，以及黄金饰品等非标准化产品。

表5-5 上海黄金交易所黄金现货交易合约

交易品种	黄金
合约代码	Au 99.99
交易方式	现货实盘交易
交易单位	10克/手
报价单位	元（人民币）/克
最小变动价位	0.01元/克
每日价格最大波动限制	上一交易日收盘价±30%
最小单笔报价量	1手
最大单笔报价量	50000手
交易时间	日间：9:00至15:30，夜间：19:50至次日02:30
清算方式	钱货两讫
交割品种	标准重量1千克、成色不低于99.99%的金锭
交割方式	实物交割
交割时间	T+0
质量标准	经交易所认定的可提供标准金锭企业生产的符合交易所金锭 SGEB1-2002 质量标准的实物，及伦敦金银市场协会（LBMA） 认定的合格供货商生产的标准实物。
交割地点	交易所指定仓库
交易手续费	成交金额的万分之三点五
交割费	0
上市日期	2002年10月30日

资料来源：上海黄金交易所官方网站。

纸黄金是指不做现货黄金交割的账面黄金交易，是一种个人凭证式黄金，投资者开立“黄金存折账户”进行交易，不涉及实物金的提取。纸黄金包括商业银行出具的黄金定期储蓄存单、黄金汇票和黄金账户存折，上海黄金交易所出具的黄金提货单或黄金仓储单据，黄金企业发行的黄金债券等。目前，国内开办纸黄金业务的以商业银行居多。

黄金现货保证金交易是在实物黄金业务的基础上，运用杠杆效应，以保证金的形式建立多空双向交易机制。国内的现货保证金交易品种有 Au（T+5）、Au（T+D）两种。Au（T+5）交易实行固定交收期的分期付款交易方式，交收期为 5 个工作日（包括交易当日），买卖双方以一定比例的保证金（合约总金额的 15%）确立买卖合约。黄金 T+D 交易是以保证金的方式进行的一种现货延期交收业务，俗称“黄金准期货”。2005 年起，上海黄金交易所推出该交易品种。

2. 黄金期货市场

黄金期货市场是集中买卖黄金期货合约的场所，能满足市场对黄金投资、保值及投机等方面的需求。黄金期货是指以黄金市场未来某时点的黄金价格为交易标的物的期货合约，交易实行保证金制度，合约到期后进行实物交割。黄金期货市场属于远期市场。

黄金期货市场主要通过期货交易所进行交易。目前，我国黄金期货市场主要有上海期货交易所和香港黄金期货市场。期货交易所本身不参与黄金交易，而是为各类市场主体提供交易、结算和交割等服务，为期货交易提供集中履约保障。

表5–6　上海期货交易所黄金期货交易合约

交易品种	黄金
交易单位	1000克/手
报价单位	元（人民币）/克
最小变动价位	0.02元/克
涨跌停板幅度	上海交易日结算价±3%
合约月份	最近三个连续月份的合约以及最近13个月以内的双月合约
交易时间	上午9:00—11:30，下午1:30—3:00和交易所规定的其他交易时间
最后交易日	合约月份的15日（遇国家法定节假日顺延，春节月份等最后交易日交易所可另行调整并通知）
交割日期	最后交易日后第一个工作日
交割品级	金含量不小于99.95%的国产金锭及经交易所认可的伦敦金银市场协会（LBMA）认定的合格供货商或精炼厂生产的标准金锭（具体质量规定见附件）
交割地点	交易所指定交割金库
最低交易保证金	合约价值的4%
交割方式	实物交割
交割单位	3000克
交易代码	AU
上市交易所	上海期货交易所

资料来源：上海期货交易所官方网站。

思考与练习

一、单项选择题

1. 世界上第一个股票交易所(　　)诞生，标志着现代股票市场的形成。

A. 东京证券交易所　　B. 阿姆斯特丹证券交易所

C. 伦敦证券交易所　　D. 纽约证券交易所

2. 偿还期限在 1 年以上的金融工具是(　　)。

A. 短期金融工具　　B. 长期金融工具

C. 直接金融工具　　D. 间接金融工具

3. 下列属于短期资金市场的是(　　)。

A. 债券市场　　B. 资本市场　　C. 票据市场　　D. 基金市场

4. 2021 年 9 月 3 日成立的(　　)是我国第一家公司制证券交易所。

A. 深圳证券交易所　　B. 北京证券交易所　　C. 上海证券交易所　　D. 香港联合交易所

5. 由出票人签发承诺自己在见票时无条件支付金额给持票人的票据是(　　)。

A. 汇票　　B. 本票　　C. 支票　　D. 央票

6. 我国上交所的股票期权、股票 ETF 期权和中金所的股指期权都是(　　)。

A. 美式期权　　B. 欧式期权　　C. 看涨期权　　D. 看跌期权

7. 中国金融期货交易所成立于(　　)。

A. 1990 年　　B. 1991 年　　C. 2006 年　　D. 2021 年

8. 基金发行人以非公开的方式向特定群体发售基金单位的是(　　)。

A. 私募发行　　B. 公募发行　　C. 初次发行　　D. 扩募发行

二、多项选择题

1. 金融市场的主要功能包括(　　)。

A. 资金聚集　　B. 资源配置　　C. 价格发现　　D. 宏观调控

E. 金融投机

2. 按照交易对象不同来划分，金融市场可分为(　　)。

A. 货币市场　　B. 资本市场　　C. 外汇市场　　D. 黄金市场

E. 柜台市场

3. 下列属于资本市场的是(　　)。

A. 银行同业拆借市场　　B. 大额可转让定期存单市场　　C. 票据市场

D. 股票市场　　E. 债券市场

4. 金融市场的构成要素包括(　　)。

A. 交易主体　　B. 交易对象　　C. 交易价格　　D. 交易的组织形式

E. 证券交易所

5. 金融工具的特征(　　)。

A. 偿还性　　B. 流动性　　C. 风险性　　D. 收益性

E. 安全性

6. 按发行主体不同，债券可分为(　　)。

A. 政府债券　　B. 公司债券　　C. 金融债券　　D. 凭证式债券

E. 记账式债券

7. 按投资对象不同，基金可分为(　　)。

A. 股票基金　　B. 债券基金　　C. 货币市场基金　　D. 私募基金

E. 混合基金

8. 金融衍生工具包括(　　)。

A. 金融期货　　B. 金融期权　　C. 互换合约　　D. 远期合约

E. 股票

9. 我国的证券交易所包括(　　)。

A. 上海证券交易所　　B. 深圳证券交易所　　C. 北京证券交易所　　D. 台湾证券交易所

E. 香港交易所

10. 股票交易价格的影响因素包括(　　)。

A. 宏观经济因素　　B. 政治因素　　C. 行业因素　　D. 社会心理因素

E. 公司自身因素

三、判断题

1. 间接融资是指不通过任何金融中介机构而直接进行的融资活动。(　　)
2. 商业银行柜台代理的保险业务属于场内交易。(　　)
3. 股票市场属于资本市场的子市场。(　　)
4. 上海黄金交易所正式开业，标志着我国统一黄金市场的形成。(　　)
5. 股票属于短期金融工具。(　　)
6. 债券属于直接金融工具。(　　)
7. 股票属于债券类金融工具。(　　)
8. 金融期货合约属于衍生金融工具。(　　)
9. 溢价发行时，股票的发行价格高于股票面额。(　　)
10. 债券的偿还期越长，投资者承担的风险越大，则债券票面利率越高。(　　)

四、简答题

1. 简述金融市场的功能和构成要素。
2. 简述金融工具的特征。
3. 简述股票价格波动的影响因素。
4. 简述股票、债券、金融期货市场的交易程序。

五、实训题

实训项目：金融市场投资实践

1. 实训目标

金融市场是进行资金融通的场所，是理财投资的重要途径。通过运用模拟交易软件开展金融市场投资实践，加深对金融市场性质和功能的理解，积累投资理财经验，感受金融市场的独特魅力。

2. 实训任务

（1）选择一款模拟炒股软件，注册登录后查看上市公司股票交易的实时行情和动态，演练交易操作技术，查阅相关股票资讯，选择股票进行投资操作演练；熟悉我国证券交易所股票的概况，掌握股票交易的规则、程序，加深对股票投资业务的认识和理解。

（2）学生分组协作，完成小组任务。

（3）学生在课堂进行小组任务展示，分享实训项目成果。

3. 实训成果

以金融市场投资实践为主题，形成一份3000字左右的实训报告。

思考与练习参考答案（第五章）

第六章　中央银行与货币政策

学习目标

知识目标

1. 了解中央银行的产生与发展；
2. 理解中央银行的性质、职能与组织形式；
3. 熟悉中央银行的主要业务；
4. 理解货币政策的含义、类型和目标；
5. 掌握货币政策工具的运行机制。

能力目标

1. 会辨别中央银行的类型及组织形式；
2. 会分析中央银行业务与货币政策的内在联系；
3. 能结合案例分析中央银行的货币政策工具应用；
4. 能结合案例解读各国中央银行的货币政策目标与未来政策取向。

素养目标

1. 全面认识我国中央银行在维护币值稳定和金融稳定的贡献，传承使命担当；
2. 关注我国货币政策实施的成功经验，坚定“四个自信”。

知识图谱

中央银行与货币政策
中央银行概述
Z1.中央银行的产生与发展历程
Z2.中央银行的性质、职能及组织形式
J1.会辨别中央银行的类型及组织形式
中央银行的主要业务
Z1.负债业务
Z2.资产业务
Z3.中间业务
J1.会分析中央银行业务与货币政策的内在联系
货币政策与货币政策目标
Z1.货币政策的含义及类型
Z2.货币政策的最终目标、中介目标和操作目标
Z3.货币政策的传导机制
J1.能结合案例解读各国中央银行的货币政策目标与未来政策取向
货币政策工具
Z1.一般性货币政策工具的含义、作用机理和优缺点
Z2.选择性货币政策工具和其他货币政策工具的作用机理
J1.能结合案例分析中央银行的货币政策工具应用
R1.中央银行货币政策研讨报告
S1.全面认识我国中央银行在维护币值稳定和金融稳定的贡献，传承使命担当
S2.关注我国货币政策实施的成功经验，坚定“四个自信”
知识点
技能点
思政点
学习成果

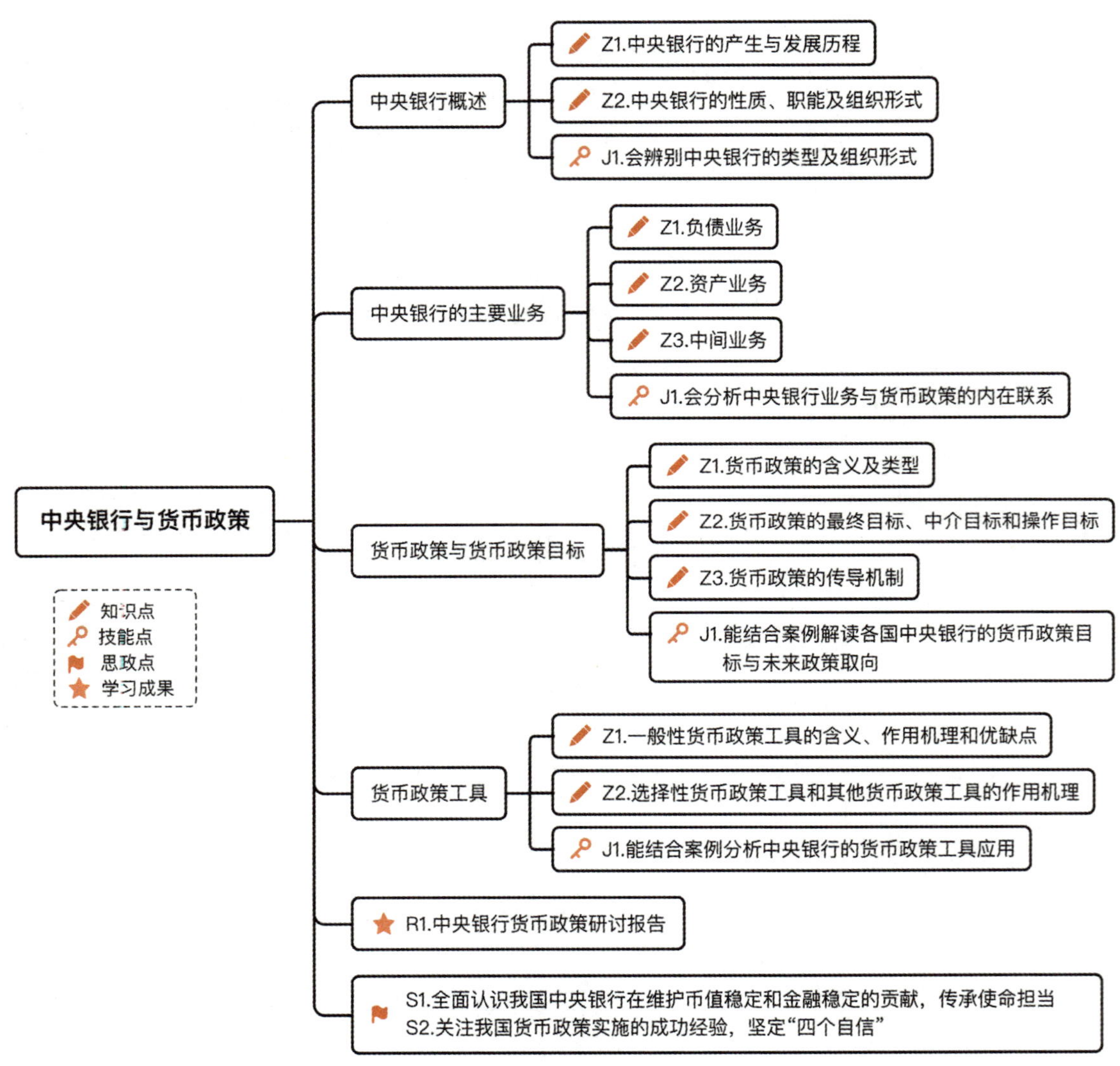

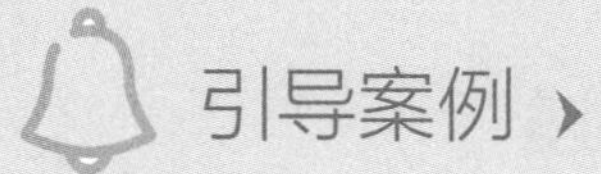

央行为经济平稳健康发展提供有力的金融支持

2023年上半年，我国金融体系运行平稳，流动性合理充裕，信贷结构持续优化，实体经济融资成本稳中有降，金融对经济的支持持续加强。

从总量看，流动性合理充裕，中国人民银行降准0.25个百分点，释放长期流动性，增强信贷总量增长的稳定性和可持续性，切实服务实体经济。6月末，M_2、社会融资规模存量、人民币各项贷款分别同比增长11.3%、9.0%和11.3%。社会融资规模增量为21.55万亿元，同比多增4754亿元；人民币各项贷款增加15.73万亿元，比上年同期多增2.02万亿元。

从结构看，中国人民银行积极引导金融机构加大对实体经济重点领域和薄弱环节的信贷支持力度，信贷结构持续优化。6月末，制造业中长期贷款余额、基础设施业中长期贷款余额、“专精特新”中小企业贷款余额、普惠小微贷款余额分别同比增长40.3%、15.8%、20.4%、26.1%；普惠小微授信户数为5935万户，同比增长13.3%。

从利率看，中国人民银行持续完善市场化利率形成和传导机制，优化央行政策利率体系，发挥LPR改革效能和指导作用，推动企业融资和居民信贷成本稳中有降。新发放企业贷款加权平均利率为3.96%，比上年同期低25个基点；新发放个人住房贷款加权平均利率为4.18%，比上年同期低107个基点。

中国人民银行将继续精准有力实施稳健的货币政策，搞好跨周期调节，充分发挥货币信贷政策效能，统筹推动经济运行持续好转、内生动力持续增强、社会预期持续改善、风险隐患持续化解，促进经济良性健康发展。

中央银行在一国金融体系中居于核心地位，它与商业银行有何区别？货币政策作为宏观调控方式，运用什么工具和作用机制来影响宏观经济？通过本章学习，我们将了解中央银行的产生和发展、性质与职能、组织形式及其主要业务，理解货币政策的含义、类型和目标，掌握货币政策工具的运行机制，探究我国中央银行的发展历程和货币政策实践经验。

第一节　中央银行概述

一、中央银行的概念

中央银行也称货币当局或金融当局，它在一国金融机构体系中居于核心地位，是负责货币发行、制定和执行货币金融政策、控制和调节货币流通与信用活动、实施金融监管的特殊金融机构。

拓展阅读 6-1：中华人民共和国中国人民银行法

《中华人民共和国中国人民银行法》规定，中国人民银行是中华人民共和国的中央银行。中国人民银行在国务院领导下，制定和执行货币政策，防范和化解金融风险，维护金融稳定。

二、中央银行产生的原因

中央银行是商业银行发展到一定阶段的产物。中央银行的产生适应了资本主义经济发展的客观要求，主要原因有以下几方面：

（一）银行券集中统一发行的需要

银行业发展初期，商业银行都拥有银行券的发行权。分散发行的银行券在流通上受地域限制，与资本主义经济的发展和统一市场的建立产生矛盾，客观上要求政府把银行券的发行权由分散转为集中。此外，规模较小、实力不强的商业银行在面临经济危机或经营管理不善时，会导致银行券不能兑现，引发信用危机。因此，政府最后以法律形式将银行券的发行权集中到一家或几家大型银行，最终演变成垄断银行券发行权的中央银行。

（二）票据资金集中清算的需要

随着银行业的发展，银行业务不断扩大，银行每天收受票据的数量也逐渐增多，各个银行之间的债权债务关系日益复杂化，由各个银行自行完成当日清算已不可能。因此，客观上要求建立一个统一、权威、公正的清算中心来满足票据资金的结算需求，行使银行的银行职能。

（三）集中存款准备金，充当最后贷款人的需要

商业银行作为金融体系的主体，关系国民经济命脉，若发生挤兑甚至破产，很容易波及其他银行，造成整个社会的信用危机。此外，商业银行日常经营也会面临头寸不足等资金问题，因此，政府会要求商业银行计提存款准备金，并集中进行资金保管调度，组织银行间的同业拆借市场。因

此，基于以上现实，客观上就需要一个强有力的中央银行，统一集中存款准备金，并充当最后贷款人，负责维护金融系统的稳定。

（四）监督管理金融业和政府融资的需要

为保证银行业的有序竞争，降低银行系统风险，政府对金融业的监督管理必不可少，有必要建立一个非营利性的专门机构来行使金融监管职能。此外，随着政府的职能强化和财政开支加大，融资需求日益迫切，也使得建立与政府有密切联系、能直接或变相发挥融资功能的中央银行成为一种客观需求。

三、中央银行的产生与发展

世界上最早的中央银行是1656年成立的瑞典银行。瑞典银行于1661年在欧洲首先发行银行券，1668年改组成为国家银行。1694年成立的英格兰银行是第一家股份制银行，是近代中央银行的典范。1833年，英国议会通过法案赋予英格兰银行唯一发行无限法偿银行券的资格。英格兰银行逐渐放弃商业银行业务，集中其他商业银行的准备金，并开始承担最后贷款人和清算银行的角色。1800年1月18日，法国的中央银行法兰西银行创立。法兰西银行原为私有股份银行，1848年垄断全国货币发行权，1946年1月1日被国有化。

中央银行的产生方式除了像英格兰银行等由私有银行逐步转化为国有银行的模式外，也有直接由政府出资成立的，如美国的联邦储备系统。美国早期曾出现过两家全国性的大型银行，即1791年成立的美国第一银行和1816年成立的美国第二银行，均在短暂经营后关闭。1836年至1913年间，美国一直没有中央银行，银行挤兑造成市场崩溃的情况经常发生，在1893年的危机中，美国有超过500家银行相继倒闭。美国国会通过《联邦储备法案》，于1913年12月23日成立中央银行即美国联邦储备系统，简称美联储。目前，世界上大多数国家均建立了完善的中央银行体系。

四、我国中央银行的发展历程

1905年清政府户部设立户部银行，是我国最早的国家银行，1908年改名为大清银行，后又改名为中国银行。1908年3月，交通银行正式开业，发行货币，代理国库，投资和支持实业。清政府倒台后，交通银行与中国银行一起承担北洋政府时期的中央银行职能。1924年8月，孙中山领导的广东革命政府在广州创立中央银行。1926年7月，国民政府移迁武汉；同年12月，在汉口设中央银行；原广州的中央银行改组为广东省银行。1928年，汉口中央银行停业；同年11月，南京国民政府在上海成立中央银行，并在全国各地设有分支机构。

微课 6–1：我国中央银行的发展历程

1932年2月1日，中华苏维埃共和国国家银行在瑞金叶坪村宣告成立。这是中国共产党在革命战争时期所创办的国家银行，是工农民主政权的第一家国家银行。1932年7月，中华苏维埃共和国临时中央政府颁布《中华苏维埃共和国国家银行章程》，创立了红色金融史上首部国家银行法。1934年10月，中华苏维埃共和国国家银行随中央红军长征转移到达陕北后，于1937年改组为陕甘宁边区银行。1948年12月1日，以华北银行为基础，合并北海银行、西北农民银行，在河北省石家庄市组建了中国人民银行，并发行人民币，成为中华人民共和国成立后的中央银行。

从1949年新中国成立到1978年期间，我国实行着与计划经济相匹配的，高度集中的国家银行体制。中国人民银行担负着组织和调节货币流通的职能，统一经营各项信贷业务，在国家计划实施中具有综合反映和货币监督功能。1983年9月17日，国务院决定从1984年1月1日起，中国人民银行开始专门行使中央银行的职能。1993年，按照国务院《关于金融体制改革的决定》，中国人民银行进一步强化金融调控、金融监管和金融服务职责，划转政策性业务和商业银行业务。1995年3月18日，全国人民代表大会通过《中华人民共和国中国人民银行法》，首次以国家立法形式确立了中国人民银行作为中央银行的地位，标志着中央银行体制走向了法制化、规范化的轨道。1998年，按照中央金融工作会议的部署，改革人民银行管理体制，撤销省级分行，设立跨省区分行，同时，成立人民银行系统党委，对党的关系实行垂直领导，干部垂直管理。2003年，根据《关于深化行政管理体制和机构改革的意见》和国务院机构改革方案，将中国人民银行对银行、金融资产管理公司、信托投资公司及其他存款类金融机构的监管职能分离出来，成立中国银行业监督管理委员会。撤销中国人民银行大区分行及分行营业管理部、总行直属营业管理部和省会城市中心支行，在31个省（自治区、直辖市）设立省级分行，在深圳、大连、宁波、青岛、厦门设立计划单列市分行。中国人民银行北京分行保留中国人民银行营业管理部牌子，中国人民银行上海分行与中国人民银行上海总部合署办公。不再保留中国人民银行县（市）支行，相关职能上收至中国人民银行地（市）中心支行。对边境或外贸结售汇业务量大的地区，可根据工作需要，采取中国人民银行地（市）中心支行派出机构方式履行相关管理服务职能。

视频链接 6-1：中国中央银行的建立

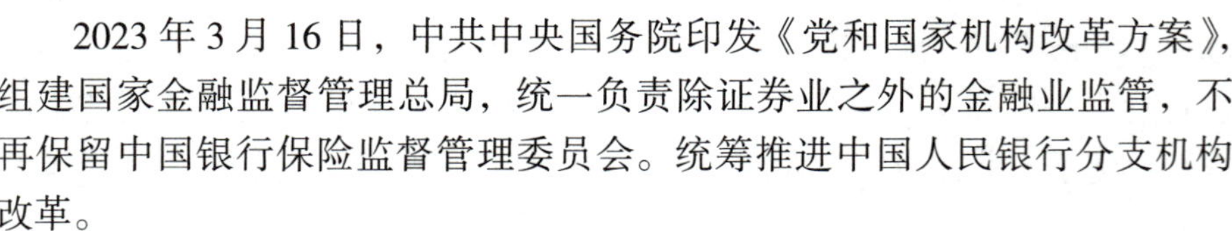

2023年3月16日，中共中央国务院印发《党和国家机构改革方案》，组建国家金融监督管理总局，统一负责除证券业之外的金融业监管，不再保留中国银行保险监督管理委员会。统筹推进中国人民银行分支机构改革。

五、中央银行的性质

微课 6-2：中央银行的性质与职能

中央银行在一国金融体系中居于核心地位，是制定和执行货币政策，对国民经济进行宏观调控和金融管理监督，维护金融稳定的特殊金融机构。其特殊性体现在地位的特殊性、业务的特殊性和管理的特殊性。

（一）地位的特殊性

中央银行居于一国金融体系的核心地位，又被称为货币当局或金融当局。中央银行是国家货币信用制度的中心枢纽，是金融行业监管的权力机构。在制定和执行国家金融方针政策时，中央银行通常具有相对的独立性。我国《中华人民共和国中国人民银行法》第七条规定，中国人民银行在国务院领导下依法独立执行货币政策，履行职责，开展业务，不受地方政府、各级政府部门、社会团体和个人的干涉。

（二）业务的特殊性

中央银行的业务活动有着特殊的法定业务范围。中央银行办理金融信用业务，实行资产负债管理，主要面向政府、商业银行与其他金融机构提供资金融通和划拨清算等业务服务，但一般不面向企业和个人开展业务。中央银行虽名为银行，也办理银行固有的“存、放、汇”等业务，但与一般商业银行却有着本质上的差别，其业务经营不以盈利为目标，也不与其他金融机构产生盈利性竞争。中央银行开展相关业务的目的在于贯彻货币政策，实施宏观经济调控。

拓展阅读 6-2：建设现代中央银行制度

（三）管理的特殊性

中央银行经政府授权享有金融管辖权，但在履行各项管理职能时却以“银行”的身份出现，其管理方式也更多地具有银行业务操作的特征。中央银行通常运用经济手段和法律手段来发挥宏观管理职能，行政手段居于次要地位。中央银行一般通过调整货币供应量、利率水平等手段来影响经济活动和价格水平，以达到稳定物价和促进经济增长的目的。

六、中央银行的职能

（一）货币发行的银行

货币发行的银行是指政府赋予中央银行垄断货币发行的特权，使其成为唯一的货币发行机构。除个别国家地区外，货币一般统一由中央银行负责发行。垄断货币发行是中央银行发挥其职能作用的基础。中央银行一般都会把维持货币币值稳定作为首要目标，而统一货币的发行与流通是前提条件。中央银行通过独占货币发行权，调节流通中的货币供应量，进而控制商业银行创造信用的能力，影响整个社会的信贷规模，从而实现宏观经济的调控。

（二）银行的银行

银行的银行是指中央银行面向商业银行等金融机构开展“存、放、汇”等银行类业务。具体体现在以下几个方面：

1. 集中存款准备金

存款准备金是商业银行和其他存款机构为保障客户提取存款和资金清算的需要，依照相关规定向中央银行缴存的存款。存款准备金包括两个部分：法定存款准备金和超额存款准备金。法定存款准备金是金融机构按照其存款的一定比例向中央银行缴存的存款，因缴存比例通常由中央银行决定，称为法定存款准备金率。超过法定存款准备金而缴存中央银行的部分称为超额存款准备金。

中央银行集中保管存款准备金，可以保证存款机构的清偿能力，以备客户提取存款，使商业银行具备最低限度的支付能力，维护金融系统安全。存款准备金制度是中央银行调节和控制商业银行信用活动的政策工具。中央银行通过调整存款准备金率，影响商业银行的信用创造能力，调控货币供应量。

2. 组织全国性的清算

银行业内部常会存在由于代收、代付其他同业的票据引起的债权债务关系。主持、组织银行业金融机构之间的清算，提供清算服务，是中央银行的主要业务和重要职责。它对于加速资金周转、提高资金效益、促进经济建设发展具有重要意义。同时，也有利于中央银行清晰地掌握全社会的金融状况和资金运用趋势，从而有效地进行宏观金融管理和监督。

3. 充当最后贷款人

最后贷款人是指当商业银行出现危机或流动资金短缺时，可以向中央银行申请再贴现或再贷款，中央银行充当最后贷款人，为商业银行提供资金的支持。中央银行履行最后贷款人职能，主要目的在于防止信用危机，为商业银行等金融机构提供短期调剂资金，通过资金融通调节银行信用和货币供应量。

（三）政府的银行

政府的银行是指中央银行为政府提供金融服务，是政府管理国家金融的专门机构。具体体现在以下几个方面：

1. 经理国库

国库是国家金库的简称，负责办理国家预算资金的收入和支出，是国家预算执行工作的重要组成部分。在我国，财政部门代表国家管理预算资金，中国人民银行负责经理国库，如代收国库库款，拨付财政支出，办理代收税款，代理政府债券的发行、托管和兑付等业务。

2. 为政府提供资金融通

在政府财政收支出现失衡、财政出现赤字时，中央银行可以为政府融通资金，直接向政府提供贷款。但这种以增发货币的方式来应对财政收支问题的做法容易造成通货膨胀，应严格加以限制。中央银行通常采取公开市场操作业务，通过购买政府债券的方式为政府提供信贷支持，同时达到调节货币供应量的目的。

3. 代国家持有和经营管理国际储备

国际储备包括外汇、黄金、储备头寸和特别提款权等。中央银行代国家持有和经营管理国际储备，要根据一定时期内本国的国际收支状况和经济发展的要求，对国际储备的规模、结构和储备资产的使用进行调整、控制，从而实现储备资产的规模适度化、结构最优化和使用高效化。

4. 对金融业实施监管

中央银行依照国家法律法规的授权，对金融机构及其业务活动进行监督、检查和指导，维护信用、支付体系的稳定，有效防范和化解金融风险，保护金融消费者的权益，创造健全高效的金融运行环境，提高金融市场的运行效率。

5. 代表政府开展国际金融业务

中央银行代表政府参加国际金融组织，出席各种国际性会议，代表政府签订国际金融协定；代表政府参与金融事务的协调与磋商，积极促进国际金融领域的合作与发展；从事国际金融活动，管理与本国有关的国际资本流动，办理政府间的金融事务往来及清算，办理外汇收支清算和拨付等国际金融事务。

七、中央银行的组织形式

（一）单一型中央银行制

单一型中央银行制是指国家设立专门的中央银行机构行使中央银行职能。单一型中央银行制度又分为一元制和二元制。

一元制是指一国内只建立一家统一的中央银行，机构设置一般采取总分行制。目前，世界上绝大多数国家都实行这种中央银行制度，较为典型的代表如我国、英国和日本的中央银行。

二元制是指在一国内建立中央和地方两级相对独立的中央银行机构。中央级机构是最高管理机构，地方级机构受中央级机构的监督与指导，但与中央级机构并非总分行关系，地方级中央银行在其辖区内有一定的独立性，两级中央银行按照法律的规定分别行使其职能，较为典型的代表如美国和德国的中央银行。

（二）复合型中央银行制

复合型中央银行制是指不设立专门的中央银行，而是由一家大银行来同时行使商业银行和中央银行职能，如苏联和我国 1984 年之前都实行过这种制度。

（三）准中央银行制

准中央银行制是指只设立类似中央银行的金融管理机构，或由政府授权某个或几个商业银行来行使部分中央银行职能的制度形式，较为典型的代表如新加坡和香港。香港金融管理局是香港特别行政区政府辖下的独立部门，负责香港的金融政策及银行、货币管理，担当类似中央银行的角色。

（四）跨国中央银行制

视频链接 6–2：欧洲中央银行

跨国中央银行制是指由多个国家联合设立共同的中央银行。它一般与货币联盟联系在一起，如欧洲中央银行和西非国家中央银行。

第二节　中央银行的主要业务

中央银行的主要业务可以分为负债业务、资产业务和中间业务。负债业务是指金融机构、政府、个人和其他部门持有的对中央银行的债权。资产业务是指中央银行在一定时点上所持有的债权。中间业务是指中央银行为商业银行和其他金融机构办理的支付清算业务。

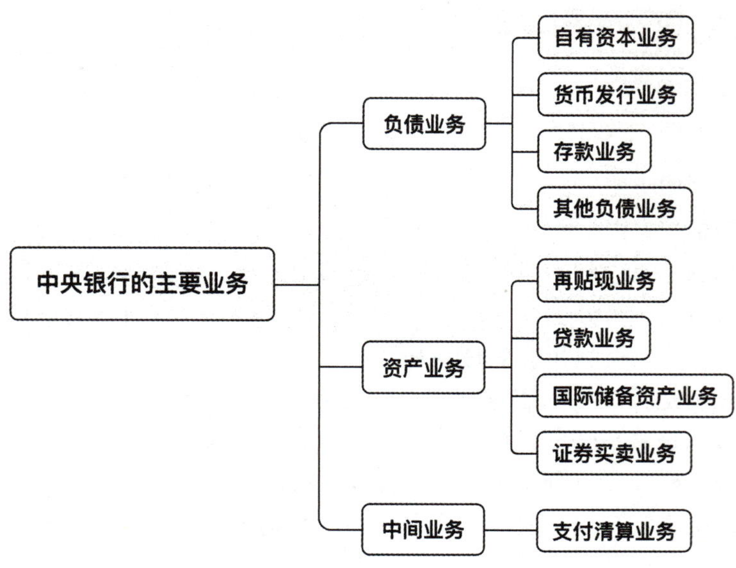

图6–1　中央银行的主要业务

一、中央银行的负债业务

负债业务是指金融机构、政府、个人和其他部门持有的对中央银行的债权。负债业务是形成中央银行资金来源的业务，包括自有资本、货币发行、存款等业务活动。

（一）自有资本业务

自有资本业务是中央银行筹集、维持和补充自身资本的业务，其按照资本金的来源途径大致可分为三种情形：一是由政府全额出资或政府收买私人股份改制而成，如中国人民银行、英格兰银行等大多数国家的中央银行；二是由政府和私人共同出资，以混合持股方式形成中央银行自有资本，如日本和比利时的中央银行。三是中央银行的资本金由一些指定的商业银行以股份认购形式出资，如美国的美国联邦储备体系。

（二）货币发行业务

货币发行是中央银行最重要的负债业务。货币发行是指货币由中央银行的发行库通过商业银行的业务库投放流通领域的活动。货币发行业务活动主要有中央银行与商业银行等金融机构之间开展的再贴现、再贷款、证券买卖、收购外汇黄金等。流通中的货币本质上是中央银行对货币持有人的一种债务凭证。货币发行遵循三项原则：一是垄断发行的原则，即货币发行权高度集中于中央银行；二是信用保证原则，即货币发行要有一定的黄金或有价证券作为保证；三是弹性发行原则，即货币发行应具有一定的伸缩性和灵活性，以适应经济变化的客观需要。

（三）存款业务

存款业务是中央银行重要的负债业务。中央银行经营存款业务的目的在于调控信贷规模与货币供应量，维护金融安全与稳定。中央银行的存款业务包括存款准备金和其他存款业务。中央银行集中保管存款准备金，除了保证存款机构的清偿能力，以备客户提现外，还可通过调整存款准备金率来调控社会信贷规模和货币供应量。其他存款业务包括政府存款、金融性公司存款、非金融机构存款等。

（四）其他负债业务

其他负债业务是指发行债券、国外负债等其他形成中央银行资金来源的业务活动。发行债券是中央银行的一项主动负债，可以对金融机构的流动性进行调节，如国债、国库券等。国外负债主要是指国外金融机构的贷款、借款，以及中央银行在国外金融市场发行的债券等。

二、中央银行的资产业务

资产业务是指中央银行在一定时点上所持有的债权。资产业务是中央银行运用其资金的业务活动，包括再贴现、贷款、证券买卖以及储备资产等业务。

（一）再贴现业务

再贴现是指商业银行或其他金融机构以贴现所获得的未到期票据向中央银行所作的票据转让，以获得短期资金融通的业务行为。再贴现是中央银行的货币政策工具之一，中央银行通过制订或者调整再贴现率干预和影响市场利率及货币市场的供求关系，以调整货币供应量。

（二）贷款业务

贷款是指中央银行采用信用贷款或抵押贷款等形式向商业银行或非银行金融机构提供资金融通的业务活动，又称为再贷款。再贷款业务的目的是解决临时的资金周转困难，弥补头寸的临时短缺或者保持商业银行的最后清偿能力，发挥最后贷款人的职能，防范和化解金融风险，维护金融系统稳定。

（三）证券买卖业务

证券买卖是指中央银行在金融市场买卖有价证券的业务活动，是中央银行执行货币政策的重要手段，又称公开市场业务。中央银行通常在有价证券的公开市场上进行买卖操作，交易对象以发行量大、流动性强、信用良好的政府债券为主。中央银行买入有价证券，相当于通过金融市场向流通领域投放货币。反之，中央银行卖出有价证券相当于回收流通中的货币。因此，中央银行通过公开市场业务可以调节和控制资金和证券的供求状况，影响市场利率水平和证券价格。

（四）储备资产业务

储备资产主要是指中央银行持有的黄金、外汇以及国际货币基金组织的储备头寸和特别提款权等。储备资产业务是指中央银行根据经济发展需要，对国际储备的规模和结构进行管理的业务，因持有储备资产需占用中央银行资金，因而属于中央银行重要的资金运用业务。中央银行持有并管理国际储备目的在于维持国际收支平衡，保证汇率稳定，以及应付其他紧急支付的需要。

表6-1　2021年货币当局资产负债表（季末余额）

单位：亿元

	第一季度	第二季度	第三季度	第四季度
国外资产	219 213.98	220 505.68	223 230.38	225 102.82
外汇	211 553.27	212 130.20	212 145.89	212 867.20
货币黄金	2 855.63	2 855.63	2 855.63	2 855.63
其他国外资产	4 805.08	5 519.85	8 228.87	9 380.00
对政府债权	15 250.24	15 250.24	15 250.24	15 240.68
其中：中央政府	15 250.24	15 250.24	15 250.24	15 240.68
对其他存款性公司债权	124 657.22	130 900.47	132 450.49	128 645.47
对其他金融性公司债权	4 427.26	4 354.48	4 148.68	4 125.22
其他资产	19 224.06	18 886.49	16 893.85	22 588.05
总资产	382 772.77	389 897.36	391 973.65	395 702.25
储备货币	326 956.16	324 494.14	324 341.24	329 487.34
货币发行	92 459.49	89 614.10	92 426.82	96 164.80
金融性公司存款	216 682.77	216 320.68	212 046.96	212 392.89
其他存款性公司存款	216 682.77	216 320.68	212 046.96	212 392.89
其他金融性公司存款				
非金融机构存款	17 813.90	18 559.36	19 867.45	20 929.64
不计入储备货币的金融性公司存款	4 947.74	5 719.08	5 192.75	6 053.40
发行债券	900.00	900.00	950.00	950.00
国外负债	1 038.80	942.49	1 357.80	998.21
政府存款	36 719.33	45 666.43	46 143.39	42 931.68
自有资金	219.75	219.75	219.75	219.75
其他负债	11 990.98	11 955.47	13 768.72	15 061.88
总负债	382 772.77	389 897.36	391 973.65	395 702.25

资料来源：中国人民银行2021年年报。

三、中央银行的中间业务

中间业务主要是指中央银行为商业银行等金融机构办理支付清算业务，实现债权债务清偿及资金转移。支付清算业务是中央银行的传统业务，也是中央银行的重要职责之一。支付清算业务主要包括组织票据交换清算、办理异地资金转移、结算交换差额、跨国支付清算等。

（一）票据交换清算业务

票据交换清算主要通过票据交换所进行，银行间的营收应付款项，可以相互轧抵后收付其差额，通过银行在中央银行开设的往来账户进行转账收付。

（二）异地资金转移业务

各城市、各地区间的资金往来，通过银行汇票传递，汇进汇出后形成异地间的资金划拨问题，最后通过中央银行进行统一办理。

在我国支付清算业务主要由中国人民银行清算总中心负责，它是中国人民银行直属事业单位，是为中央银行、商业银行和全社会提供支付清算及相关服务的全国性金融服务组织 。我国的支付清算系统由大额实时支付系统（HVPS）、小额批量支付系统（BEPS）、网上支付跨行清算系统（IBPS）、境内外币支付系统（CFXPS）组成，是我国重要的金融基础设施。

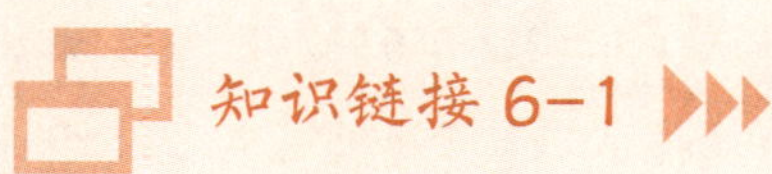

中国人民银行的法定业务

《中华人民共和国中国人民银行法》对中国人民银行可以运用的货币政策工具以及经理国库、代理财政发行公债、提供清算服务规定支付结算规则等业务作出了明确规定。

第二十三条　中国人民银行为执行货币政策，可以运用下列货币政策工具：

（一）要求银行业金融机构按照规定的比例交存存款准备金；

（二）确定中央银行基准利率；

（三）为在中国人民银行开立账户的银行业金融机构办理再贴现；

（四）向商业银行提供贷款；

（五）在公开市场上买卖国债、其他政府债券和金融债券及外汇；

（六）国务院确定的其他货币政策工具。

中国人民银行为执行货币政策，运用前款所列货币政策工具时，可以规定具体的条件和程序。

第二十四条　中国人民银行依照法律、行政法规的规定经理国库。

第二十五条　中国人民银行可以代理国务院财政部门向各金融机构组织发行、兑付国债和其他政府债券。

第二十六条　中国人民银行可以根据需要，为银行业金融机构开立账户，但不得对银行业金融机构的账户透支。

第二十七条　中国人民银行应当组织或者协助组织银行业金融机构相互之间的清算系统，协调银行业金融机构相互之间的清算事项，提供清算服务。具体办法由中国人民银行制定。中国人民银行会同国务院银行业监督管理机构制定支付结算规则。

第二十八条　中国人民银行根据执行货币政策的需要，可以决定对商业银行贷款的数额、期限、利率和方式，但贷款的期限不得超过一年。

第二十九条　中国人民银行不得对政府财政透支，不得直接认购、包销国债和其他政府债券。

第三十条　中国人民银行不得向地方政府、各级政府部门提供贷款，不得向非银行金融机构以及其他单位和个人提供贷款，但国务院决定中国人民银行可以向特定的非银行金融机构提供贷款的除外。中国人民银行不得向任何单位和个人提供担保。

第三节　货币政策与货币政策目标

一、货币政策的含义

货币政策是指中央银行为实现其特定的经济目标而采用的各种控制和调节货币、信用和利率的方针和措施的总称，包括利率政策、信贷政策和外汇政策等。

二、货币政策类型

货币政策分为扩张性货币政策、紧缩性货币政策、中性货币政策。中央银行依据宏观经济运行状况、货币供应量与货币实际需要量之间的关系，结合本国经济所处的发展阶段，相机抉择货币政策。

（一）扩张性货币政策

扩张性货币政策是指通过增加货币供应量带动社会总需求以刺激经济增长的一种货币政策。

实施扩张性货币政策时，中央银行通过降低存款准备金率、再贴现率，以及公开市场购买有价证券等操作，使得货币供应量明显超过经济正常运行对货币的实际需求量，刺激并带动社会总需求的增加。伴随货币供求关系的改变，利率水平会降低，社会信贷规模进一步扩大，拉动体经济增长。因此，当经济萧条或经济发展水平较低时，多采用扩张性货币政策。实施扩张性货币政策时应注意与财政政策相互配合，以避免因信贷过度扩张而引发通货膨胀。

（二）紧缩性货币政策

紧缩性货币政策是指通过减少货币供应量降低社会总需求达到紧缩经济的一种货币政策。

实施紧缩性货币政策时，中央银行通过提高存款准备金率、再贴现率，以及公开市场出售有价证券等操作，紧缩货币供应量，抑制过高的社会总需求。随着利率水平升高，社会信贷规模收缩，缓解经济过热的压力。因此，当经济过热发生通货膨胀时，多采用紧缩性货币政策。实施紧缩性货币政策时应注意与财政政策相互配合，以避免因货币政策过度紧缩而引起经济衰退。

（三）中性货币政策

中性货币政策是指通过保持货币在经济活动中的中立地位，不对经济产生任何实质性影响，以实现经济均衡的一种货币政策。

实施中性货币政策时，通过摒弃货币因素对经济运行产生的影响，保持货币供应量与利率等变量的稳定，保证市场机制可以不受干扰地在资源配置过程中发挥基础性作用。通常当社会总供求基本平衡、物价稳定、经济增长以正常速度递增时，中央银行应采取中性货币政策。

三、货币政策目标

货币政策目标是指中央银行所制定和执行的货币政策所要达到的目的。按中央银行实施货币政策的影响力、影响速度及影响方式，货币政策目标可划分为最终目标、中介目标和操作目标三个层次。

（一）货币政策最终目标

货币政策最终目标是指货币政策实施最终实现的宏观经济目标，如稳定物价、充分就业、经济增长和平衡国际收支等。

微课 6-3：货币政策最终目标

1. 最终目标的内容

（1）稳定物价

稳定物价目标是中央银行货币政策的首要目标。稳定物价是一个相对概念，就是要抑制通货膨胀，避免通货紧缩，维护币值稳定。衡量物价是否稳定的常用指标有居民消费价格指数、工业生产者出厂价格指数、国民生产总值平减指数等。居民消费价格指数（CPI）反映某一时期消费领域价格变动情况。工业生产者出厂价格指数（PPI）反映某一时期生产领域价格变动情况。国民生产总值平减指数则反映全社会物价总水平的变动情况。

（2）充分就业

充分就业也称完全就业，是指在理想状态下，所有愿意接受工作的人都能获得就业机会。由于存在摩擦性失业和结构性失业，充分就业并不等于全部就业。经济学家把在这种情况下的失业率称为自然失业率或充分就业的失业率。摩擦性失业是指劳动者想要工作与得到工作之间的时间消耗造成的失业。结构性失业是指由于经济结构如产业结构等发生了变化，现有劳动力的知识、技能、区域分布等与市场需求不匹配而引发的失业。我国衡量就业的主要指标有登记失业率、城镇调查失业率、就业人数以及城镇新增就业人数等。

（3）经济增长

经济增长是指在一个较长的时间跨度上，一个国家经济总产出或人均产出水平的持续增加。狭义的经济增长主要指国内生产总值（GDP）增长。国内生产总值是一个国家或地区的所有常住单位在一定时期内所生产的全部最终产品和服务的价值总和。GDP 可以反映一个国家或地区的总体经济规模，GDP 增长率可以反映经济总量的增长速度。我国统计部门在发布宏观经济数据时，会细分为农林牧渔业增加值、工业增加值、建筑业增加值、服务业增加值等供给端参考指标，以及社会消费品零售总额、固定资产投资、进出口总额等需求端参考指标。在进行比较时，还要注意剔除物价变动的因素。中央银行通过创造和维持一个适于经济增长的货币金融环境来促进经济增长。

（4）国际收支平衡

国际收支平衡是指国际收支差额处于一个相对合理的范围内，表现为收支持平、略有顺差或略有逆差。一国国际收支的状况主要取决于该国进出口贸易和资本流入流出状况。国际收支平衡表是反映一定时期一个国家或地区同外国的全部经济往来的收支流量表，可以系统反映一国的国际收支状况、收支结构以及储备资产的变动情况。此外，分析国际收支状况时通常还会用到进出口差额、外汇储备、人民币汇率等辅助指标。中央银行通过实施货币政策调节国际收支的平衡状况，维护国内稳定的货币金融环境。

2. 最终目标相互之间的关系

实现上述货币政策最终目标对于一国而言具有重要意义。除经济增长与充分就业具有一致性外，四大最终目标相互联系、相互影响、相互制约。中央银行需结合宏观经济运行状况和面临的突出问题，相机抉择来确定货币政策目标。

（1）物价稳定与充分就业

关于物价稳定与充分就业之间的关系，最经典的描述是菲利普斯曲线。新西兰经济学家菲利普斯发现，短期内失业率与通货膨胀率之间存在此消彼长的替换关系。若要实现充分就业，降低失业率，则需要采取扩张性货币政策，增加货币供应量，扩大信贷规模，加大投资，刺激需求，通过拉动经济增长来创造就业岗位。但这客观上又会导致物价的上涨，甚

视频链接 6–3：
菲利普斯曲线

至引发通货膨胀。反之，若要控制物价上涨，则需要采取紧缩性货币政策，收缩信用规模，抑制投资与需求，但经济增速下滑又会带来失业率的上升。

（2）物价稳定与经济增长

关于物价稳定与经济增长之间的关系，存在一定争议。有观点认为经济的持续增长需要一个物价稳定的环境，而物价稳定又需要通过发展经济来提供物质基础。在经济达到潜在产出之前，适度的物价上涨能够刺激投资和产出的增加，从而促进经济增长。而经济增长意味着劳动生产率的提高，会导致单位产品生产成本的降低。两者相辅相成并不存在矛盾。也有观点认为物价上涨是经济增长的常态，与经济增长相关联的信贷规模扩大，投资与需求增加，必然推动物价上涨，物价稳定与经济增长无法同时兼得。

（3）物价稳定与国际收支平衡

物价稳定意味着货币币值的稳定，若国内物价上涨，则外国商品价格相对显得低廉，导致进口增加，出口减少，国际收支出现逆差。若国内物价稳定，外国发生通货膨胀，则会导致出口增加，进口减少，国际收支出现顺差。此外，当今开放经济下，国际收支能否平衡还受一国经济发展战略、资源禀赋、外贸政策和经济形势等诸多因素影响。因此，物价稳定和国际收支平衡很难同时实现。

（4）经济增长与国际收支平衡

国内经济的增长带来国民收入及支付能力的增加，在进口商品需求增加的同时，若出口贸易不能随进口贸易的增加而相应增加，必然会引起贸易收支状况恶化，国际收支难以平衡。若国际收支出现较大逆差，则需要抑制国内对进口商品的需求来改善国际收支状况，但这可能不利于国内的经济增长。因此，经济增长和国际收支平衡之间存在矛盾，难以同时兼顾。

3. 我国的货币政策目标

《中华人民共和国中国人民银行法》明确规定我国的货币政策目标是：保持货币币值的稳定，并以此促进经济增长。

中国人民银行的货币政策目标应以稳定货币币值为目标，通过调节货币供应量并保持国际收支平衡，为国民经济的发展创造一个良好的货币金融环境，以此来促进经济的增长。

（二）货币政策中介目标

中央银行在实施货币政策中所运用的政策工具无法直接作用于最终目标，而是通过一系列中间变量即货币政策中介目标的设定、调节和影响来完成政策传导的任务，从而实现最终目标。

中介目标的选择应具备三个标准：一是可测性，即中央银行能够迅速获取相关指标的准确数据资料，能进行有效的分析和判断；二是可控性，即中央银行能对中介目标变量的变动状况及其变动趋势，进行有效的控制和调节；三是相关性，即中央银行所选择的中介目标必须与货币政策最终目标有密切的相关性，能够促使货币政策最终目标的实现。根据上述选择标准，可以作为中介目标的金融指标主要有银行信贷规模、货币供应量和长期利率三种。

1. 银行信贷规模

银行信贷规模是指银行体系对社会大众及各经济单位的存贷款总额度。改变信贷规模是改变货币供应量的重要途径，会对货币政策的最终目标产生直接影响。可测性方面，中央银行通过统计银行和非银行金融机构的资产负债表上各个有关项目及其构成就能及时得到银行信贷总量和构成数据。可控性方面，对银行信贷规模的控制可采取直接的信贷管制和间接调控方式。中央银行通过改变准备金率、贴现率及进行公开市场业务就可以扩大或收缩银行准备金，从而控制其信贷规模。另外，中央银行通过变动利率，可改变存、贷款人的相对收益，也能间接控制银行信用总量。相关性方面，银行信贷规模与最终目标间的相关性类似于货币供应量与最终目标之间的相关性。银行信贷规模的收缩与扩张会直接导致货币供应量的收缩与扩张，从而影响社会总需求的规模。因此，中央银行只要通过观测、调控银行信贷规模的变化，就能促使和保证货币政策的实现。

2. 货币供应量

可测性方面，根据货币层次划分，M_0、M_1、M_2、M_3 等指标均有明确的定义，分别反映在中央银行、商业银行及其他金融机构的资产负债表内，可以很方便地进行测算和分析。可控性方面，货币供应量是基础货币与货币乘数之积，货币供应量的可控性实际上就是基础货币的可控性及货币乘数的可控性。货币供应量的可控性很大程度上取决于货币制度、金融环境及经济发展阶段。如经济运行环境良好，金融体系健全，中央银行对基础货币控制力强，且货币乘数稳定，则货币供应量具有较好的可控制性。反之，则货币供应量较难控制。相关性方面，一定时期的货币供应量反映了当期的社会有效需求总量和整个社会的购买力，对最终目标有着直接影响，与最终目标直接相关。

3. 长期利率

可测性方面，货币市场与资本市场上的利率水平和利率结构易于为中央银行所获取。可控性方面，中央银行借助公开市场操作来影响银行的准备金，从而改变短期利率，进而引导长期利率的变化，以实现对长期利率的控制。相关性方面，长期利率作为货币政策的中介目标，与最终目标间有着很强的相关性。长期利率对投资有着显著的影响，对不动产及机器设备的投资来说尤其如此，它与整个社会的收入水平直接相关。

值得一提的是，在中央银行的实际操作中，银行信贷规模、货币供应量这两项总量指标和利率指标一般不能同时都被选作中介目标。若中央银行以稳定利率为中介目标，则必然要容许货币供应量存在波动；反之，若要稳定货币供应量，则有可能以利率的不稳定作为代价。

（三）货币政策操作目标

操作目标是中央银行货币政策工具的直接调控对象，中央银行通过货币政策工具作用于操作目标，进而影响到中介目标并实现其最终目标。操作目标的选择除了要符合可测性、可控性及相关性标准，还要与中介目标的选择相匹配。目前，经常被选作操作目标的主要有货币市场基准利率、银行准备金及基础货币等。

1. 货币市场基准利率

银行同业拆借市场是货币市场的基础，银行同业拆借利率是货币市场的基准利率，经常被选作操作目标。中央银行通过调控银行同业拆借利率就可以改变货币供应量，并影响长期利率走势。中央银行通过公开市场业务和调整再贴现率等操作，可以达到调控同业拆借利率的政策意图。但货币市场基准利率容易受通货膨胀、市场供求、预期等因素影响，也会对中央银行的操作选择造成干扰。

2. 银行准备金

银行准备金是指商业银行和其他存款机构在中央银行的存款余额及其持有的库存现金。银行准备金主要用于满足客户的提款需求，缴存法定存款准备金，以及同业间的资金清算等。银行准备金作为操作目标，常与银行同业拆借市场利率相联系。中央银行对银行准备金的调控主要通过公开市场操作和贴现窗口，调节准备金供给以影响银行同业拆借市场利率，从而进一步影响货币供应量。

3. 基础货币

基础货币是流通中的现金和银行准备金的总和。基础货币表现为中央银行的负债，很容易为中央银行所掌握。中央银行可以直接控制基础货币中的通货，还可以借助公开市场操作和贴现窗口对银行准备金进行调控。只要中央银行能够控制住基础货币的投放，通过货币乘数的作用，相当于直接地控制住了货币供应量。因此，基础货币是比较理想的操作目标。

四、货币政策的传导机制

货币政策的传导机制是指中央银行运用货币政策工具影响中介目标，通过中介目标来影响实际经济活动，最终达到货币政策最终目标的传导途径与作用原理。

货币政策传导机制大体可分为三个步骤：第一步，货币政策工具的运用将直接作用于货币政策的操作目标；第二步，货币政策操作目标的变动影响货币政策中介目标；第三步，货币政策中介目标的变动影响实际经济活动，从而达到货币政策的最终目标。一般来说，中央银行通过各种政策工具的运用，将对商业银行的准备金和货币市场基准利率等经济变量产生比较直接的影响，而这些经济变量的变动将通过银行信贷规模、货币供应量和长期利率影响到实际的经济活动。如果货币政策工具操作得当，就会达到预定的货币政策最终目标。

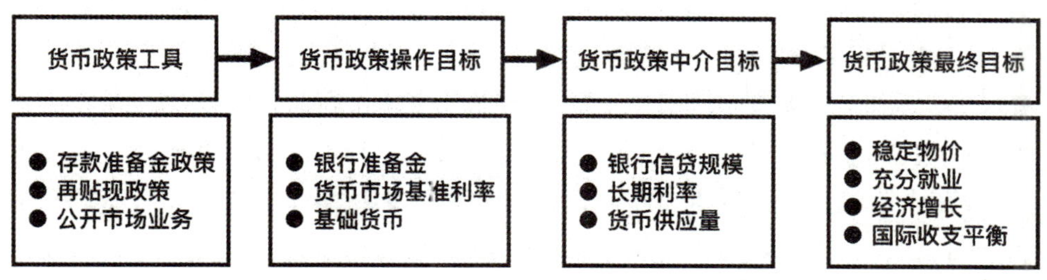

图6-2　货币政策传导机制

第四节　货币政策工具

货币政策工具是中央银行为了实现货币政策目标而采取的具体措施和手段。货币政策工具分为一般性政策工具、选择性政策工具和其他货币政策工具。

一、一般性政策工具

一般性货币政策工具是指中央银行所采用的、对整个金融系统的货币信用扩张与紧缩产生全局性影响的手段，是最主要的货币政策工具。一般性政策工具包括法定存款准备金政策、再贴现政策和公开市场业务。

（一）法定存款准备金政策

1. 法定存款准备金政策的含义

存款准备金是指金融机构为保证客户提取存款和资金清算需要而准备的资金。金融机构按规定向中央银行缴存的存款准备金占其存款总额的比例就是法定存款准备金率。存款准备金制度最早起源于英国，1913 年美国的《联邦储备法》以法律形式将其固化成为制度。存款准备金制度的基本内容有：一是规定法定存款准备金比率；二是规定可作为法定存款准备金的资产种类；三是规定法定存款准备金的计提办法；四是规定法定存款准备金的调整幅度等。

微课 6-4：
一般性政策工具

2. 法定存款准备金政策的作用机制

中央银行通过调整存款准备金率，改变商业银行的超额存款准备金和货币乘数，影响金融机构的信贷资金供应能力，间接调控货币供应量。在经济高涨期，提高法定存款准备金率，意味着金融机构在吸收的存款中必须保留更多的准备金，客观上会导致贷款放出的货币量减少，货币乘数变小，商业银行体系的信用创造能力下降，信贷规模不断收缩，其结果是社会银根偏紧，货币供应量减少，利息率上升，势必抑制投资需求，社会总需求的扩张势头就会得到抑制；反之，在经济衰退期，中央银行降低法定存款准备金率，其结果与上述情况正好相反。

3. 法定存款准备金政策的优缺点

法定存款准备金政策的最大优点在于中央银行具有完全的自主权，对货币供应量的影响强而有力，但在实际操作中却不宜被频繁使用。主要原因在于调整法定存款准备金率的政策效果过于猛烈，会对整个经济和社会的心理预期产生显著的影响。此外，政策实施缺乏弹性，存款准备金率很小的调整幅度就会引起货币供应量的巨大波动，因此不宜作为调控货币供给的常规性政策工具。

（二）再贴现政策

1. 再贴现政策的含义

再贴现是中央银行对金融机构持有的未到期已贴现商业汇票予以贴现的行为。中央银行通过适时调整再贴现总量及利率，明确再贴现票据选择，达到吞吐基础货币和实施金融宏观调控的目的，同时发挥调整信贷结构的功能。再贴现政策的内容有：一是规定再贴现票据的种类；二是规定再贴现率的高低；三是作为官定利率反映政策意向。

2. 再贴现政策的作用机制

中央银行通过调整再贴现政策可以影响商业银行的信用扩张，调控货币供应量，促进经济结构调整。具体体现在：一是影响信贷规模。当中央银行降低再贴现率时，商业银行融资的成本降低，鼓励商业银行扩张信贷规模，增加货币供应量；反之，则会收缩信贷规模，减少货币供应量。二是发挥告示作用。作为官定利率，再贴现率的变动会对市场利率产生直接影响。中央银行调整再贴现率传达其政策意向。例如，调整提高再贴现率，意味着中央银行实施紧缩性货币政策，可以改变市场的预期。三是促进经济结构调节。中央银行通过对不同再贴现票据实行差别利率或规定种类等方式，调节信贷结构，贯彻产业政策。例如，规定某些行业的商业票据在中央银行再贴现时享受优惠利率，则这些行业就更容易从商业银行获得融资，从而促进行业发展和经济结构调整。

3. 再贴现政策的优缺点

中央银行的再贴现政策具有相当的灵活性，可以实现货币供应量和信贷结构调节，是一种有效的货币政策工具。但再贴现政策也存在一定局限性：一是再贴现政策的效果很大程度上取决于商业银行，中央银行处于被动的地位。商业银行是否申请再贴现、贴现多少，以及何时贴现，并不是由中央银行决定的，而是取决于商业银行的意愿。二是再贴现率的频繁调整会引起市场利率的波动，影响商业银行和企业的经营预期。

（三）公开市场业务

1. 公开市场业务的含义

公开市场业务是指中央银行在货币市场上公开买卖有价证券，调节货币供应量和市场利率水平的政策行为。中央银行买卖有价证券的目的不是为了盈利，而是为了吞吐基础货币，调节货币供应量。

2. 公开市场业务的作用机制

公开市场业务是通过影响商业银行准备金来调节信贷规模，进而影响货币供应量和利率。中央银行出售有价证券回笼基础货币，通过货币乘数的作用，减少金融机构可贷资金规模，会收缩货币供应量，抑制过度的需求。同时，中央银行出售有价证券，会使证券价格下降，市场利率提高，增加融资成本，会减少社会投资，抑制经济过热的势头；反之，当中央银行买进有价证券释放基础货币，增加金融机构可贷资金规模，会进一步扩大货币供应量，同时带来证券价格上升，市场利率降低，降低融资成本，刺激投资需求和消费需求。此外，中央银行在金融市场上买卖不同的有价证券，可以直接改变市场上不同证券的供求状况，从而使利率结构发生变化。

3. 公开市场业务的优缺点

公开市场业务具有如下优点：一是中央银行开展公开市场业务时始终处于积极主动地位，这就确保了货币政策具有一定超前性；二是公开市场业务的规模和方向可灵活安排，可以对货币供应量进行微调，从而避免像法定存款准备金政策那样的震动效应；三是中央银行可以通过公开市场业务进行经常性、试探性的操作，也可以采取逆向操作予以纠正，灵活调节货币供应量。公开市场业务需要有发达的金融市场、规模较大的短期国库券数量及其他政策工具相配合。资本外流、国际收支逆差等干扰因素也会对中央银行的公开市场业务产生一定的抵消作用。

二、选择性政策工具

选择性政策工具是指中央银行采取的旨在影响银行系统的资金运用方向和信贷资金利率结构的各种指施工具。与一般性货币政策工具不同，选择性政策工具针对某些特殊领域的信用加以调节和影响，居于补充工具的地位。选择性政策工具包括消费者信用控制、证券市场信用控制、不动产信用控制、优惠利率等。

（一）消费者信用控制

消费者信用控制是指中央银行对不动产以外的各种耐用消费品的销售融资予以控制。其主要内容包括：规定以分期付款方式购买各种耐用消费品时第一次付款的最低金额；规定分期付款的最长期限，即最长在什么时间内必须全部付清以分期付款方式购买的耐用消费品的全部价款；规定以分期付款等消费信贷方式购买的耐用消费品的种类，并就不同的耐用消费品规定相应的信贷条件。

（二）证券市场信用控制

证券市场信用控制是指对证券信用交易的保证金比例作出规定，是中央银行对以信用方式购买股票和债券所实施的一种控制措施。保证金比例是指证券购买人首次支付占证券交易价款的最低比例。中央银行根据金融市场状况选择调高或调低保证金比例，可以间接控制证券市场的信贷资金流入量，抑制过度投机，防范金融泡沫，稳定金融市场，改善宏观金融结构。

（三）不动产信用控制

不动产信用控制是指中央银行对商业银行及其他金融机构的房地产贷款所采取的限制措施。其主要内容包括：对金融机构的不动产贷款规定最高限额，即对一笔不动产贷款的最高额度给予限制；对金融机构的房地产贷款规定最长期限；规定首次付款的最低金额及分摊还款的最低金额等。不动产信用控制的目的在于控制不动产市场的信贷规模，抑制过度投机，减轻经济波动。因此，通过不动产信用控制调控不动产需求有利于宏观经济的稳定。

（四）优惠利率

优惠利率是指中央银行对国家重点发展的经济部门或产业给予较低的信贷利率扶持政策，目的在于实现经济产业结构的协调发展。例如，《中共中央国务院关于做好 2023 年全面推进乡村振兴重点工作的意见》提出，用好再贷款再贴现、差别化存款准备金等政策，推动金融机构增加乡村振兴相关领域贷款投放，重点保障粮食安全信贷资金需求。中国人民银行自 1999 年起向地方法人金融机构发放支农再贷款，引导其扩大涉农信贷投放，降低“三农”融资成本。

三、其他货币政策工具

（一）直接信用控制

直接信用控制是指中央银行以行政命令或其他方式，从质和量两个方面，直接对金融机构尤其是商业银行的信用活动进行控制。

1. 利率最高限额

中央银行规定商业银行存贷款的最高利率，目的是防止银行用抬高利率的办法竞相吸引存款，以及为取得高回报在资产运用方面承担过高风险。

2. 信用配额

中央银行根据金融市场状况及客观经济需要，对各个商业银行的信用规模加以分配，限制其最高数额。

3. 规定商业银行的流动性比率

流动性比率即流动资产占存款的比率。商业银行为了保持中央银行规定的流动性比率，就必须缩减长期放款，扩大短期放款，并增加应付提现的资产。规定商业银行的流动性比率的目的在于限制商业银行的信用扩张。

4. 直接干预

中央银行直接对商业银行的信贷业务、放款范围等加以干预，如明确规定各家银行的放款或投资的范围等。

5. 特种存款

特种存款又称特别存款，是指中央银行按商业银行、专业银行和其他金融机构信贷资金的营运情况，根据银根松紧和资金调度的需要，以特定方式向这些金融机构集中一定数量的资金。

（二）间接信用指导

间接信用指导是指中央银行通过道义劝告、窗口指导等办法间接影响商业银行的信用创造。间接信用指导较为灵活，但要求中央银行具有较强的地位、较高的威望，以及拥有相关法律权力和手段配合才能发挥作用。

1. 道义劝告

道义劝告是指中央银行利用其声望和地位，对商业银行和其他金融机构发出通告、指示或与各金融机构的负责人举行面谈，劝告其遵守和贯彻中央银行政策。

2. 窗口指导

窗口指导是指中央银行根据产业行情、物价趋势和金融市场动向，规定商业银行每季度贷款的增减额，并要求其执行。如果商业银行不按规定的增减额对产业部门贷款，中央银行可削减向该银行贷款的额度，甚至采取停止提供信用等制裁措施。虽然窗口指导没有法律约束力，但其影响力不容忽视。

（三）结构性货币政策工具

结构性货币政策工具是中国人民银行引导金融机构信贷投向，发挥精准滴灌、杠杆撬动作用的工具，通过提供再贷款或资金激励的方式，支持金融机构加大对特定领域和行业的信贷投放，降低企业融资成本。

结构性货币政策工具分为长期性工具和阶段性工具。长期性工具主要服务于普惠金融长效机制建设，包括支农支小再贷款和再贴现。阶段性工具有明确的实施期限或退出安排，包括普惠小微贷款支持工具、科技创新再贷款等。

1. 短期流动性调节工具（short-term liquidity operations，SLO）

SLO 由中国人民银行 2013 年 1 月创设。其立足现有货币政策操作框架并借鉴国际经验，作为公开市场常规操作的必要补充，在银行体系流动性出现临时性波动时相机使用。SLO 原则上在公开市场常规操作的间歇期使用，以 7 天期以内的短期回购为主。这一工具的及时创设，既有利于央行有效调节市场短期资金供给，熨平突发性、临时性因素导致的市场资金供求大幅波动，促进金融市场平稳运行，也有助于稳定市场预期和有效防范金融风险。

2. 常备借贷便利（standing lending facility，SLF）

SLF 由中国人民银行 2013 年初创设。常备借贷便利是中国人民银行正常的流动性供给渠道，主要功能是满足金融机构期限较长的大额流动性需求。发放对象主要为政策性银行和全国性商业银行。常备借贷便利以抵押方式发放，合格抵押品包括高信用评级的债券类资产及优质信贷资产等。

3. 抵押补充贷款（pledged supplemental lending，PSL）

PSL 由中国人民银行 2014 年 4 月创设。抵押补充贷款用于支持国民经济重点领域、薄弱环节和社会事业发展而对金融机构提供的期限较长的大额融资。其发放对象为政策性银行，采取质押方式发放，合格抵押品包括高等级债券资产和优质信贷资产。

4. 中期借贷便利（medium-term lending facility，MLF）

MLF 由中国人民银行 2014 年 9 月创设。中期借贷便利是中央银行提供中期基础货币的货币政策工具，对象为符合宏观审慎管理要求的商业银行、政策性银行，可通过招标方式开展。中期借贷便利采取质押方式发放，金融机构提供的国债、央行票据、政策性金融债、高等级信用债等优质债券可作为合格质押品。

知识链接 6-2

中国特色的结构性货币政策工具体系

近年来，中国人民银行认真贯彻落实党中央、国务院决策部署，发挥好货币政策工具的总量和结构双重功能，围绕支持普惠金融、绿色发展、科技创新等国民经济重点领域和薄弱环节，服务经济高质量发展，逐步构建了适合我国国情的结构性货币政策工具体系。

1. 支农再贷款。支农再贷款自1999年起向地方法人金融机构发放，引导其扩大涉农信贷投放，降低“三农”融资成本，发放对象为农村商业银行、农村合作银行、农村信用社和村镇银行。对符合要求的贷款，按贷款本金的100%予以资金支持。该工具属于长期性工具。

2. 支小再贷款。支小再贷款自2014年起向地方法人金融机构发放，引导其扩大小微、民营企业贷款投放，降低融资成本，其发放对象包括城市商业银行、农村商业银行、农村合作银行、村镇银行和民营银行。对符合要求的贷款，按贷款本金的100%予以资金支持。该工具属于长期性工具。

3. 普惠小微贷款支持工具。按照国务院常务会议决定，2021年12月，人民银行创设普惠小微贷款支持工具，支持对象为地方法人金融机构，对其发放的普惠小微贷款，按照余额增量的2%提供激励资金，鼓励持续增加普惠小微贷款。实施期为2022年到2023年6月末，按季操作。该工具属于阶段性工具。

4. 碳减排支持工具。按照国务院常务会议决定，2021年11月，人民银行联合国家发改委、生态环境部创设碳减排支持工具，发放对象为21家全国性金融机构、部分外资金融机构和地方法人金融机构，明确支持清洁能源、节能环保、碳减排技术三个重点减碳领域。对于符合要求的贷款，按贷款本金的60%予以低成本资金支持。实施期为2021年到2024年末，按季操作。该工具属于阶段性工具。

5. 支持煤炭清洁高效利用专项再贷款。按照国务院常务会议决定，2021年11月，人民银行联合国家发改委、能源局创设支持煤炭清洁高效利用专项再贷款，发放对象为开发银行、进出口银行、工行、农行、中行、建行和交行共7家全国性金融机构，明确支持煤的大规模清洁生产、清洁燃烧技术运用等七个煤炭清洁高效利用领域，以及支持煤炭开发利用和增强煤炭储备能力。对于符合要求的贷款，按贷款本金的100%予以低成本资金支持。实施期为2021年到2023年末，按月操作。该工具属于阶段性工具。

6. 科技创新再贷款。按照国务院常务会议决定，2022年4月，人民银行联合工信部、科技部创设科技创新再贷款，发放对象为21家全国性金融机构，明确支持“高新技术企业”、“专精特新中小企业”、国家技术创新示范企业、制造业单项冠军企业等科技创新企业。对于符合要求的贷款，按贷款本金的60%予以低成本资金支持，按季操作。该工具属于阶段性工具。

7. 普惠养老专项再贷款。按照国务院常务会议决定，2022 年 4 月，人民银行联合国家发改委创设普惠养老专项再贷款，发放对象为开发银行、进出口银行、工行、农行、中行、建行和交行共 7 家全国性金融机构，明确支持符合标准的普惠养老机构项目，初期选择浙江、江苏、河南、河北、江西等五个省份开展试点。对于符合要求的贷款，按贷款本金的 100% 予以低成本资金支持，实施期暂定两年，按季操作。该工具属于阶段性工具。

8. 交通物流专项再贷款。按照国务院常务会议决定，2022 年 5 月，人民银行联合交通运输部创设交通物流专项再贷款，发放对象为农发行、工行、农行、中行、建行、交行和邮储银行共 7 家全国性金融机构，明确支持道路货物运输经营者和中小微物流（含快递）仓储等企业。对于符合要求的贷款，按贷款本金的 100% 予以低成本资金支持。实施期为 2022 年 5 月至 2023 年 6 月末，按月操作。该工具属于阶段性工具。

9. 设备更新改造专项再贷款。按照国务院常务会议决定，2022 年 9 月，人民银行联合发展改革委、财政部、审计署、银保监会创设设备更新改造专项再贷款，发放对象为 21 家全国性金融机构，支持其向制造业、社会服务领域和中小微企业、个体工商户等设备更新改造提供贷款。对于符合要求的贷款，按贷款本金的 100% 予以低成本资金支持。实施期为 2022 年 9 月至 2022 年末，按月操作。该工具属于阶段性工具。

10. 普惠小微贷款减息支持工具。按照国务院常务会议决定，2022 年第四季度，支持相关金融机构对普惠小微贷款减息 1 个百分点。对于 16 家全国性金融机构、地方法人金融机构，人民银行对其实际减息金额给予等额资金激励。实施期为 2022 年第四季度，按月操作。该工具属于阶段性工具。

11. 收费公路贷款支持工具。按照国务院常务会议决定，2022 年第四季度，支持 21 家全国性金融机构对收费公路贷款减息 0.5 个百分点，人民银行对金融机构实际减息金额给予等额资金激励。实施期为 2022 年第四季度，按季操作。属于阶段性工具。

12. 民营企业债券融资支持工具（第二期）。经国务院批准，2022 年 10 月，人民银行重启民营企业债券融资支持工具，向专业机构提供再贷款资金，通过市场化运作，稳定和促进民营企业债券融资，实施期为 2022 年 11 月至 2025 年 10 月末。该工具属于阶段性工具。

13. 保交楼贷款支持计划。按照国务院常务会议决定，2022 年 12 月，人民银行创设保交楼贷款支持计划，支持对象为工行、农行、中行、建行、交行和邮储银行共 6 家全国性金融机构，可扩展至 18 家全国性金融机构，支持其向已售逾期难交付住宅项目发放保交楼贷款。对于符合要求的贷款，按贷款本金的 100% 予以资金支持。实施期为 2022 年 11 月至 2023 年 3 月末，按季操作。该工具属于阶段性工具。

14. 房企纾困专项再贷款。按照国务院常务会议决定，2023 年 1 月，人民银行创设房企纾困专项再贷款，支持对象为华融、长城、东方、信达、银河五家全国性金融资产管理公司，支持其对受困房地产企业项目并购化险。对于符合要求的并购资金，按并购实际投入金额的 50% 予以资金支持。实施期为 2023 年 1 月至 2023 年末，按季操作。该工具属于阶段性工具。

15. 租赁住房贷款支持计划。按照国务院常务会议决定，2023年2月，人民银行创设租赁住房贷款支持计划，在重庆市、济南市、郑州市、长春市、成都市、福州市、青岛市、天津市等8个城市开展试点，支持市场化批量收购存量住房、扩大租赁住房供给。试点支持对象为开发银行、工行、农行、中行、建行、交行和邮政储蓄银行共7家全国性金融机构。对于符合要求的贷款，按贷款本金的100%予以资金支持。实施期为2023年2月至2023年末，按季操作。该工具属于阶段性工具。

资料来源：中国人民银行官方网站。

思考与练习

一、单项选择题

1. 被称为近代中央银行典范的是（　　）。

A. 英格兰银行　B. 苏格兰银行　C. 大清银行　D. 瑞典银行

2. 我国的中央银行是（　　）。

A. 中国银行　B. 国家开发银行　C. 中国人民银行　D. 财政部

3. 中央银行是政府的银行，具体是指（　　）。

A. 发行货币　B. 代理国库　C. 组织全国性清算　D. 充当最后贷款人

4. 中央银行的业务不包括（　　）。

A. 资产业务　B. 负债业务　C. 中间业务　D. 理财业务

5. 下列不属于中央银行业务对象的是（　　）。

A. 商业银行　B. 企业个人　C. 政府　D. 政策性银行

6. 中央银行最重要的负债业务是（　　）。

A. 货币发行　B. 代理国库　C. 自有资本　D. 外汇储备

7. 中央银行降低存款准备金率、再贴现率的操作属于（　　）。

A. 紧缩性货币政策　B. 扩张性货币政策

C. 中性货币政策　D. 一般性货币政策

8. 属于中央银行中间业务的是（　　）。

A. 再贴现　B. 货币发行　C. 再贷款　D. 票据交换清算

二、多项选择题

1. 以下属于中央银行职能的是（　　）。

A. 集中存款准备金　B. 组织全国性的清算　C. 充当最后贷款人

D. 货币发行　E. 对金融业实施监管

2. 以下属于扩张性货币政策操作的是（　　）。

A. 提高利率　B. 降低法定存款准备金率　C. 公开市场买入国债

D. 提高再贷款额度　E. 降低再贴现率

3. 以下属于中央银行的三大货币政策工具的是（　　）。

A. 法定存款准备金政策　B. 再贴现政策　C. 公开市场业务

D. 选择性政策工具　E. 其他货币政策工具

4. 货币政策的最终目标包括（　　）。

A. 稳定物价　　B. 充分就业　　C. 经济增长

D. 国际收支平衡　　E. 利率优惠

5. 一般性货币政策工具包括（　　）。

A. 存款准备金政策　　B. 再贴现政策　　C. 公开市场业务

D. 窗口指导　　E. 道义劝告

三、判断题

1. 目前世界上多数国家实行的是二元的中央银行制度。（　　）
2. 中央银行垄断货币发行权是其不同于商业银行的独特之处。（　　）
3. 中国人民银行专门行使央行职能是从 1948 年 12 月 1 日开始的。（　　）
4. 我国的货币政策目标是保持货币币值的稳定，并以此促进经济增长。（　　）
5. 再贴现政策的执行效果很大程度上取决于商业银行。（　　）
6. 中央银行开展再贴现业务可以给商业银行提供长期资金融通。（　　）
7. 中央银行可以通过降低法定存款准备金率来增加货币供应量。（　　）
8. 中央银行在公开市场上购买国债可以减少货币供应量。（　　）
9. 窗口指导与道义劝告不属于货币政策工具。（　　）
10. 中央银行持有证券和买卖证券的目的在于追求利润。（　　）

四、简答题

1. 简述中央银行的性质和职能。
2. 简述货币政策的最终目标及目标之间的相互关系。
3. 简述中央银行的货币政策工具及其作用机理。

五、实训题

实训项目：中央银行货币政策研讨

1. 实训目标

货币政策是政府实施宏观经济调控的重要手段。采取案例分析的方式开展央行货币政策研讨，加深对央行性质和职能的理解，学会正确解读央行实施宏观经济调控的货币政策与措施，培养解决金融问题的能力。

2. 实训任务

（1）精选几则中外财经新闻作为典型案例，组织学生分组研讨，重点对比分析中国人民银行、美联储等央行实施宏观经济调控的货币政策取向、货币政策工具选择，结合当前我国的经济社会发展形势，分析未来的货币政策趋势。

（2）学生分组协作，完成小组任务。

（3）学生在课堂进行小组任务展示，分享实训项目成果。

3. 实训成果

以中央银行货币政策研讨为主题，形成一份 3000 字左右的实训报告。

思考与练习参考答案（第六章）

第七章 货币供求与货币均衡

学习目标

知识目标

1. 理解货币需求的概念、影响因素及货币需求理论；
2. 了解货币层次的划分及依据；
3. 理解货币供给的形成机制；
4. 掌握货币均衡的含义及其实现机制。

能力目标

1. 会分析经济中的货币需求影响因素；
2. 会解读财经新闻中不同层次货币的含义；
3. 会从货币失衡的调节角度解读货币政策。

素养目标

1. 关注我国的货币供应量情况，树立统筹全局发展与金融安全理念；

2. 以习近平新时代中国特色社会主义经济思想为指导，支持央行实施“以我为主”的货币政策。

知识图谱

货币供求与货币均衡
货币需求
Z1.货币需求的概念及影响因素
Z2.货币需求理论的主要观点
J1.会分析经济中的货币需求影响因素
货币供给
Z1.货币供给的概念
Z2.货币层次的划分及依据
Z3.货币供给的形成机制
J1.会解读财经新闻中不同层次货币的含义
货币均衡
Z1.货币均衡含义及其与社会总供求均衡的关系
Z2.货币均衡的评定标准及调节机制
J1.能从货币失衡的调节角度解读货币政策
R1.我国货币供应量调研报告
S1.关注我国的货币供应量情况，树立统筹全局发展与金融安全理念
S2.以习近平经济思想为指导，支持央行实施“以我为主”的货币政策
知识点
技能点
思政点
学习成果

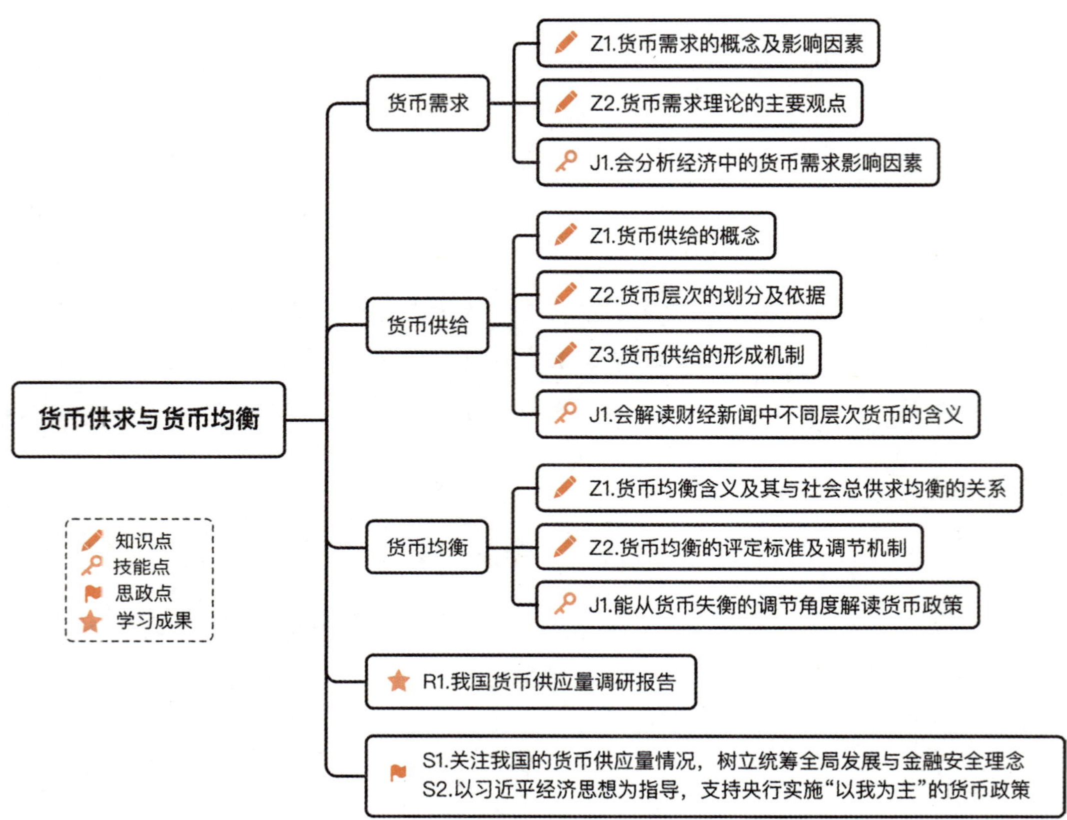

为经济高质量发展营造适宜的货币金融环境

近年来，央行坚持实施稳健的货币政策，不大水漫灌、不大收大放，既立足国内、调控有度，又密切关注国际动态，加强预期管理，保持了币值的稳定，全力支持经济高质量发展。

实施好稳健的货币政策，首要是保持币值稳定。币值稳定的第一层含义是物价稳定，这要求广义货币供应量、社会融资规模增速同名义经济增速基本匹配，进而保持合适的货币供给、保持物价的整体稳定。2022 年全球通货膨胀严重，达到 40 多年以来的新高，相比之下，我国居民消费价格指数（CPI）仅上涨 2.0%，成绩殊为不易。币值稳定的第二层含义是汇率基本稳定。近五年，人民币对美元汇率三度破“7”又回到“7”以下，双向波动，弹性增强。

经济高质量发展需要适宜的货币金融环境作为支撑，什么是货币需求和货币供给？货币供求失衡会带来哪些影响？央行如何进行有效干预实现货币均衡？通过本章学习，我们将了解货币需求的概念及影响因素，理解货币需求理论的主要观点，了解货币层次的划分依据，理解货币供给的形成机制，掌握货币均衡的含义及其实现机制。

第一节　货币需求

一、货币需求的概念

货币在经济运行中发挥着价值尺度、交易媒介、支付手段、储藏手段等诸多职能，因此持有货币的需求是客观存在的。所谓货币需求是指所有经济主体一定时期内为满足经济活动需要，愿意而且能够持有的货币数量，或者整个社会需要的货币总量。一方面政府、企业、个人等经济主体必须持有一定数量的货币才能满足流通和支付的需要。另一方面，货币与股票、债券等其他资产一样，是人们持有财富的一种形式，也构成对货币的需求。

微课 7–1：货币需求的概念及影响因素

（一）主观货币需求与客观货币需求

货币理论中研究的货币需求是指客观货币需求，由客观的经济变量所决定的人们需要持有的货币数量。主观货币需求则是一种无约束的需求，它可能无限大，因此，只有客观货币需求才是可衡量的有效的货币需求。

（二）微观货币需求与宏观货币需求

货币需求分为微观货币需求和宏观货币需求两个层次。前者是指微观经济主体，包括居民、企业和政府机关等的货币需求，是从微观主体的持币动机、持币行为等方面来考察货币需求量。后者是指总量层次上一定时期国民经济的货币需求总量。

（三）名义货币需求与实际货币需求

根据货币需求是否剔除物价变动因素，可分为名义货币需求和实际货币需求。由于名义货币需求包含物价因素在内，不能准确反映经济主体对货币的真实需求状况，因此，货币需求更注重考察剔除了物价变动的实际货币需求。

综上所述，货币理论所研究的货币需求是指宏观层次的货币需求，是客观的、实际的货币需求。

二、影响货币需求的因素

（一）收入水平

收入水平是决定货币需求的重要因素，两者之间成正相关关系，即收入水平越高，则货币需求越多；反之，收入水平越低，则货币需求越少。当居民收入水平很低时，收入主要用于生活日常开支，随着收入水平不断提高，消费和投资显著提升，用于交易和投资的货币需求也会相应增加。因此，收入水平与货币需求之间呈正相关关系。

（二）物价水平

物价水平变动对交易性货币需求和资产性货币需求产生的影响不同。在商品和劳务总量既定的条件下，物价水平越高，用于商品和劳务交易的货币需求也越多。因此，物价水平与交易性的货币需求之间呈正相关关系。当物价水平持续上升时，货币作为资产持有的一种方式，其价值可能会因通货膨胀而缩水，人们为避免损失会选择持有其他资产，货币需求量会减少。因此，物价水平与资产性的货币需求之间呈负相关关系。

（三）利率水平

利率水平高低决定人们持有货币的机会成本，由于持有货币并不会给人们带来利息收入，因此当利率水平上升时，人们更倾向于减少货币持有量，转而将货币投资于其他能产生较高收益的资产，此时货币需求量减少；反之，当利率水平下降时，货币需求则会增加。因此，利率水平变动与货币需求呈负相关关系。

（四）货币流通速度

货币流通速度是指一定时期内货币的周转次数。一定时期内的货币总需求就是货币平均存量与货币流通速度的乘积。在商品与劳务交易总额一定的前提下，货币流通速度越快，对货币的需求量越少；反之，货币流通速度越慢，对货币的需求量越大。因此，货币流通速度与货币需求呈负相关关系。

（五）消费倾向

消费倾向是指消费开支占收入的比例。消费倾向与货币需求呈正相关关系，即消费倾向越大，交易性的货币需求越大；反之，消费倾向越小，交易性的货币需求越少。

此外，信用发达程度、制度因素、行政干预、金融抑制等其他因素也会影响货币需求。

三、货币需求理论

从早期的货币需求思想萌芽到成熟的货币需求理论经历了漫长的发展阶段。早在 2000 多年前的春秋时期，《管子》一书从货币和货币政策作为国家治理的重要工具出发，以“轻重论”的经济思想为中心，提出了朴素的货币数量论。17 世纪，西方的约翰·洛克和大卫·休谟等古典经济学家提出商品价格决定于货币数量的学说。法国重农学派的弗朗瓦斯·魁奈在《经济表》中提出商品流通决定货币流通的观点。

马克思在总结西方古典经济学观点的基础上提出了货币必要量理论。其他西方经济学家分别从货币持有的动机和货币需求的决定因素等角度来研究货币需求问题，形成传统货币数量理论、凯恩斯流动性偏好理论和弗里德曼的现代货币数量论等。

（一）马克思的货币必要量理论

马克思在《政治经济学批判》、《资本论》中深入研究货币需求问题，并提出了一个货币流通规律公式：

$$M=\frac{PQ}{V}$$

其中，M 代表执行流通手段职能的货币量，即货币的必要量；P 代表商品价格水平；Q 代表流通中的商品数量；PQ 代表商品价格总额；V 代表货币的流通速度。公式表明：商品流通是第一性的，商品流通决定货币流通。货币需要量取决于商品价格水平、流通中的商品量和货币的流通速度。货币需要量与商品数量、价格水平进而与商品价格总额呈正相关关系，货币需要量与货币流通速度成负相关关系。

需要说明的是，马克思的研究是以黄金作为货币来进行的，货币具有蓄水池功能，能自发调节货币流通，所以流通中需要多少货币，就有多少货币存在于流通之中。

（二）传统的货币数量论

传统的货币数量论用货币的数量来解释货币的价值或一般物价水平。该理论认为，在其他情况不变的条件下，一个国家物价水平的高低或货币价值的大小，完全决定于该国货币数量的多少。也就是说，货币数量的变动必将引起一般物价水平作同方向的变动。传统货币数量说以费雪的现金交易学说和剑桥学派的现金余额学说为主要代表。

1. 费雪方程式——现金交易学说

费雪方程式也称交易方程式，由美国经济学家欧文·费雪在其《货币的购买力》一书中提出。若以 M 表示一定时期内流通中的货币数量，V 表示货币流通速度，P 表示物价水平，T 表示交易总量，则费雪方程式如下：

$$MV = PT \quad \text{或} \quad P = \frac{MV}{T}$$

这个方程式是一个恒等式，其中 P 的值取决于 M、V、T 这三个变量的相互作用。公式中，M 是一个由模型之外的因素所决定的外生变量；货币流通速度 V 受制于制度性因素在短期内不变，因而可视为常数；交易量 T 与产出水平常常保持固定的比例，大体上是保持稳定的。因此，P 的值主要取决于 M 的变化。从以下方程式中可以推导出一定价格水平之下的名义货币需求量为：

$$M = \frac{PT}{V}$$

这个方程式说明，决定名义货币需求量的因素主要是这一时期全社会一定价格水平下的总交易量与同期的货币流通速度。费雪是从宏观分析的角度研究货币需求的，而且仅着眼于货币作为交易媒介的职能。

2. 剑桥方程式——现金余额学说

以马歇尔和庇古为代表的剑桥学派研究货币需求问题更重视微观主体的行为分析。他们认为，个人对货币的需求，实质是选择以怎样的方式保有自己资产的问题。决定人们持有货币多少的因素，包括个人的财富水平、利率变动以及持有货币可能拥有的便利等。剑桥方程式如下：

$$M_d = kPY$$

其中，M_d 表示名义货币需求量，Y 表示总收入，P 表示价格水平，PY 表示名义总收入，k 表示以货币形式保有的收入占名义总收入的比例。K 在短期内可视为常数，固定不变，影响 K 的因素主要是人们对持有货币的利弊得失的权衡，以及人们对未来价格水平的预期。如果人们感觉持有货币的需求即现金余额所得的利益较大而所受的损失较小，则会增加现金余额。反之，就会减少现金余额。

比较费雪方程式与剑桥方程式，两者在形式上有一定的相似之处，但在理论内涵方面却存在差异，具体而言有以下几点：

（1）对货币需求分析的侧重点不同。费雪方程式强调的是货币的交易媒介功能，而剑桥方程式则关注货币作为资产的财富储藏功能。

（2）费雪方程式把货币需求与支出流量联系在一起，重视货币支出的数量和速度，而剑桥方程式则是从用货币形式保有资产存量的角度考虑货币需求，重视这个存量占收入的比例。因此，费雪方程式被称为现金交易学说，而剑桥方程式则被称为现金余额学说。

（3）两个方程式所强调的货币需求决定因素有所不同。费雪方程式是从宏观角度用货币数量的变动来解释价格，即在交易商品量给定和价格水平给定时，在既定的货币流通速度下能得出货币需求量。而剑桥方程式则是从微观角度进行分析，强调货币需求量主要受微观主体的货币持有动机，及其保有货币的利弊权衡等因素影响。

（三）凯恩斯的流动性偏好理论

凯恩斯 1936 年发表的《就业、利息和货币通论》掀起了西方经济学的“凯恩斯革命”。凯恩斯的货币需求理论借鉴了剑桥学派的分析方法，更注重从资产选择角度分析人们的货币需求动机。他认为人们之所以需要持有货币，是因为存在流动性偏好这种普遍的心理倾向，持有货币的需求动机可分为交易动机、预防动机和投机动机。

微课 7–2：凯恩斯的流动性偏好理论

1. 交易动机的货币要求

交易动机是指人们为了应付日常的交易需求而持有货币的动机。交易动机的货币需求主要取决于收入的多少，收入多则支出多，交易所需的货币量增加。因此，交易动机的货币需求是收入的递增函数。

2. 预防动机的货币要求

预防动机是指人们为了应付不测之需而持有货币的动机。凯恩斯认为，未来是不确定的，人们除了用于日常交易需要持有货币之外，还会经常出于预防动机而持有一定数量的货币。预防动机的货币需求主要取决于收入的多少，也是收入的递增函数。

视频链接 7–1：凯恩斯的货币需求理论

凯恩斯把交易动机和预防动机产生的货币需求归入一个范畴之内，合称为交易性货币需求，交易性货币需求与收入存在着稳定的关系，是收入的递增函数。若以 M_1 表示交易性货币需求，Y 表示收入，则 L_1 表示 Y 与

M_1 之间的函数关系为：

$$M_1 = L_1(Y)$$

3. 投机动机的货币要求

投机动机是指由于未来利息率的不确定，人们为避免资本损失或增加资本收益，及时调整资产结构而形成的对货币的需求。投机动机产生的货币需求称为投机性货币需求。

凯恩斯把用于贮藏财富的资产分为两大类：货币和债券。人们持有货币资产的收益为零，持有债券资产则有两种可能：利率上升，债券价格会下跌；利率下降，债券价格会上升。当利率处于高位而债券价格较低时，人们预期利率会下降，债券价格将会上升，此时人们会选择持有更多的债券，而减少持有货币，以期在债券投资中获利；反之，利率处于低位而债券价格较高时，人们预期利率会上升，债券价格将会下降，此时人们会选择持有更多的货币，卖出债券以避免损失。因此，投机性货币需求主要受利率水平的影响，是利率的递减函数。

若以 M_2 表示投机性货币需求，r 表示利率，则 L_2 表示 r 与 M_2 之间的函数关系：

$$M_2 = L_2(r)$$

若以 M 表示货币总需求，它等于交易性货币需求和投机性货币需求之和，则货币总需求的函数式为：

$$M = M_1 + M_2 = L_1(Y) + L_2(r)$$

凯恩斯的货币需求理论认为货币需求的变动主要受收入与利率水平的影响，其最具创新的观点是认为投机性货币需求和利率呈负相关关系，在货币需求分析中引入并强调资产性的货币需求，重视长期利率对货币需求的影响。凯恩斯的后继者继续对模型不断完善，形成了鲍莫尔—托宾模型、惠伦模型等。

需要指出的是，当一定时期的利率水平降低到不能再低时，人们就会产生利率上升而债券价格下降的预期，货币需求弹性就会变得无限大，即无论增加多少货币供应，都会被人们储存起来。这种极端情形被称为流动性陷阱。发生流动性陷阱时，再宽松的货币政策也无法改变市场利率，从而使货币政策失效。因此，货币政策必须与财政政策等协调配合实施，才能有效地实现宏观经济目标。

（四）弗里德曼的现代货币数量论

弗里德曼是货币主义学派的代表人物，1956 年他在发表的论文《货币数量论：一个重新的表述》中提出现代货币数量论。弗里德曼认为，货币是购买力暂时的栖息所。研究货币需求不能仅考虑货币的交易媒介职能，还要考虑货币的价值贮藏职能，货币是人们进行资产选择的对象。他认为决定货币需求量的大小有四个关键因素：一是总财富，也称恒久性收入；二是人力财富与非人力财富的比例；三是货币与其他资产的预收益率；四是多种因素的综合变数。

若 $\frac{M_d}{P}$ 以表示货币需求，f 表示函数关系，Y_p 表示恒久性收入，W 表示非人力财富与总财富的比例，r_m、r_b、r_e 分别表示货币的预期名义收益率、债券的预期名义收益率和股票的预期名义收益率；$\frac{1}{P}\cdot\frac{dP}{dt}$ 表示预期物价变动率，U 表示影响货币需求的主观偏好与风险、客观技术与制度等其他因素，则现代货币数量论的货币需求函数为：

$$\frac{M_d}{P}=f(Y_p, W, r_m, r_b, r_e, \frac{1}{P}\cdot\frac{dP}{dt}, U)$$

1. 恒久性收入

总财富是影响人们货币需求量的关键因素，人们通常以收入代表财富，而成为需求函数中的变量。强调恒久性收入对货币需求的影响是弗里德曼货币需求理论的重要特色。恒久性收入表示一个人在一个较长时期的平均收入水平。弗里德曼强调恒久性收入对货币需求的重要作用，认为当期收入不能反映财富水平，人们的恒久性收入才是影响货币需求最重要的变量。恒久收入越高，货币需求越大，两者呈正相关关系。

2. 非人力财富与人力财富的比例

弗里德曼把财富分为人力财富与非人力财富两类。人力财富即人们赚钱的能力，非人力财富是货币、债券、股票等资产。货币需求取决于两种财富的比例关系。一般情况下，人力财富向非人力财富转化会受到许多限制，因此在总财富中，人力财富占的比重越大，人们对货币的需求越大；反之，非人力财富所占比重越大，则人们对货币的需求越小，两者呈负相关关系。

3. 持有货币的收益与机会成本

人们持有货币还是持有其他资产，必须对收益和风险做出全面的衡量和比较。其他资产的收益是人们持有货币的机会成本。其他资产的收益率越高，货币需求就越少；反之，其他资产的收益率越低，则货币需求越多。在弗里德曼的货币需求函数中，机会成本变量包括债券的预期收益率、股票的预期收益率及实物资产的预期收益率（即预期物价变动率），即 r_m、r_b、r_e、$\frac{1}{P}\cdot\frac{dP}{dt}$ 是机会成本变量。收益率越高，持有货币的机会成本越大，对货币的需求就越少。在弗里德曼看来，人们对资产的选择范围很大，除了货币和各种非货币的金融资产以外，还可以持有实物资产。

4. 其他因素

主观风险偏好、客观技术与制度因素等其他因素也会对货币需求产生一定的影响。

（五）中国货币需求理论的发展

自新中国成立以来，我国以马克思货币理论为指导，对货币需求问题进行了持续研究。20 世纪 60 年代之前，货币需求的研究主要围绕如何诠释马克思的货币必要量理论展开。如货币必要量所指的“货币”，其外延是否包括银行结算存款，贮藏钞票的需求是否也构成货币必要量的内容等。进入 20 世纪 60 年代，根据多年的商品流通与货币流通之间关系的经验研究，总结出 1∶8 的经验公式，即货币流通量与社会商品零售总额保持 1∶8 的比例。这一公式成为马克思货币必要量理论在中国应用的具体化。进入 20 世纪 80 年代，我国步入经济社会的发展转型期，在借鉴吸收西方经济学理论的基础上，如何构建符合国情的货币需求函数和确定货币需求解释变量成为研究重点。这一时期比较有影响力的货币公式是：$M=Y+P$，即货币供给增长率 M 等于经济增长率 Y 加上预期（或计划）物价上涨率 P，这个公式旨在解决如何确定年度计划货币供给增长率的问题。

近年来，国内学者尝试着建构并不断完善中国货币需求模型：一是影响货币需求的因素，或者说货币需求函数中变量的确定。国内学者普遍采取三分法，将影响因素归结为规模变量、边际成本变量和制度变量。二是货币需求函数的形式。关于函数形式的研究目前并未取得实质性的理论突破，主要在借鉴已有的经典模型基础上进行改造；三是货币需求函数的稳定性检验。目前，多数学者的共识是我国短期货币需求函数的稳定性不太理想，长期货币需求函数具有较好的稳定性。总体来看，我国的货币需求理论仍处在一个不断发展完善的阶段。

第二节　货币供给

一、货币供给的概念

微课 7-3：货币供给的概念与层次划分

货币供给是指一定时期内一国银行系统向经济中投入、创造、扩张（或收缩）货币的行为，是银行系统向经济中注入货币的过程。在中央银行制度下，货币供给是通过中央银行创造基础货币以及商业银行创造存款货币这两种途径注入社会流通领域。从动态来看，货币供给是银行系统向经济提供货币的过程。从静态来看，货币供给必然会产生一定的货币量，即货币供应量。

货币供应量又称货币存量，是指某一时点，由其政府、企事业单位和居民所持有的现金和存款的数量之和。货币供应量是影响宏观经济的重要因素，是各国中央银行编制和公布的主要经济统计指标之一。

二、货币的层次划分

（一）货币层次划分的依据

货币层次的划分是指对流通中各种货币形式按不同的统计口径划分为不同的计量层次。为了把握流通中不同统计口径货币的特点、性质、运动规律，各国中央银行对货币进行层次划分并定期统计和公布货币供应量指标，此举对于宏观经济运行监测和货币政策的制定实施具有重要意义。

各国中央银行主要依据金融资产的流动性来对货币层次进行划分。这里的流动性是指金融资产能及时转变为现实购买力并不蒙受损失的能力。衡量资产流动性的标准有两个：一是资产变现的成本。某项资产变现成本越低，则该资产的流动性就越强；二是资产变现的速度。某项资产变现越快，则该资产的流动性就越强。因此，一种资产的流动性强弱，可以结合以上两个标准来进行判断。比如现金和活期存款具有直接的购买力，流动性最强。债券和股票则需要转化成为现金和活期存款才能进行支付，在急于出售的情形下，还可能蒙受损失，因此，其相对于现金和活期存款的流动性较弱。

（二）货币层次的划分与统计

1. 中国的货币层次划分

中国从 1994 年开始划分货币层次，依据流动性强弱的标准，将货币划分为 M_0、M_1（狭义货币）和 M_2（广义货币）三个层次。之后，中国人民银行对广义货币所包含的金融资产的内容进行过几次调整：2001 年 6 月起，证券公司客户保证金存款计入 M_2 层次；2011 年 10 月起，住房公积金中心存款和非存款类金融机构在存款类金融机构的存款计入 M_2 层次；2018 年 1 月，中国人民银行完善货币供应量中货币市场基金部分的统计方法，用非存款机构部门持有的货币市场基金取代货币市场基金存款（含存单）。现阶段货币层次划分方式为：

M_0 = 流通中的现金

M_1 = M_0 + 活期存款

M_2 = M_1 + 准货币（定期存款 + 储蓄存款 + 证券公司客户保证金存款 + 其他存款）

M_3 = M_2 + 金融债券 + 商业票据 + 大额可转让定期存单等

其中，M_0 是流通中的现金，M_1 为狭义的货币供应量，M_2 为广义的货币供应量，M_3 是根据金融工具的不断创新而设置的。

2. 美国的货币层次划分

M_1 = 流通中现金 + 非银行机构发行的旅行支票 + 活期存款 + 其他支票存款（包括：存款机构的可转让支付命令账户、自动转账账户、信用合作社股金提款账户）

M_2 = M_1 + 储蓄存款（包括货币市场存款账户）+ 小额定期存款（金额小于 10 万美元的定期存款）+ 零售货币市场共同基金余额

3. 国际货币基金组织的货币层次划分

（1）通货。通货指流通于银行体系以外的现钞，包括居民、企业等单位持有的现钞，但不包括商业银行的库存现金。大部分国家将这一层次的货币简称为 M_0。由于这部分货币可随时作为交换手段和支付手段，因而流动性最强。

（2）货币。货币由通货加上私人部门的活期存款构成。由于活期存款随时可以签发支票或刷卡而成为直接的支付手段，所以它的流动性仅次于现金。大部分国家将这一层次的货币简称为 M_1，又称狭义货币。

（3）准货币。准货币主要包括银行的定期存款、储蓄存款、外币存款等。准货币本身虽不能直接用来购买，但在经过一定的程序之后就能转化为现实的购买力。大部分国家将这一层次的货币划入广义货币 M_2 中。

（三）货币层次的管理与控制重点

不同层次的货币具有特定的经济含义，M_1 为狭义的货币供应量，反映经济中的直接购买力；M_2 为广义的货币供应量，不仅反映现实购买力，还反映潜在购买力。此外，M_1/M_2 代表狭义货币供给相对于广义货币供给的比重，用来衡量货币供给的流动性。当 M_1/M_2 的值趋于增大，表明货币供给的流动性增强，货币流通速度加快，预示人们的消费信心和投资信心增强，经济趋热；反之，则表明货币供给的流动性减弱，货币流通速度下降，预示人们的消费信心和投资信心减弱，经济趋冷。

各国中央银行在划分货币层次的基础上还要确定货币层次的管理和控制重点，既要从货币总量上进行调节，又要按不同层次的货币量进行调节。由于各国商品范围、支付制度和金融基础结构不同，各国重点控制和管理的层次也不同。即使在同一国家，随着经济发展与新金融工具的涌现，其控制重点也在变化。中国人民银行根据我国的实际情况及金融市场的发展，短期以 M_0 和 M_1 为控制重点，中长期以 M_2 为控制重点。

表7-1　2022年货币供应量一览表

单位：亿元人民币

时间	项　目		
	货币和准货币 $/M_2$	货币 $/M_1$	流通中货币 $/M_0$
2022.01	2431022.72	613859.35	106188.87
2022.02	2441488.90	621612.11	97227.70
2022.03	2497688.34	645063.80	95141.92
2022.04	2499710.90	636139.01	95626.49
2022.05	2527026.15	645107.52	95546.86
2022.06	2581451.20	674374.81	96011.17
2022.07	2578078.57	661832.33	96509.19
2022.08	2595068.27	664604.85	97231.03
2022.09	2626600.92	664535.17	98672.06
2022.10	2612914.57	662140.99	98416.71
2022.11	2647008.48	667042.61	99740.12
2022.12	2664320.84	671674.76	104706.03

资料来源：中国人民银行官方网站。

三、货币供给的形成机制

货币供给是通过中央银行创造基础货币以及商业银行创造存款货币这两种渠道注入社会流通领域。因此，货币供给的形成机制包括中央银行创造基础货币和商业银行创造存款货币两个环节。

（一）中央银行与基础货币的创造

1. 基础货币的概念

基础货币又称强力货币或高能货币，是指具有使货币总量倍数扩张或收缩能力的货币。基础货币属于中央银行的负债，从中央银行发行出来，流入商业银行体系会增强银行的信用创造能力。

基础货币由公众持有的现金和商业银行的准备金构成，基础货币常用以下公式表示：

$$B=R+C$$

公式中：B 表示基础货币，R 表示商业银行的准备金（包括银行库存现金和商业银行存放于中央银行的存款），C 为流通于银行体系外的现金。

基础货币是中央银行能够直接控制的那部分货币（包括控制现金的发行和商业银行的存款准备金），基础货币的改变对商业银行的信贷规模的影响较大，它直接决定商业银行存款的货币创造能力。

2. 基础货币形成的影响因素

中央银行主要通过以下业务渠道向商业银行投放基础货币：开展再贴现和再贷款业务，开展公开市场业务，购买黄金、外汇等储备资产等。基础货币的形成受以下几个因素影响：

（1）银行资金需求状况。中央银行可通过再贴现和再贷款业务向商业银行提供资金融通，中央银行通过适时调低贴现率和贷款利率，提高再贷款的总量额度，则基础货币投放增加；反之，则基础货币投放减少。中央银行在公开市场上买进证券，则基础货币的投放增加；反之，则基础货币投放减少。虽然中央银行可以影响商业银行的贷款需求，但是否进行贴现贷款则取决于商业银行的意愿。总的来说，中央银行采取再贴现和再贷款不如公开市场业务对基础货币投放量控制的直接精准。

（2）政府财政收支状况。当政府的预算支出大于预算收人时，便会产生预算赤字。政府要弥补其赤字，可以选择增加税收、向公众融资发行债券以及发行货币等方式。政府增加税收的方式，在实际操作中难度较大。而政府采取发行债券的方式，往往会通过提高债券利率来增加吸引力，由此可能会导致利率的上升，对基础货币产生潜在的影响。中央银行通过增发货币来弥补财政赤字，也就是债务的货币化。但鉴于货币超发容易导致通货膨胀等恶果，许多国家都对此加以限制。我国《中国人民银行法》第29条和30条规定，中国人民银行不得对政府财政透支，不得直接认购、包销国债和其他政府债券。中国人民银行不得向地方政府、各级政府部门提供贷款。

（3）国际收支状况。国际收支的变动会引起中央银行金、银和外汇储备的变动。中央银行增加黄金和外汇储备，则基础货币投放增加；反之，则基础货币投放减少。此外，维持汇率稳定也会引起基础货币变动。若本国货币升值过快，以致可能影响到出口，中央会在外汇市场上购买更多外币，减轻本国货币的升值压力，则基础货币投放增加；反之，则基础货币投放减少。

量化宽松与量化紧缩

量化宽松（quantitative easing，QE）是一种扩张性的货币政策工具，主要是指中央银行在实行零利率或近似零利率政策后，通过大规模购买资产（通常为国债或住房抵押贷款支持证券），增加基础货币供给，向金融体系投放流动性的操作。量化紧缩（quantitative tightening，QT）是一种紧缩性的货币政策工具，是指中央银行通过出售其积累的资产，减少基础货币供给，从金融体系抽走流动性的操作。

2019 年 9 月 12 日，欧洲央行宣布下调存款利率 10 个基点至 −0.5%，这是该央行自 2016 年 3 月以来的首次降息。欧洲央行同时宣布，重启量化宽松政策，即自 11 月 1 日起，以每月 200 亿欧元的速度购买债券。全球货币政策联动，据不完全统计，2019 年全球有近 40 个国家央行推出降息政策，全球货币政策重启宽松周期。

2020 年 3 月，为应对疫情的冲击，美国正式开启新一轮量化宽松，美联储资产负债表规模达到创历史的 8.9 万亿美元。量化宽松在提振美国经济方面发挥了积极作用，但也带来通胀率和资产价格快速上涨的问题。2022 年 6 月，美国居民消费价格指数同比增速高达 9.1%，创近 40 年新高。2021 年 11 月起，美国本轮量化宽松进入退出阶段。2022 年 6 月，美联储正式启动量化紧缩，缩减资产负债表，同时结合加息来对抗美国近 40 年来的高通胀。

3. 货币乘数的概念

货币乘数也称货币扩张系数，是指货币供应量对基础货币的倍数，表示一单位基础货币的变动所能引起的货币供应量的变动。

若用 M 表示货币供应量，k 表示货币乘数，B 表示基础货币，则货币供应量可用公式表示为：

$$M = B \times k$$

乔顿货币乘数模型给出了货币乘数 K 的一般模型：

$$K = \frac{1 + c}{r_{\mathrm{d}} + r_t \times t + c + e}$$

其中，r_{d}、r_t 分别表示活期存款和定期存款的法定准备金率，t 表示定期存款与活期存款间的比率，e 为超额准备金率，c 表示现金漏损率，即通货比率。

由以上公式可知，货币供应量由货币乘数和基础货币共同决定。中央银行通过货币发行和货币政策等业务渠道，实现对基础货币的控制。货币乘数大小取决于法定存款准备金率、定期存款与活期存款间的比率、超额准备金率、现金漏损率等因素。

4. 货币乘数的影响因素

（1）法定存款准备金率。法定存款准备金率是影响货币乘数最重要的因素。定期存款与活期存款的法定准备金率均由中央银行直接决定。银行创造货币供应量的多少取决于可供支配的基础货币数量，又受制于法定存款准备金率。通常，法定存款准备金率越高，货币乘数越小；反之，则货币乘数越大。可见，中央银行可以通过提高或降低法定存款准备金率，达到调节货币供应量的目的。

（2）超额存款准备金率。商业银行除了持有法定存款准备金外，通常还会持有一定数量的超额存款准备金，用于维护自身安全和稳健经营。超额存款准备金率对货币供应量的影响机理与法定存款准备金率相同，也与货币乘数呈反方向变动。

（3）现金漏损率。现金漏损是指现金流出银行体系之外，如人们提取现金备用等情形。现金漏损与人们对现金的偏好和非现金支付体系是否发达等密切相关。现金漏损率是指漏出银行体系的现金与银行存款总额的比率，它与法定存款准备金率和超额存款准备金率一样，与货币乘数呈反方向变动。

（4）定期存款与活期存款间的比率。中央银行都针对商业银行存款的不同种类规定不同的法定准备金率，通常定期存款的法定准备金率要比活期存款的低。定期存款与活期存款间的比率改变会引起实际的平均法定存款准备金率改变，最终影响货币乘数的大小。一般来说，在其他因素不变的情况下，定期存款对活期存款比率上升，货币乘数就会变大；反之，货币乘数会变小。

中央银行可以控制活期存款准备金率和定期存款准备金率影响货币乘数，但超额准备金率、现金漏损率两个因素不由中央银行决定，可见中央银行并不能完全控制货币乘数。因此，货币供应量并不是完全由中央银行决定的外生变量，而是由中央银行、政府部门、商业银行及社会公众的行为共同决定的。

（二）商业银行与存款货币的创造

存款货币是指能够发挥货币作用的银行存款，主要是能够签发支票办理转账结算的活期存款。存款货币来源于商业银行的存款业务和贷款派生机制。

微课 7–4：
商业银行存款
货币的创造过程

1. 原始存款与派生存款的概念

原始存款是指商业银行吸纳的客户以现金方式存入的存款和中央银行对商业银行的再贴现、再贷款业务而形成的准备金存款。派生存款是指在原始存款的基础上，由商业银行通过发放贷款等业务活动衍生而来的存款。派生存款产生的过程，就是商业银行体系存款总量增加，创造存款货币的过程。

2. 商业银行创造存款货币的前提条件

（1）部分准备金制度。部分准备金制度的建立是商业银行派生存款创造的基础，商业银行要将其吸收的存款按一定比例缴存在中央银行的准备金账户，其余的资金可以用于贷款业务。准备金率越高，银行交存于中央银行的现金就越多，银行运用的资金越少，派生存款量就越小；反之，则派生存款量就越多。

（2）非现金结算制度。现金结算需要使用现金完成应收应付款结算，导致现金流出银行体系外。非现金结算制度下，主要以银行转账的方式来完成应收应付款的结算，现金并不会流出银行体系外。

3. 商业银行存款货币的创造过程

为揭示存款货币的创造过程，先作如下假定：

（1）商业银行仅保留最低限度的法定存款准备金；

（2）商业银行与客户之间的业务实行非现金结算，不考虑现金流出银行系统的情况；

（3）商业银行的法定存款准备金率为 20%。

假设商业银行的法定存款准备金率为 20%，现有甲银行收到 A 企业的现金存款 100 万元现金（原始存款），则甲银行在提取了 20% 的存款准备金（20 万元）后，将剩余的 80 万元以贷款形式贷给 B 企业。则甲银行的资产负债表变化如表 7–1 所示。

表7–1　甲银行的资产负债表情况

单位：万元

资　产		负　债	
法定准备金	20	存款	100
贷款	80		
总额	100	总额	100

甲银行贷出 80 万元后，取得贷款的 B 企业将这笔贷款转存到其开户行乙银行，于是乙银行收到了这笔存款。乙银行也需要提取 20% 的存款准备金（16 万元），然后将剩余的 64 万元以贷款形式贷给 C 企业。于是，乙银行的资产负债情况发生了如表 7–2 所示的变化。

表7–2　乙银行的资产负债表情况

单位：万元

资　产		负　债	
法定存款准备金	16	存款	80
贷款	64		
总额	80	总额	80

乙银行贷出 64 万元后，取得贷款的 C 企业将这笔贷款转存到其开户行丙银行，于是丙银行收到了这笔存款。丙银行也需要提取 20% 的存款准备金（12.8 万元），然后将剩余的 51.2 万元以贷款形式贷给 D 企业。于是，

丙银行的资产负债情况发生了如表 7–3 所示的变化。

表7–3　丙银行的资产负债表情况

单位：万元

资　产		负　债	
法定存款准备金	12.8	存款	64
贷款	51.2		
总额	64	总额	64

以此类推，这个过程会不断持续下去，派生存款也由此不断衍生出来，过程如表 7–4 所示。

表7–4　商业银行存款货币创造示意表

单位：万元

银行	原始存款	派生存款	法定存款准备金（r =20%）	贷款
甲银行	100		20	80
乙银行		80	16	64
丙银行		64	12.8	51.2
丁银行		51.2	10.24	40.96
……		……	……	……
合计	100	400	100	400

假设用 D 表示存款总额，R 表示原始存款，r 表示中央银行规定的法定存款准金率，则存款货币的扩张可用以下公式表示：

$$D = R \times \frac{1}{r}$$

在上面的例子中，$R = 100$ 万元，$r = 20\%$，可知：

$$D = R \times \frac{1}{r} = 100 \div 20\% = 500\text{（万元）}$$

可见，存款总量由 100 万元扩张到 500 万元，其中的 100 万元是原始存款，400 万元是派生存款。显然，多倍扩张使银行体系内的存款总量增加到了原始存款的 5 倍，这一倍数就是前面所说的货币乘数。

最后，需要说明的是，以上公式代表了理想状态下商业银行的存款货币创造过程，存款货币创造仅取决于原始存款额和法定存款准备金率两个因素。但现实经济中，存款货币的创造还受到超额准备金率、现金漏损率等因素影响。

货币供给的形成机制如图 7–1 所示，中央银行发行基础货币，通过商业银行存款创造机制形成了全社会的货币供应量，它等于基础货币乘以货币乘数。货币供给主要是由中央银行、银行和非银行公众三者共同决定的，同时还受到预算赤字、外汇市场等方面的间接影响。因此要加强中央银行对货币供给的控制，必须加强中央银行对银行及非银行公众行为的预测和引导能力，同时尽可能避免预算赤字、外汇市场等因素对基础货币的间接影响。

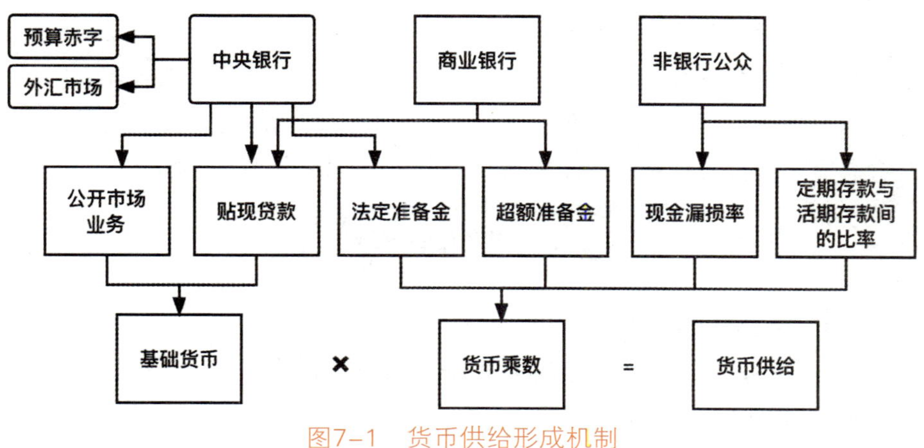

图7-1　货币供给形成机制

第三节　货币均衡

一、货币均衡的含义

货币均衡是指一国在一定时期内货币供给与货币需求基本相适应的货币流通状态。

假设用 M_d 表示货币需求，M_s 表示货币供给，则货币均衡可以表示为：

$$M_d = M_s$$

货币均衡是一定时期内一国的货币流通由均衡到失衡，再调整到均衡的动态过程。当货币供应量与货币需求量不一致时，就会出现货币失衡，经济运行中通常货币失衡比货币均衡更加普遍。货币失衡一般有两种情况：一种是货币供应量大于货币需求量，表现为通货膨胀；另一种是货币供应量小于货币需求量，表现为通货紧缩。

二、货币均衡与社会总供求均衡

货币均衡是国民经济总体均衡的一个前提条件，而国民经济均衡具体表现为社会总供求均衡。因此，货币均衡是实现社会总供求均衡的重要条件。

（一）社会总供求均衡

社会总供求是社会总需求与社会总供给的合称。社会总需求是指一定时期一国或地区发生的商品和劳务购买的需求总和。它通常包括消费需求、投资需求、政府需求和出口需求。社会总需求表现为有货币支付能力的全部购买支出。社会总供给是指在一定时期内，一国所有的生产部门供应给社会的全部产品与服务的总和。社会总供求均衡就是指在一定时期内社会总需求与社会总供给大体相当，它是宏观经济的最终平衡。

（二）货币均衡与社会总供求均衡的关系

1. 社会总供给决定货币需求

社会总供给体现为商品和劳务供给，而商品和劳务都需要用货币来衡量其价值，并通过与货币的交换来实现其价值。社会总供给决定着货币需求，需要与之相匹配的货币需求量来完成生产、流通、交换、消费的再生产过程。

2. 货币需求决定货币供给

中央银行需要依据一定时期货币需求量的多少来调整货币政策，进一步调节货币供应量满足货币需求，从而实现货币供求的均衡。

3. 货币供给形成社会总需求

社会总需求需要借助货币的支付来实现，货币供应量实际上决定了当期的购买力水平，决定了社会总需求水平。在政策运用上，中央银行可以通过调节货币供应量来影响社会总需求，从而对经济产生影响。

4. 社会总需求决定社会总供给

一定时期各经济主体对商品和劳务的需求会决定其产出水平。如果需求少而产出多，供过于求，则会带来物价下跌、生产过剩等问题；反之，商品和劳务供不应求，则会出现物价上涨、商品劳务短缺等问题。

从经济决定金融的基本原理出发，社会总供求均衡（即市场均衡）决定货币均衡，但与此同时，货币均衡对社会总供求均衡也具有重要的反作用。假设用 M_d 表示货币需求，M_s 表示货币供给，A_d 表示社会总需求，A_s 表示社会总供给，则两者之间的相互关系如图 7–2 所示。（箭头代表前者对后者起主导性的作用）

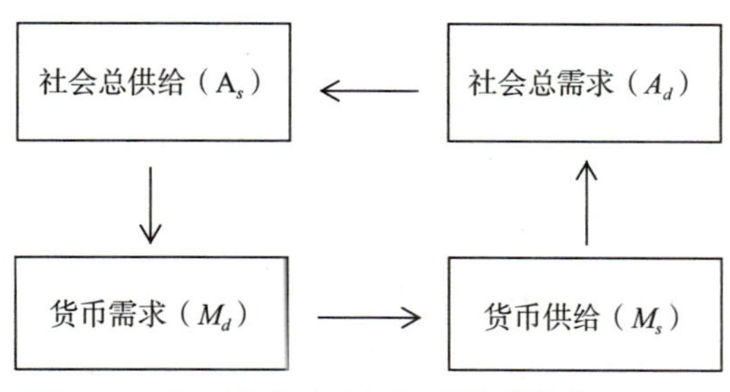

图7-2　货币均衡与社会总供求均衡关系图

货币均衡的评定标准主要有两个指标：一是物价是否稳定是商品市场判断货币是否均衡的一个指标，二是利率水平是否稳定是金融市场判断货币是否均衡的另一个指标。

三、货币失衡的调节机制

货币均衡是实现社会总供求均衡的关键因素。只有货币基本达到均衡，才能保证经济持续、稳定发展。从货币失衡到货币均衡的实现方式有两种：一是自动调节，二是政策调节。

（一）货币失衡的自动调节

微课 7-5：货币失衡的调节机制

货币失衡的自动调节是指中央银行继续执行既定的货币政策，在不改变货币供应量的前提下，依靠市场来自动调节达到货币均衡状态。自动调节依靠货币供求规律来发挥作用，前提是需要一个市场化的利率体系，使利率作为资金的价格，能够及时、灵敏地反映货币供求状况。同时还需要有一个健全发达的金融市场及种类丰富的金融工具与之匹配，才能使市场机制有效发挥调节作用，从而实现货币均衡。这种依靠经济自身规律来实现货币均衡的调节方式一般需要较长的时间，且代价较大。因此，政府通常会选择主动运用货币政策来积极进行干预，使货币供求尽快达到均衡状态。

（二）货币失衡的政策调节

政府对货币失衡进行政策调节主要有以下四种方式：

1. 供给型调节

供给型调节是指以货币需求量为标准，通过调整货币供应量以适应货币需求量的调节方式。当货币供应量大于货币需求量时，中央银行紧缩货币供应量以适应货币需求量；反之，当货币供应量小于货币需求量时，中央银行扩张货币供应量以适应货币需求量。

2. 需求型调节

需求型调节是指以货币供应量为标准，通过调整货币需求量以适应货币供应量的调节方式。当货币供应量大于货币需求量时，增加货币需求量使之适应货币供应量；反之，当货币供应量小于货币需求量时，减少货币需求量以适应货币供应量。由于货币需求量的影响因素涉及收入水平、物价水平、利率水平等，需求性调节的相关措施多在银行体系之外推行。

3. 混合型调节

混合型调节是指当政府面对货币供求失衡的局面时，从货币供应量与货币需求量两侧同时入手，综合运用货币政策、财税政策、进出口政策等手段实施供给型调节和需求型调节，以尽快达到货币供求的均衡状态。

4. 逆向型调节

逆向型调节是指中央银行面对货币供应量大于货币需求量的失衡局面时，不是采取紧缩货币供应量的政策，而是适当增加货币供应量，调整货币供给的结构，以增加货币需求，从而促使货币供求重新恢复均衡。采取这种办法的关键是，增加的货币要适度，投向要合理，能在短期内促进生产的发展，通过商品供应量的增加来消化多余的货币供给，从而使货币供求实现均衡状态。

思考与练习

一、单项选择题

1. 我国广义的货币供应量是指（　　）。

A. M_1　　B. M_2　　C. M_3　　D. M_0

2. 马克思在总结西方古典经济学观点的基础上提出（　　）。

A. 流动性偏好理论　　B. 现代货币数量论

C. 货币必要量理论　　D. 传统货币数量理论

3. 弗里德曼认为，（　　）是影响货币需求的最重要的变量。

A. 恒久性收入　　B. 非人力财富与人力财富的比例

C. 主观风险偏好　　D. 持有货币的收益与机会成本

4. 货币层次划分的依据是资产的（　　）。

A. 风险性　　B. 复杂性　　C. 流动性　　D. 收益性

5. 公众持有的现金和商业银行的准备金共同构成（　　）。

A. 基础货币　　B. 原始存款　　C. 派生存款　　D. 货币供给

二、多项选择题

1. 货币需求是指一定时期内整个社会的（　　）。

A. 宏观货币需求　　B. 微观货币需求　　C. 名义货币需求

D. 客观货币需求　　　　E. 实际货币需求

2. 货币需求的影响因素主要包括(　　)。

A. 收入水平　　　　B. 利率水平　　　　C. 物价水平

D. 货币流通速度　　　　E. 消费倾向

3. 凯恩斯认为人们持有货币的需求动机主要包括(　　)。

A. 交易动机　　　　B. 预防动机　　　　C. 投机动机

D. 消费动机　　　　E. 保值动机

4. 货币乘数的影响因素包括(　　)。

A. 活期存款准备金率　　　　B. 超额存款准备金率　　　　C. 现金漏损率

D. 定期存款与活期存款间的比率　　　　E. 定期存款准备金率

5. 政府对货币失衡进行调节的方式有(　　)。

A. 供给型调节　　　　B. 需求型调节　　　　C. 混合型调节

D. 逆向型调节　　　　E. 反周期调节

三、判断题

1. 货币均衡是货币需求与货币供给的一种动态均衡状态。(　　)

2. 为应对流动性陷阱，央行应该实行更宽松的货币政策来弥补流动性。(　　)

3. 投机性货币需求主要受利率水平的影响，是利率的递增函数。(　　)

4. 基础货币在一定条件下能够使货币供给总量倍数扩张或者收缩。(　　)

5. 货币供应量由货币乘数和基础货币共同决定。(　　)

6. 我国货币层次的管理与控制，中长期以 M_0 为控制重点 。(　　)

7. 利率水平是否稳定是判断货币是否均衡的一个指标。(　　)

8. 货币乘数不变，则中央银行可以通过控制基础货币来影响货币供应量。(　　)

9. 部分准备金制度是商业银行创造存款货币的前提条件。(　　)

10. 依靠经济规律货币均衡可以自动实现，因此完全不需要政府干预。(　　)

四、简答题

1. 简述费雪方程式与剑桥方程式的理论内涵差异。

2. 简述凯恩斯流动性偏好理论的主要内容。

3. 简述货币均衡与社会总供求均衡的关系。

五、实训题

实训项目：我国货币供应量调研

1. 实训目标

货币供应量是影响宏观经济的重要因素，是各国中央银行编制和公布的主要经济统计指标之一。通过调研分析我国历年的货币供应量情况，分析影响货币供应量变化的主要因素，以此为切入点，全面把握和认知我国的基本国情。

2. 实训任务

（1）查阅相关书籍和中国人民银行网站，搜集货币供应量相关研究报告，结合我国经济社会转型发展的历史背景，探寻我国货币供应量的影响因素。结合当下经济发展形势，判断其未来发展态势。

（2）学生分组协作，完成小组任务。

（3）学生在课堂进行小组任务展示，分享实训项目成果。

3. 实训成果

以我国的货币供应量调研为主题，形成一份 3000 字左右的研究报告。

思考与练习参考答案（第七章）

第八章　通货膨胀与通货紧缩

学习目标

知识目标

1. 理解通货膨胀的概念、类型及其成因；
2. 掌握通货膨胀对经济的影响及治理对策；
3. 理解通货紧缩的概念、类型及其成因；
4. 掌握通货紧缩对经济的影响及治理对策。

能力目标

1. 会判别通货膨胀或通货紧缩的类型；
2. 能结合案例分析通货膨胀或通货紧缩的成因及影响；
3. 能结合案例提出通货膨胀或通货紧缩的治理对策。

素养目标

1. 关注我国通货膨胀和通货紧缩治理的成功经验，坚定制度自信和道路自信；

2. 科学认识通货膨胀与通货紧缩对经济的影响，树立科学发展观。

知识图谱

通货膨胀与通货紧缩
通货膨胀及其成因
Z1.通货膨胀的概念、类型及其度量
Z2.通货膨胀的成因
J1.会辨别通货膨胀的类型
通货膨胀的影响及治理
Z1.通货膨胀的影响
Z2.通货膨胀的治理对策
J1.能结合案例分析通货膨胀的成因及其影响，并提出治理对策
通货紧缩及其成因
Z1.通货紧缩的概念、类型
Z2.通货紧缩的成因
J1.会辨别通货紧缩的类型
通货紧缩的影响及治理
Z1.通货紧缩的影响
Z2.通货紧缩的治理对策
J1.能结合案例分析通货紧缩的成因及其影响，并提出治理对策
R1.通货膨胀治理对策研讨报告
S1.关注我国通货膨胀和通货紧缩治理的成功经验，坚定制度自信和道路自信
S2.科学认识通货膨胀与通货紧缩对经济的影响，树立科学发展观
知识点
技能点
思政点
学习成果

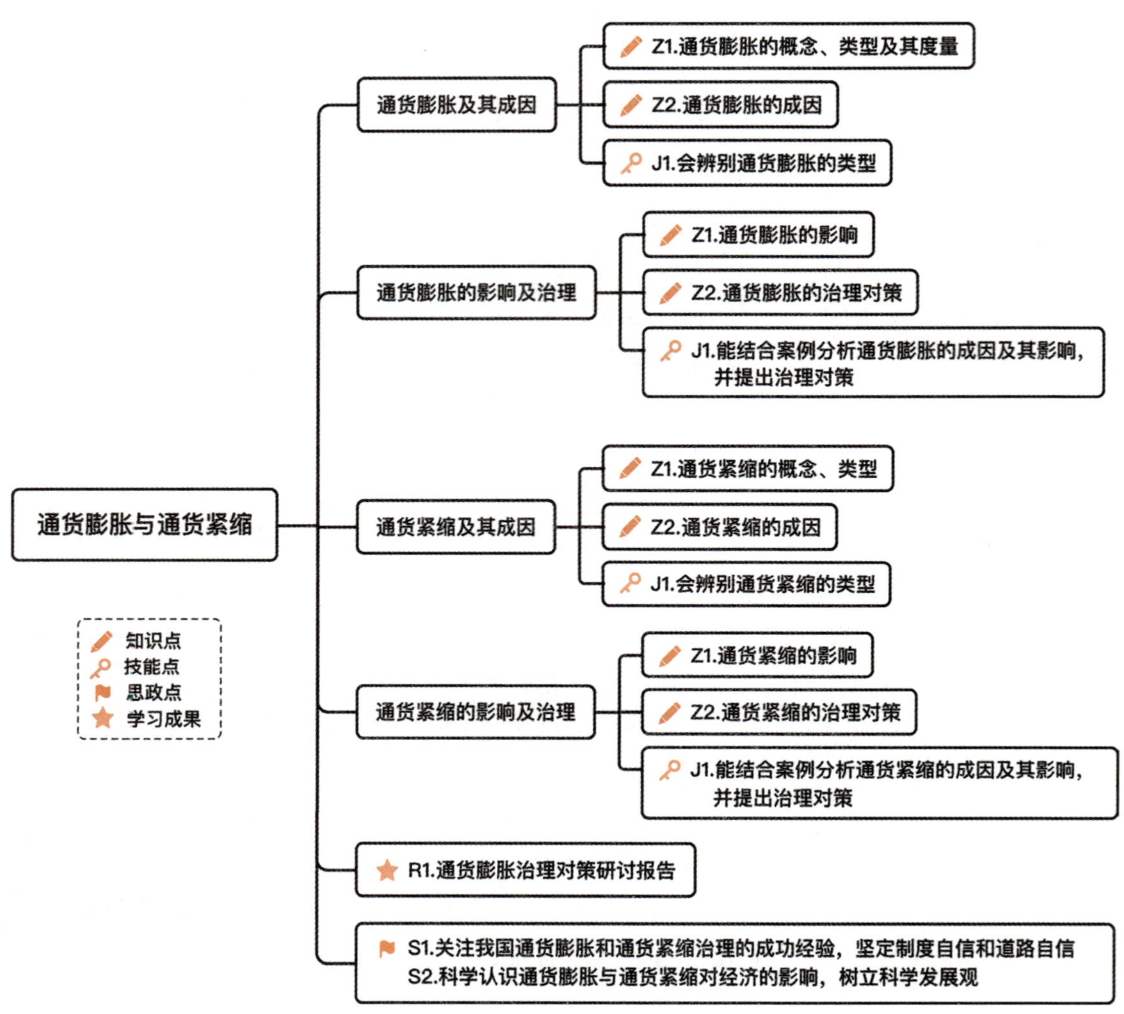

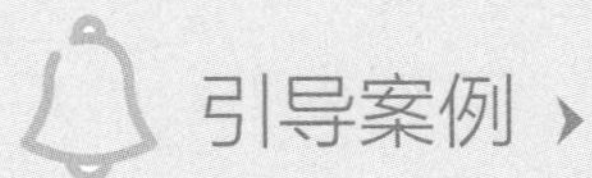

津巴布韦的恶性通货膨胀

2022年6月28日，津巴布韦央行宣布将利率提高到创纪录的水平，同时正式将美元重新引入作为法定货币，以平抑三位数的通胀以及稳定不断下跌的汇率。津巴布韦央行将利率从80%提高至200%，加息幅度达到12000个基点。通胀上升正在削弱消费者的需求和信心，津巴布韦央行一直在释放信号，可能实施自1980年代以来最激进的紧缩措施，以遏制失控的通胀，防止资本外流和货币疲软。数据显示，截至6月份，津巴布韦年通胀率升至191%。

20世纪80年代，津巴布韦被称为非洲的“菜篮子”和“米袋子”，曾是非洲最富裕的国家之一。2006年以来，津巴布韦经历了持续多年的恶性通货膨胀。2009年，津巴布韦央行曾发行过面额100兆元的钞票。

什么是通货膨胀？通货膨胀是由什么原因产生的？通货膨胀给经济发展带来什么影响？这些问题是本章重点探讨的问题。通过本章学习，我们将了解通货膨胀和通货紧缩的概念和类型，分析通货膨胀和通货紧缩的成因及经济效应，掌握通货膨胀和通货紧缩的治理对策，关注并追踪我国的相关治理经验。

第一节　通货膨胀及其成因

一、通货膨胀的概念

通货膨胀是指在信用货币制度下，因流通中的货币供应量超过实际的货币需求量而引起的货币贬值、一般物价水平持续上涨的经济现象。

通货膨胀的概念具有如下内涵：一是通货膨胀是信用货币制度下特有的经济现象，由于纸币是由国家发行并强制流通的价值符号，它是金属货币的代替物，但自身没有价值，不具备贮藏手段职能，不能自发地调节流通中的货币量。二是通货膨胀是一般物价水平的持续上涨，不是个别商品或劳务的价格上涨，而是总体物价水平的上涨。三是通货膨胀是价格水平的持续性上涨，而非偶然、短期的价格上涨，不具有可逆性。

微课 8–1：
通货膨胀的
概念及其成因

二、通货膨胀的类型

（一）按表现形态不同，分为公开型通货膨胀和隐蔽型通货膨胀

公开型通货膨胀是指在价格普遍放开、自由升降的条件下，通货膨胀状况可以灵敏地通过物价变动反映出来的通货膨胀。公开型通货膨胀通常对物价管制比较少，对于实行市场经济的国家，物价指数的变动可以真实反映通货膨胀的程度。隐蔽型通货膨胀是指价格因政府的管制而维持表面上的稳定，通货膨胀状况不能通过市场物价的变动而灵敏地反映出来的通货膨胀。在管制物价的前提下，市场机制作用不完全，物价被政府限定在一定的水平，市场供求结构失衡，其结果是商品的黑市价格与官方价格差异较大，人们必须支付额外的成本，如排队等候成本、各种票证的成本等，才能以官方价格买到一定数量的商品。改革开放前我国实行计划经济，政府对物价控制较严，通货膨胀往往以隐蔽的形态出现，随着 1990 年代以后绝大多数商品价格的放开，通货膨胀也已经转变为公开型为主。

（二）按程度轻重不同，分为爬行式通货膨胀、温和式通货膨胀、奔跑式通货膨胀和恶性通货膨胀

按照价格上涨程度区分通货膨胀，关键是确定一个具体的数量界限，但各国并没有一个统一的标准。一般而言，年物价上涨率不超过 2% ～ 3% 的通货膨胀被称为爬行式通货膨胀。温和式通货膨胀的年物价上涨率通常在 3% 以上但未达到 10%。这两种类型的通货膨胀是目前大多数国家普遍经历过的通货膨胀。奔跑式通货膨胀的年物价上涨率可高达 10% ～ 100%，而年物价上涨率超过 100% 的通货膨胀则被称为恶性通货膨胀。奔跑式和恶性通货膨胀破坏性强，如果持续时间过长，会导致经济崩溃。资料显示，20 世纪 20 年代初的德国和 1940 年代末的中国，以及 21 世纪初的津巴布韦，都曾出现过这种物价上涨率数以亿计的恶性通货膨胀。

视频链接 8–1：石油富国委内瑞拉走上恶性通胀路

此外，通货膨胀按照发生的原因可分为需求拉上型通货膨胀、成本推动型通货膨胀、结构型通货膨胀等不同类型；根据通货膨胀是否在事先被公众预期，可以分为预期通货膨胀和非预期通货膨胀等。

三、通货膨胀的度量指标

通货膨胀表现为物价总水平的持续明显上涨，通常用通货膨胀率来度量通货膨胀的程度，即用反映多种商品和劳务价格变动的物价指数来度量。

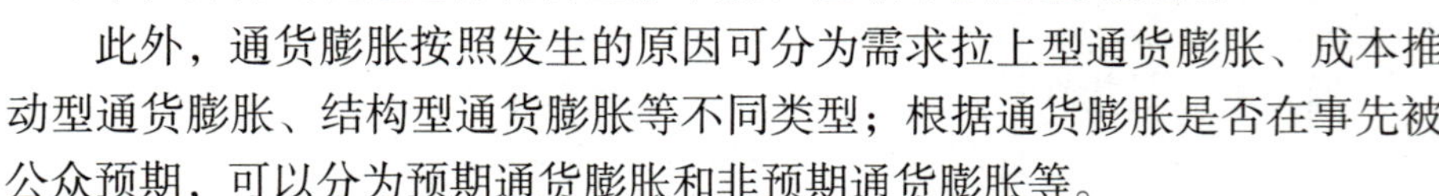

$$通货膨胀率=\frac{当期价格水平-上一期价格水平}{上一期价格水平}\times 100\%$$

因商品和劳务选择范围不同，产生了不同的物价指数。通常用各种物价指数作为指标来衡量通货膨胀率。代表性的物价指数有以下几种：

（一）消费者物价指数

消费者物价指数（consumer price index，CPI），又称居民消费者价格指数或零售物价指数，是综合反映一定时期内居民生活消费品和服务项目价格变动的趋势和程度的价格指数。它是根据居民所消费的食品、衣物、居住、交通、医疗保健、教育、娱乐等消费品和劳务的价格指数加权平均计算而来的，通常作为观察通货膨胀水平的重要指标被各国广泛使用。该指标的优点是资料比较容易收集，便于及时公布，能够较迅速地反映公众生活费用的变化。但它所包括的范围较窄，由于消费品仅仅是社会最终产品中的一部分，因而不能反映用于生产的资本品以及进出口商品和劳务的价格变动趋势，所以仅用消费者价格指数来度量通货膨胀就具有一定的局限性，须结合其他指标一起使用才能客观反映实际的经济状况。

（二）生产者价格指数

生产者价格指数（producer price index，PPI），又称工业生产者价格指数，包括工业生产者出厂价格指数和工业生产者购进价格指数。在我国，一般把工业生产者出厂价格指数称为PPI，它是综合反映全国生产资料和消费资料批发价格变动程度和趋势的价格指数。以生产者价格指数衡量通货膨胀，其优点是能在最终产品价格变动之前获得工业投入品及非零售消费品的价格变动信号，进而能够判断其对最终进入流通的零售商品价格变动可能带来的影响。因此，生产者价格指数能够灵敏地反映企业生产成本的变化，并能在一定程度上预示消费者物价指数的变动趋势，缺点是不能反映劳务价格的变化。

表8-1　我国主要的价格指数一览表（2013—2022年）

指标	2022年	2021年	2020年	2019年	2018年	2017年	2016年	2015年	2014年	2013年
居民消费价格指数	102	100.9	102.5	102.9	102.1	101.6	102	101.4	102	102.6
商品零售价格指数	102.7	101.6	101.4	102	101.9	101.1	100.7	100.1	101	101.4
工业生产者出厂价格指数	104.1	108.1	98.2	99.7	103.5	106.3	98.6	94.8	98.1	98.1
工业生产者购进价格指数	106.1	111	97.7	99.3	104.1	108.1	98	93.9	97.8	98

数据来源：国家统计局官方网站。（采取上年＝100作为价格指数基期的设定方式）

（三）国民生产总值平减指数

国民生产总值（gross national product，GNP）指一个国家所有常住单位在一定时期内收入初次分配的最终结果。国民生产总值平减指数（GNP deflator）是一个能综合反映物价水平变动情况的指标，将国民生产总值的名义值转化为实际值所使用的价格指数。它是按当年价格计算的国民生产总值（即名义值GNP）与按基期价格计算的国民生产总值（即实际GNP）的比率。例如，某国2022年按当年价格计算的国民生产总值为1000亿美元，按上年价格计算的国民生产总值为500亿美元，则当年的GNP平减指数为200（1000÷500×100＝200），这说明与上年相比，当年的物价水平上涨了100%（200%－100%＝100%）。虽然GNP价格平减指数能够比较全面地反映总体价格水平的变动趋势，但由于编制该指数所需资料的收集比较困难，通常一年只统计一次国民生产总值价格平减指数。

此外，通货膨胀还可以用零售物价指数、国内生产总值平减指数等指标来度量。

四、通货膨胀的成因

从货币供求的角度看，通货膨胀产生的直接原因是货币供应量超过了客观的货币需要量。但由于其是一种复杂的社会现象，经济学家对此形成了不同的见解和理论，较有代表性的有需求拉上说、成本推动说和结构型通货膨胀说，与之相对应的分别是需求拉上型通货膨胀、成本推动型通货膨胀与结构型通货膨胀。

拓展阅读 8–1：从动荡中涌起的全球通胀潮

（一）需求拉上型通货膨胀

需求拉上型通货膨胀是指总需求超出了社会潜在产出水平之后，总需求大于总供给导致一般物价水平持续上涨而产生的通货膨胀。宏观经济活动中，投资、政府支出和进出口变动可能会引起总需求的变化。当总需求的增长超过了经济潜在的生产能力时，总供给无法满足总需求，导致供不应求，则会拉动物价上涨，引起通货膨胀。总需求表现为具有购买和支付能力的货币供应量，而总供给则表现为市场上的商品和劳务供给。因此，也可以说需求拉上型通货膨胀是由于过多的货币追求过少的商品和劳务所导致的。

（二）成本推动型通货膨胀

成本推进型通货膨胀也称成本推进型通货膨胀，是指因生产成本上升而导致一般物价水平持续上涨而产生的通货膨胀。20世纪70年代，西方国家出现了高失业与通货膨胀并存的“滞胀”局面。需求拉上说无法解释这种现象，因此，经济学家转而从供给侧的成本角度去寻找原因，并形成了通货膨胀的成本推动说。生产成本增加的原因主要来自以下几方面：

1. 工资的提高

随着工人工资的提高，企业生产成本也随之增加，企业为了维持或者扩大原有的利润水平，就会相应地抬高产品的价格。由于工人实际工资水平并没有提高，还有可能下降，因此，工人为保持原有的购买力就会继续向企业施压，要求进一步提高工资水平，这时企业又会将工资增加转移到产品的价格中去，从而形成工资水平和物价水平螺旋式上升的局面。

2. 垄断产品价格的提高

一些垄断组织控制了某些重要的原材料生产和销售，为了获得高额的垄断利润而提高产品价格，经价格传导引发物价全面上涨，从而导致通货膨胀。如 20 世纪 70 年代，石油输出国组织宣布石油禁运、暂停出口，由此导致全球石油供应紧缺和价格激增。石油价格的上涨直接导致了能源成本的大幅上升，从而推高了通货膨胀率。

3. 间接成本的增加

企业之间的市场竞争势必会增加间接成本，如技术改进费用、广告宣传费用、研发培训费用等，企业通常会将这部分间接成本转移到商品的价格中，从而引起物价的上涨。此外，由于进口原材料的价格上涨，也会导致输入性成本推动型通货膨胀。

（三）结构型通货膨胀

结构型通货膨胀是指由于经济结构方面的因素所引起的一般物价水平的持续上涨。结构型通货膨胀说认为，即使在总需求与总供给平衡的条件下，某些结构性因素也可能导致通货膨胀。引发通货膨胀的结构性因素包括：

1. “瓶颈”制约

有些国家由于缺乏有效的资源配置机制，使得资源在各部门之间的配置严重失衡，导致有些行业生产能力过剩，而另一些行业如农业、交通、能源等发展严重滞后，形成经济发展的“瓶颈”。当这些“瓶颈”部门的价格因供不应求而上涨时，便引起其他部门的连锁反应，从而形成一轮又一轮的价格上涨。

2. 需求移动

社会对不同部门的产品和服务的需求不是固定不变的，它会不断地转移，而劳动力及其他生产要素从一个部门转移到另一个部门则需要时间。因此，原先处于均衡状态的经济结构可能因为需求移动而出现新的失衡。那些社会需求增加的行业，价格和工资将上升；而需求减少的行业，由于价格和工资的刚性存在，却未必会降低。因此，需求的移动导致了物价的总体上升。

3. 部门差异

同一个国家不同的经济部门，如工业部门与农业部门之间的劳动生产率总是有差别的，而各部门之间工资的增长却存在着互相看齐的倾向。当发展较快的行业提高工资时，其他部门由于互相看齐，也会增加工资，这就引发了工资成本推进式的通货膨胀。在许多发展中国家，经济结构的失衡和部门间劳动生产率的差异确实是通货膨胀的主要原因。

第二节　通货膨胀的影响及治理

一、通货膨胀的影响

通货膨胀对经济的影响主要有三种观点：促进论、促退论和中性论。促进论认为在一定条件下，通货膨胀可以促进经济增长。促退论认为通货膨胀并不能促进经济增长，反而会降低经济低效率，阻碍经济增长。中性论认为通货膨胀与经济增长之间不存在必然的联系，即经济增长受生产要素的投入、劳动生产率等实质经济因素变动的影响，通货膨胀本质上只是一种货币现象，长期来看不会影响经济增长。

各国经济发展的实践表明，短期内适度温和的通货膨胀有利于促进居民消费和企业投资，对经济增长有一定的刺激作用。长期来看，通货膨胀对经济的危害程度要远大于其对经济的促进程度。

（一）通货膨胀对生产领域的影响

通货膨胀会破坏社会再生产的正常进行。通货膨胀会导致物价上涨，企业的生产成本也随之增加。一些原材料、能源等价格上涨给制造业等行业带来了压力，这可能会导致企业利润的下降，甚至出现亏损的情况。紊乱的价格信号会诱导企业做出错误的生产决策，造成资源错配，经济结构失调。通货膨胀导致企业生产经营成本难以准确核算，利润难以预期，加大了生产性投资的风险，从而影响实体经济的健康发展。

（二）通货膨胀对流通领域的影响

通货膨胀阻碍了货币职能的正常发挥，市场价格信号紊乱打破了流通领域原有的平衡，使正常的流通受阻。通货膨胀会诱使企业大量囤积原材料商品，人为加剧市场的供求矛盾。由于货币币值的降低，潜在的货币购买力就会转化为实际的货币购买力，为了应对物价的进一步上涨，消费者会选择尽快把手中的货币换成商品，抢购行为又会导致商品的短缺，进一步加剧通货膨胀。

（三）通货膨胀对收入分配领域的影响

通货膨胀会带来收入分配领域的强制储蓄效应、收入分配效应和财富效应。

1. 强制储蓄效应

储蓄在这里是指用于投资的货币积累，主要来源于家庭、企业和政府。家庭部门的储蓄由收入剔除消费支出构成。企业储蓄由用于扩大再生产的净利润和折旧构成。如果政府通过向个人和企业征税用于政府投资，那么全社会的储蓄总量不会增加。如果政府是通过向中央银行借债进行投资，那么将导致货币增发，这种方式会强制增加全社会的储蓄总量，从而带来物价上涨。在名义收入不变的条件下，公众如果按照原来的模式和数量进行消费和储蓄，那么两者的实际额会随物价的上涨而减少，减少的部分相当于政府运用通货膨胀实现的强制储蓄，即通货膨胀的强制储蓄效应。

2. 收入分配效应

通货膨胀会对人们的实际收入产生影响。由于居民的收入来源不尽相同，当一般物价水平上涨时，有些人的实际收入水平会下降，有些人的实际收入水平反而会提高。这种由物价上涨造成的收入再分配就是通货膨胀的收入分配效应。一般而言，物价水平上涨时，对于固定工资收入者来说，其收入落后于上升的物价水平，其实际收入水平由于通货膨胀会下降，而浮动收入者则会从通货膨胀中得益。

3. 财富分配效应

财富分配效应是指通货膨胀会引起家庭资产不同构成部分的价值有升有降，家庭资产结构也会随之调整变动。一个家庭的财富或资产主要由实物资产和金融资产构成。实物资产的价值会随通货膨胀的变动而相应升降。金融资产则相对比较复杂，通常会随市场行情的变化而变化，并非稳妥保值和增值。一般而言，通货膨胀有利于债务人而不利于债权人，而持有存款和债券等资产形式会更容易遭受损失。

（四）通货膨胀对消费领域的影响

通货膨胀会使居民的实际收入减少，影响其消费倾向和消费行为，造成居民整体消费水平的下降，导致消费降级现象。当居民收入水平跟不上物价上涨时，在收入效应的作用下，人们会减少在非必需品上的支出；同时在替代效应的作用下，消费者会选择更便宜的替代品。此外，通货膨胀预期也会改变居民的消费行为，此时居民会选择提前消费，这在短期内会带来消费的增加。整体而言，通货膨胀对消费有抑制作用。

二、通货膨胀的治理对策

根据通货膨胀的成因不同，结合各国的反通货膨胀实践，通货膨胀通常有以下几种治理措施：

微课 8-2：通货膨胀的治理对策

拓展阅读 8-2：部分新兴市场通胀爆表中国治理经验值得借鉴

（一）紧缩性货币政策

紧缩性货币政策是指中央银行通过控制并减少流通中的货币供应量，达到紧缩总需求从而缓解通货膨胀率的目的。具体措施包括：（1）提高法定存款准备金率。中央银行可以通过提高法定存款准备金率来降低商业银行存款创造的能力，从而达到紧缩信贷规模、削减投资支出、减少货币供应量的目的。（2）提高利率。通过提高再贴现率、银行存贷款基准利率，一方面会增加商业银行的资金使用成本，抑制其对中央银行的贷款需求，从而降低信贷规模；另一方面会提高企业和家庭的储蓄收益和贷款成本，减少货币供应量，抑制消费和投资。（3）出售有价债券。中央银行在公开市场上出售有价债券，减少货币供应量，可抑制潜在的通货膨胀。（4）直接控制信贷规模。通过控制商业银行的信用创造能力，控制货币供应量，实现抑制通货膨胀的目的。紧缩性货币政策对控制需求拉上型通货膨胀比较有效。

（二）紧缩性财政政策

紧缩性财政政策是指政府通过限制支出而减少政府的需求，达到缩减总需求减轻通货膨胀压力的目的。具体措施包括：（1）削减财政支出。例如，减少军费开支和政府采购，限制公共事业投资和公共福利支出，减少政府转移支付。（2）增加税收。增加企业与个人的税收能有效抑制企业和个人的投资水平与消费水平。（3）发行公债。国家向公众发行公债，既可以筹措资金，减少财政赤字，又可以回收市场上流通的货币量，减少货币供应，抑制物价上涨。

（三）紧缩性收入政策

紧缩性收入政策又称工资物价管制政策，是指政府限制工资提高和获取垄断利润，抑制成本的提升，从而控制物价的上涨。紧缩性收入政策是应对成本推进型通货膨胀的有效方法。具体措施包括：（1）工资管制。例如，道义规劝和指导，即政府制定出一个工资增长的指导线供企业参考，但政府只能规劝、建议，不能直接干预；协商解决，即在政府干预下使工会和企业就工资问题达成协议；开征工资税，即对增加工资过多的企业征收特别税款；冻结工资，即政府强制性地将全社会工资或增长率固定，不能随便上涨。（2）利润管制。利润管制是指政府以强制性手段对可能获得暴利的企业利润实行限制措施，利润管制的办法有管制利润率、对超额利润征收较高的所得税等。此外，有的国家还通过制定反托拉斯法限制垄断利润，以及对公用事业产品直接实行价格管制等。

（四）供给政策

供给政策着眼于从供给侧而非需求侧来制定一系列反通货膨胀政策，通过刺激生产力的发展来增加有效供给，达到抑制通货膨胀的目的。供给政策的主张于20世纪70年代盛行于美国，其针对通货膨胀和失业并存的滞涨问题提出一系列主张。例如里根政府在《经济复兴计划》中提出：一是从财政上减税和抑制开支，并放宽行政限制以刺激劳动、储蓄和投资的积极性，通过提高劳动生产率来增加有效供给，二是通过重视货币供应量管理的金融策，抑制名义总需求，增加总供应，使通货膨胀平息下来。

（五）经济结构调整政策

经济结构失调是引起通货膨胀的原因之一。政府可以综合运用财政和货币政策来调节经济结构，如通过税收、公共支出、利率以及信贷等具体措施，来维持产业部门之间的平衡发展，避免某些产品因结构性因素而导致物价上涨，尤其是关键性产品，如食品、原材料、能源等。因此，政府可通过经济结构调整政策来调节结构失调引起的通货膨胀。

总之，通货膨胀的成因比较复杂，在治理的过程中须多管齐下，对症下药，才可能迅速有效地遏制通货膨胀。

案例 8-1

新中国成立之初对恶性通货膨胀的治理

20世纪30到40年代，中国曾出现过恶性通货膨胀。据统计，上海物价从1937年6月到1949年5月上涨了3.68×10^{13}倍，每月平均上涨24.5%。新中国成立之初，我国面临诸多经济困难：战争破坏导致生产萎缩，1949年与过去最好年份的经济指标对比，工业总产值下降50%，农业总产值下降20%；交通堵塞，流通阻滞，物资匮乏；财政困难，入不敷出；投机猖獗，物价迭涨。

在这种形势下，稳定物价成为压倒一切的经济任务，是新生革命政权稳固的关键所在。政府制止恶性通货膨胀的斗争，是在“统一财经工作”这个总口号下展开的，包括三项内容：（1）统一财政收支。为了弥补赤字，国家于1950年年初发行了1亿分折实公债，同时紧缩行政开支，加强税收的课征。而统一财政收支则要求财政收入全部收归中央，支出由中央统一筹划，以力争财政收支平衡，减小赤字，并压缩弥补赤字的钞票发行。（2）实行现金管理，力争现金收支平衡。现金管理的内容是规定各公营企业、机关、部队的现金必须存入中国人民银行，除规定项目外，一律采用转账结算办法，不得使用现金。其目的是回笼货币，减少市场货币流通量。（3）统一全国物资调度，争取物资调拨平衡。粮食、纱、布、工业器材等主要物资均由国家集中调剂供求，以控制市场价格。

在一个具有极高行政效率的决策核心指挥之下，这些要求立即得到贯彻。自 1950 年 3 月起，物价就开始下跌并很快趋于平稳。第二次世界大战后的 50 年代初，许多国家遭受通货膨胀的煎熬，难以制止，而中国却在制止恶性通货膨胀方面取得成功，是世界公认的奇迹。

资料来源：黄达，张杰．金融学 [M]. 4 版．北京：中国人民大学出版社，2017.

思考与讨论

1. 请分析并总结新中国成立初期我国恶性通货膨胀的成因和主要治理措施。

2. 请结合案例思考当前我国通货膨胀的治理措施。

第三节　通货紧缩及其成因

一、通货紧缩的概念

微课 8–3：通货紧缩的概念及其成因

通货紧缩是指因货币供给量不足而引起货币升值、一般物价水平持续下跌并伴有经济衰退的现象。通货紧缩的概念具有如下内涵：一是商品和劳务价格持续下跌，这是通货紧缩最基本的特征。通货紧缩是一个持续的、长期的物价下跌过程，而不是物价偶然的、短暂的下跌，不具有可逆性，通常物价持续下跌 3 个月以上，即表示已出现通货紧缩。通货紧缩是一般物价水平的下降，而不是局部性和结构性的物价下跌。二是通货紧缩通常伴随着货币供应量下降和经济的衰退。处于通货紧缩时期，货币供应量的增长落后于经济增长，消费需求疲软，消费者投资意愿低迷，社会总需求不足。随着市场的萎缩，产品价格下降，企业的利润降低，生产投资减少，导致社会失业率上升，经济增长乏力。

二、通货紧缩的类型

（一）按持续时间不同，分为长期通货紧缩、中期通货紧缩和短期通货紧缩

一般将发生在 10 年以上的通货紧缩称为长期通货紧缩，5 ～ 10 年

的通货紧缩称为中期通货紧缩，5年以下的通货紧缩称为短期通货紧缩。例如，20世纪90年代到21世纪初，日本经历了长期的经济衰退和通货紧缩。

（二）按严重程度不同，分为轻度通货紧缩、中度通货紧缩和严重通货紧缩

当通货膨胀率持续下降，物价指数由正值转变为负值，时间不超过2年即出现转机，可视作轻度通货紧缩。当通货紧缩时间超过2年仍未出现转机，物价指数降幅在两位数以内，可视作中度通货紧缩。通货紧缩持续时间超过2年并继续发展，物价指数降幅超过两位数，或伴随着严重的经济衰退，则应视为严重的通货紧缩。如美国在20世纪30年代的大萧条时期，物价降幅达到30%以上，并伴有严重的经济衰退，就属于严重通货紧缩。

三、通货紧缩的成因

视频链接8-2：日本经济摆脱通货紧缩了吗？

通货紧缩也是一种复杂的经济现象，经济学家对此形成了不同的见解和理论。凯恩斯认为通货紧缩主要是由有效需求不足引起的，其代表作《就业、利息和货币通论》是解决20世纪30年代世界经济大危机导致严重通货紧缩的经典之作。以弗里德曼为代表的货币主义认为，通货紧缩的原因在于货币政策的失误，他们用货币量供应不足来解释价格水平的下降。米塞斯和哈耶克等奥地利学派则认为通货紧缩是由生产结构的失调引起的，他们强调通货紧缩的发生是由投资过度造成的。

（一）需求不足型通货紧缩

需求不足型通货紧缩是指由于总需求不足，使得正常的供给显得相对过剩而出现的通货紧缩。由于引起总需求不足的原因可能是消费需求不足、投资需求不足、政府支出减少、国外需求减少或者几种因素共同造成的不足，因此，依据造成需求不足的主要原因可以把需求不足型的通货紧缩细分为消费抑制型通货紧缩、投资抑制型通货紧缩和国外需求减少型通货紧缩。

（二）货币供给不足型通货紧缩

货币供给不足型通货紧缩是指因货币供给偏紧或不足而导致的通货紧缩。当货币供应量减少，不能满足客观货币需求量时，商品过多而货币过少，会导致物价水平的下降。造成货币供给不足的原因主要是一国政府采取过度紧缩的财政与货币政策，大量减少货币发行或削减政府开支，压缩投资和抑制消费，使得货币供给严重不足，在政策惯性下社会需求过分萎缩，最终导致经济增长乏力。

（三）供给过剩型通货紧缩

供给过剩型通货紧缩是指由于技术进步和生产效率提高，在一定时期产品数量的绝对过剩而引起的通货紧缩。这种产品的绝对过剩只可能在经济发展的某一阶段，市场机制调节不太灵敏，产业结构调整严重滞后的情况下出现的。此外，当经济周期达到繁荣的高峰期，生产能力大量过剩，产品供过于求，可能引发经济周期性的通货紧缩。

（四）国际市场冲击型通货紧缩

国际市场因素也会导致通货紧缩，国际市场的动荡会引起国际收支逆差或资本外流，形成外部冲击性的通货紧缩压力。一国实行钉住强势货币的汇率制度时，本币汇率高估，会减少出口，扩大进口，加剧国内企业经营困难，导致消费需求趋于减少，物价持续下跌。因此，本币汇率高估也可能会引发来自国际市场冲击的通货紧缩。

此外，通货紧缩还受经济政策、心理预期以及体制和制度因素等多种因素的影响。

第四节　通货紧缩的影响及治理

一、通货紧缩的影响

从表面上看，通货紧缩因物价的持续下跌导致人们的购买力有所提高，会给消费者带来一定好处。但若紧缩持续下去则会给社会造成不利影响，导致失业加剧、经济衰退、社会财富缩水等严重危害。

（一）通货紧缩对生产领域的影响

通货紧缩会导致经济衰退效应，具体表现为：物价的持续、普遍下跌使得企业产品价格下跌，企业利润减少，生产积极性降低，继而减少生产规模甚至停产，经济发展受到抑制。持续、普遍的物价下跌意味着实际利率升高，投资成本增加，企业的债务负担增加，债务人因经营困难出现还贷风险，导致银行不良资产率上升，由此引发银行抽贷和惜贷，信贷规模萎缩，货币供应量不足又进一步加剧通货紧缩，最终可能出现经济萧条甚至衰退。

（二）通货紧缩对收入分配领域的影响

通货紧缩会给整个社会带来财富缩水效应。一方面，物价的持续、普遍下跌导致企业利润减少。企业为了维持生产周转很可能会增加负债，负债率的提高进一步使企业资产的价格下降，也意味着企业净值的减少，企业财富缩水。另一方面，企业生产萎缩，减产甚至停产，使得劳动力的供给相对过剩，会进一步加剧失业，引起工资收入降低，导致居民整体财富缩水。此外，政府财富的流量部分，即收入和支出也会受到通货紧缩的影响，伴随着财政赤字的增加，政府财富也会缩水。

（三）通货紧缩对消费领域的影响

通货紧缩会对消费领域产生两种效应：价格效应和收入效应。一方面，物价的下跌意味着货币购买力的提升，价格效应使消费者可以用较低的价格得到同等数量和质量的商品及服务，但对于将来价格还会下跌的预期又会促使消费者推迟消费。另一方面，在收入效应下，就业预期和工资收入会受到经济萧条和衰退的影响，从而抑制消费者的消费支出。两种效应的叠加将进一步导致消费总需求受到抑制。

二、通货紧缩的治理对策

微课 8-4：通货紧缩的治理对策

根据通货紧缩的成因不同，结合各国的反通货紧缩实践，通货紧缩通常有以下几种治理措施：

（一）扩张性货币政策

扩张性货币政策是指实施适度宽松的货币政策，通过扩大货币供应量，刺激总需求的产生。主要措施包括：下调法定存款准备金率和市场利率，提高再贴现或再贷款额度，加大商业银行信贷规模。同时，中央银行通过公开市场操作，买进有价证券，增加基础货币供给，扩大货币供应量，但过度宽松的货币政策也可能引起流动性陷阱而无法促进有效需求的回升。

（二）扩张性财政政策

扩张性财政政策是指实施适度宽松的财政政策，通过增加财政开支，降低税收，刺激总需求的产生。主要措施包括：增加财政支出，扩大赤字规模，投资基础设施等公共工程项目，降低投资和消费方面的税收，刺激投资和消费需求等。但过于激进的财政政策也会产生政府部门对私人部门的挤出效应。

扩张性货币政策与扩张性财政政策都是刺激短期总需求的调控方式，需协同发力，改善居民对就业和收入的预期，满足实体经济融资需求的同时，避免大水漫灌。此外，货币政策存在间接性和滞后性，实践中多以积极的财政政策为主导，辅之以稳健的货币政策，以期达到有效治理通货紧缩的目标。

（三）收入调整政策

通过收入政策的调整，建立健全社会保障体系，适当改善国民收入的分配格局。综合运用经济、法律、政策等手段提高中下层居民的收入水平，促进民生改善，调动居民的消费意愿，进一步提高全社会的消费水平，刺激总需求增加，达到治理通货紧缩的效果。

（四）经济结构调整政策

经济结构调整主要是指促进产业结构的优化升级，培育新的经济增长点，形成新的消费热点。产业结构调整要坚持市场调节和政府引导相结合。充分发挥市场配置资源的决定性作用，加强国家产业政策的合理引导，实现资源优化配置。通过财政投资融资，引导、推动和扶持产业升级，形成新的经济增长点，淘汰落后产能。通过产业结构的优化和技术升级，提升企业竞争力和经济效益，增加就业机会，进一步带动内需增长，促进经济的持续健康发展。

（五）其他措施

对工资和物价的管制政策也是治理通货紧缩的手段之一。比如，在通货紧缩时期增发工资，限制价格的下降，这与通货膨胀时期的限制工资增加与物价上涨的措施作用方向相反，但原理相同。此外，政府还应通过各种途径来引导改变公众的心理预期，说服公众相信并支持政府治理通货紧缩的各项方针措施，坚定对未来经济发展的信心。

总之，通货紧缩的成因较为复杂，治理难度很大，除扩张性的财政政策和货币政策外，还需要综合运用收入政策、产业政策和就业政策等配套措施才可能奏效。

思考与练习

一、单项选择题

1. 根据表现形态，我国当前出现的通货膨胀属于（　　）。

A. 隐蔽型通货膨胀　　B. 公开型通货膨胀

C. 输入型通货膨胀　　D. 垄断型通货膨胀

2. 对需求拉上型通货膨胀，调节和控制（　　）是解决通胀问题的关键。

A. 财政收支　　B. 社会总需求　　C. 社会总供给　　D. 收入分配

3. 垄断组织提高垄断产品价格，通过价格传导而导致的通货膨胀是（　　）。

A. 需求拉上型通货膨胀　　B. 成本推动型通货膨胀

C. 结构型通货膨胀　　D. 垄断型通货膨胀

4. 下列不属于紧缩性货币政策的是（　　）。

A. 降低法定存款准备金率　　B. 提高利率

C. 央行出售有价证券　　D. 直接控制信贷规模

5. 凯恩斯解决上世纪 30 年代世界经济大危机的经典之作是（　　）。

A.《就业、利息和货币通论》　　B.《国富论》

C.《经济学原理》　　D.《经济复兴计划》

二、多项选择题

1. 按程度轻重不同，通货膨胀可分为（　　）。

A. 爬行式通货膨胀　　B. 温和式通货膨胀　　C. 奔跑式通货膨胀

D. 恶性通货膨胀　　E. 成本推进型通货膨胀

2. 通货膨胀的度量指标包括（　　）。

A. 消费者物价指数　　B. 生产者价格指数　　C. 国民生产总值平减指数

D. 零售物价指数　　E. 国内生产总值平减指数

3. 治理通货膨胀的措施主要有（　　）。

A. 紧缩性货币政策　　B. 紧缩性财政政策　　C. 紧缩性收入政策

D. 供给政策　　E. 经济结构调整政策

4. 关于通货紧缩的说法正确的是（　　）。

A. 商品和劳务价格持续下跌　　B. 货币供应量下降　　C. 经济的衰退

D. 有利于社会财富增长　　E. 有利于经济增长

5. 通货紧缩的成因主要包括（　　）。

A. 总需求不足　　B. 货币供给不足　　C. 供给过剩

D. 国际市场冲击　　E. 经济政策影响

三、判断题

1. 物价上涨就是通货膨胀。（　　）

2. 通货紧缩表现为物价持续性的下跌和经济衰退。（　　）

3. CPI 是反映生产资料和消费资料批发价格变动程度和趋势的价格指数。（　　）

4. 一般将发生在 10 年以上的通货紧缩称为长期通货紧缩。（　　）

5. 恶性通货膨胀的年物价上涨率超过 100%。(　　)
6. 削减财政开支属于紧缩性货币政策 。(　　)
7. 通货膨胀会使固定收入者蒙受损失。(　　)
8. 通货膨胀会使债权人蒙受损失。(　　)
9. 通货紧缩使社会财富缩水减少。(　　)
10. 消费需求和投资需求不足是造成通货膨胀的直接原因。(　　)

四、简答题

1. 简述通货膨胀和通货紧缩的成因。
2. 简述通货膨胀和通货紧缩的影响。
3. 简述通货膨胀和通货紧缩的治理对策。

五、实训题

实训项目：通货膨胀治理对策研讨

1. 实训目标

维持物价稳定，对抗通胀是各国政府实施宏观经济调控的重要目标。通过分组案例分析的方式开展通货膨胀治理对策研讨，加深对通货膨胀的认识，学会正确解读各国央行的货币政策与措施，培养大局意识和国际视野。

2. 实训任务

（1）以 2022 年以来全球大通胀背景下各国的通胀治理对策为样本案例，组织学生分组研讨，重点对比分析中国人民银行、美联储等央行对抗高通胀的货币政策取向、货币政策工具选择及实施效果，总结适合我国国情的通货膨胀治理对策和措施。

（2）学生分组协作，完成小组任务。

（3）学生在课堂进行小组任务展示，分享实训项目成果。

3. 实训成果

以通货膨胀治理对策为主题，形成一份 3000 字左右的实训报告。

思考与练习参考答案（第八章）

第九章　国际金融

学习目标

知识目标

1. 了解外汇、汇率的概念和种类；

2. 掌握汇率的标价方法和影响汇率波动的因素；

3. 理解国际收支平衡表的内容及国际收支失衡的原因；

4. 理解国际储备的概念、构成及作用和国际储备管理的内容；

5. 了解国际货币体系的概念、内容及演变历程。

能力目标

1. 能结合案例分析汇率变动对经济的影响；

2. 能结合案例分析预测我国人民币汇率的走势；

3. 会分析国际收支失衡的原因及调节措施；

4. 会分析中央银行实施国际储备管理的举措；

5. 能追踪并把握国际货币体系的发展趋势。

素养目标

1. 关注我国人民币汇率制度改革，坚定道路自信和制度自信；

2. 关注国际货币体系的演变历程，增强民族复兴的使命感。

知识图谱

国际金融
外汇与汇率
Z1.外汇的概念、特征和种类
Z2.汇率的概念、标价方法和种类
Z3.汇率波动的影响因素及其对经济的影响
J1.能结合案例分析汇率变动对经济的影响
J2.能结合案例分析预测我国人民币汇率的走势
国际收支
Z1.国际收支和国际收支平衡表的概念和结构
Z2.国际收支失衡的判断标准、原因及调节措施
J1.会分析国际收支失衡的原因及调节措施
国际储备
Z1.国际储备的概念、构成及其作用
Z2.国际储备管理的内容
J1.会分析央行实施国际储备管理的具体举措
国际货币体系
Z1.国际货币体系的概念和内容
Z2.国际货币体系的演变历程
J1.能追踪并把握国际货币体系的发展趋势
R1.人民币汇率问题研讨报告
S1.关注我国人民币汇率制度改革，坚定道路自信和制度自信
S2.关注国际货币体系的演变历程，增强民族复兴的使命感
知识点
技能点
思政点
学习成果

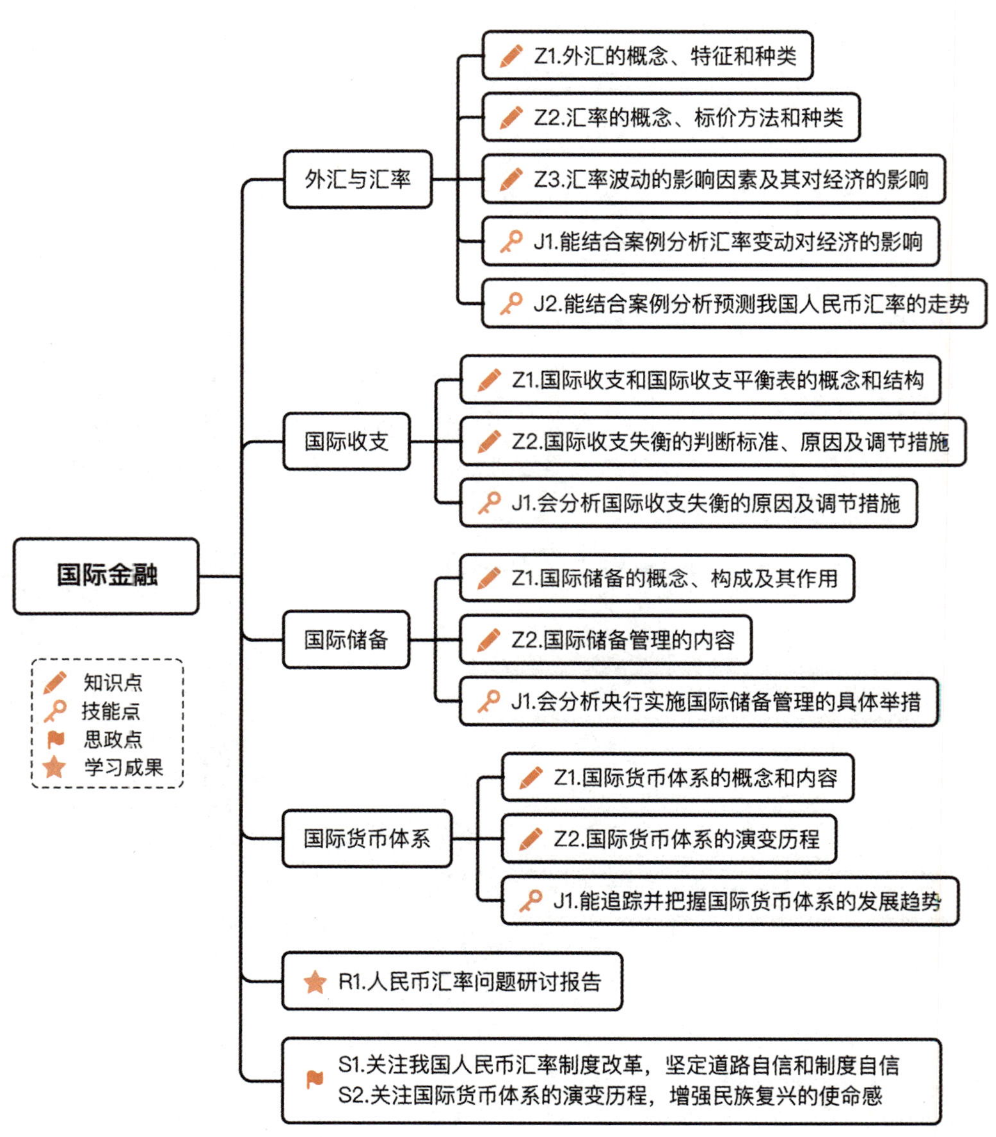

2022年我国国际收支延续基本平衡格局

2022年，全球主要发达经济体通胀高企，货币政策加快紧缩，地缘政治形势更趋复杂，国际金融市场动荡加剧。我国有效应对内外部挑战，国民经济顶住压力保持增长。国内外汇市场运行总体平稳，韧性显著提升，人民币汇率弹性增强。

2022年，我国国际收支延续基本平衡。经常账户顺差4019亿美元，较2021年增长14%，与国内生产总值（GDP）之比为2.2%，继续保持在合理均衡区间。其中，货物贸易顺差较2021年增长19%，体现了我国产业链、供应链韧性以及出口新动能的快速成长；服务贸易逆差收窄9%，主要是新兴生产性服务贸易收入增长。非储备性质的金融账户逆差2110亿美元，与经常账户顺差形成自主平衡格局。其中，直接投资仍是境外资本流入的稳定渠道，国内经济发展前景和广阔的市场空间继续吸引国际长期资本投资。经常账户顺差、外商来华投资等涉外资金来源的总体规模保持较高水平，主要转换为境内企业、银行等市场主体的境外资产，包括对外直接投资1497亿美元和对外证券投资1732亿美元等；因交易形成的储备资产小幅增加。从存量看，2022年末我国对外净资产2.53万亿美元，较2021年末增长16%。

什么是外汇和汇率？影响汇率波动的因素有哪些？对经济产生哪些影响？国际收支失衡的原因有哪些，如何进行调节？通过本章学习，我们将了解外汇、汇率的基本知识，理解影响汇率波动的因素，了解国际收支的基本知识，掌握国际收支失衡的原因及调节措施，了解国际储备的构成及管理的内容，熟悉国际货币体系的演变历程。

第一节　外汇与汇率

一、外汇概述

（一）外汇的概念

外汇具有动态和静态两种含义。动态的外汇是指为了清偿国际间的债权债务关系，将一种货币兑换成另一种货币的金融活动。静态的外汇是指以外币表示的可以用作国际清偿的支付手段和资产。根据《中华人民共和国外汇管理条例》规定，外汇的具体形式有：外币现钞，包括纸币、铸币；外币支付凭证或者支付工具，包括票据、银行存款凭证、银行卡等；外币有价证券，包括债券、股票等；特别提款权；其他外汇资产。

（二）外汇的特征

外汇作为国际清偿的支付手段和资产，具有以下三个基本特征：

1. 国际性。外汇必须是以外币表示的支付手段和资产，任何以本国货币表示的支付工具、有价证券等对于本国居民来说都不能称之为外汇。

2. 自由兑换性。外汇必须是可以自由兑换成其他外币或以外币表示的支付手段或资产。如美元、欧元等属于自由兑换货币。党的二十大提出要有序推进人民币国际化，人民币自由兑换目前正在稳步推进中。

3. 可偿付性。外汇能在国外得到普遍认可，并能在国际上作为支付手段对外支付，对方无条件接受。凡在国际上得不到偿付的各种外币证券、空头支票、银行拒付汇票等都不是外汇。

（三）外汇的种类

1. 按自由兑换程度的不同，分为自由外汇和记账外汇

自由外汇是指无须经过货币发行国外汇管理当局批准即可自由兑换成其他国家货币或向第三者办理支付的外汇。表 9–1 列举了部分自由兑换货币。

记账外汇又称协定外汇或双边外汇，是指不经有关国家货币当局批准不能自由兑换成其他货币，也不能向第三者进行支付的外汇。这种外汇通常用于两国之间的贸易结算，只在双方的指定银行账户上记载并集中进行结算。

表9–1　部分自由兑换货币名称及货币符号

国家或地区	货币名称	货币符号
美国	美元	USD
英国	英镑	GBP
欧元区	欧元	EUR
加拿大	加拿大元	CAD
瑞士	瑞士法郎	CHF
日本	日元	JPY
新加坡	新加坡元	SGD
澳大利亚	澳大利亚元	AUD
中国香港	港元	HKD
中国澳门	澳门元	MOP

2. 按外汇买卖的交割期限不同，分为即期外汇和远期外汇

即期外汇也称现汇，是指买卖双方成交后在当天或第二个营业日办理交割的外汇。远期外汇也称期汇，是指买卖双方先订立买卖合同，规定外汇买卖的数量、期限和汇率等，到约定日期才按合约规定的汇率进行交割。远期交易的交割期限一般为 1 个月、3 个月、6个月，也可长达 1 年。

3. 按外汇的形态不同，分为外汇现钞和外汇现汇

外汇现钞是指外国钞票、铸币，主要由境外携入。外汇现汇是指在货币发行国本土银行的存款账户中的自由外汇，主要是由境外携入或寄入的外汇票据，经本国银行托收后存入。

二、汇率概述

（一）汇率的概念

微课 9–1：汇率及其标价方法

汇率又称汇价、外汇牌价或外汇行市，是不同货币之间的兑换比率或比价。如果把外国货币视作商品，那么汇率就是买卖外汇这种商品的价格，是以一种货币表示另一种货币的相对价格。

（二）汇率的标价方法

汇率反映的是两种货币的相对价值关系，要确定兑换比价，首先要确定用哪种货币作为基础货币即标准货币，以及用哪种货币作为标价货币。根据标准货币的不同，汇率标价方法又分为直接标价法、间接标价法和美元标价法。

1. 直接标价法

直接标价法也称应付标价法，是以一定单位的外国货币为标准，计算应付多少单位本国货币的方法。例如，用 1 个单位或 100 个单位的外国货币作为标准，来计算应付多少单位的本国货币。如表 9–2 所示的人民币外汇牌价，表示单位为 100 的不同外币换算成人民币可兑换多少单位。

表9–2　中国银行人民币外汇牌价（2023年7月10日15:50）

货币名称	现汇买入价	现钞买入价	现汇卖出价	现钞卖出价	中行折算价
欧元	789.47	764.94	795.29	797.85	790.34
英镑	923.14	894.46	929.94	934.05	925.21
港币	92.22	91.49	92.59	92.59	91.86
日元	5.0634	4.9061	5.1007	5.1085	5.0669
澳门元	89.64	86.63	89.99	92.99	89.62
新西兰元	445.75	432	448.89	455.06	447
卢布	7.72	7.37	8.04	8.39	7.9

续表

货币名称	现汇买入价	现钞买入价	现汇卖出价	现钞卖出价	中行折算价
美元	721.99	716.12	725.05	725.05	719.26
加拿大元	542.94	525.8	546.95	549.36	543.06
瑞士法郎	809.33	784.35	815.01	818.5	810.74

资料来源：中国银行官方网站。

我国和绝大多数国家都采用直接标价法。在直接标价法下，外国货币数额固定不变，若能兑换的本国货币少于前期，则表示外汇汇率下降，即外币贬值、本币升值；反之，则表示外汇汇率上升，即外币升值、本币贬值。

2. 间接标价法

间接标价法也称应收标价法，是以一定单位的本国货币为标准，计算应收多少单位外国货币的方法。例如，用 1 个单位或 100 个单位的本国货币作为标准，来计算应收多少单位的外国货币。如表 9–3 所示的人民币汇率中间价列表，人民币对韩元、瑞典克朗、挪威克朗、土耳其里拉、墨西哥比索、泰铢的汇率中间价均采取间接标价法，表示单位为 100 的人民币若换算成外币可兑换多少单位。

表9–3　人民币汇率中间价列表

日期	韩元	瑞典克朗	挪威克朗	里拉	比索	泰铢
2023-07-10	18048.0	150.47	147.36	361.655	237.8	487.66
2023-07-07	18039.0	150.95	148.53	361.13	237.85	485.67
2023-07-06	17973.0	151.1	147.3	359.946	234.59	482.28
2023-07-05	17994.0	150.07	147.58	360.16	236.32	483.4
2023-07-04	18025.0	149.89	147.76	357.722	235.67	484.48
2023-07-03	18157.0	148.99	148.4	359.272	236.37	487.39

资料来源：中国银行官方网站。

在国际外汇市场上，只有少数货币采用间接标价法，如英镑、美元、欧元、澳大利亚元、新西兰元等。在间接标价法下，本国货币的数额固定不变，若能兑换的外币数额少于前期，则表示外汇汇率上升，即外币升值、本币贬值；反之，则表示外汇汇率下降，即外币贬值、本币升值。

3. 美元标价法

美元标价法又称纽约标价法，是指各国均以美元为基准来衡量各国货币价值的方法。非美元外汇买卖时，则是根据各自对美元的比率套算出买卖双方货币的汇价。在美元标价法下，美元是单位货币，其他货币为报价货币。

（三）汇率的种类

1. 按银行买卖外汇的方向不同，分为买入汇率、卖出汇率、中间汇率和现钞汇率

在外汇买卖报价时采用双向报价法，即同时报出买入汇率和卖出汇率。买入汇率又称买入价，是银行向同业或客户买入外汇时所使用的汇率。卖出汇率又称卖出价，指银行向同业或客户卖出外汇时所使用的汇率。中间汇率又称中间价，常用来对汇率进行分析，以及衡量和预测汇率变动的幅度和趋势。官方汇率以及财经报道中出现的汇率一般是指中间汇率。现钞汇率又称现钞买卖价，是银行买入或卖出外币现钞时所使用的汇率。

商业银行通过外汇的低买高卖赚取差价，因此银行买入外汇和卖出外汇的价格会存在一定差额，通常买入价小于卖出价。由于外币现钞在本国不能流通，需要运至国外才能使用，在运输现钞过程中要花费一定的保险费、运费，因此银行购买外币现钞的价格要略低于购买现汇的价格，即现钞买入价小于现汇买入价。而外币现钞卖出价格一般高于或等于外汇卖出价格相同，即现钞卖出价大于等于现汇卖出价。如表 9–2 所示。

2. 按汇率的计算方法不同，分为基本汇率和套算汇率

基本汇率是指一国货币对某一关键货币的比率。所谓关键货币是指国际上普遍接受的，在国际收支中使用最多，外汇储备中占比最大的自由外汇。由于美元在国际货币体系中的特殊地位，各国普遍把美元作为制定汇率的关键货币。

套算汇率又称交叉汇率，是在基础汇率基础上套算出的本币与非关键货币之间的比率。目前各国外汇市场上每天公布的外汇汇率都是各种货币与美元之间的汇率，非美元货币之间的汇率均须通过该汇率套算出来。

3. 按外汇买卖的交割期限不同，分为即期汇率和远期汇率

即期汇率也称现汇汇率，是指外汇买卖双方成交后在两个营业日内办理交割所使用的汇率。

远期汇率是指外汇买卖成交后，买卖双方约定在未来某一时间办理交割时所使用的汇率。远期汇率以即期汇率为基础，用“升水”、“贴水”和“平价”来表示。若远期汇率比即期汇率高，高出的差额称为升水；若远期汇率比即期汇率低，低出的差额称作贴水；若远期汇率与即期汇率相等，则称作平价。

4. 按汇率制度不同，分为固定汇率和浮动汇率

视频链接 9–1：香港联系汇率制度的产生历程

固定汇率是指一国货币当局规定本国货币与外币之间维持一个固定比率，汇率波动限制在一定范围内，由官方干预来保证汇率的稳定。固定汇率制是金本位制度下和布雷顿森林体系下通行的汇率制度。

浮动汇率是指一国货币当局不规定本国货币对外币的官方汇率，也无

任何汇率波动幅度的上下限，本币汇率主要由外汇市场的供求关系决定。目前，全球普遍实行浮动汇率制度。我国实行的是以市场供求为基础、参考一篮子货币进行调节，有管理的浮动汇率制度。

拓展阅读 9–1：人民币汇率制度改革的历程

5. 按外汇交易支付工具不同，分为电汇汇率、信汇汇率和票汇汇率

电汇汇率是指银行以电信方式买卖外汇时所采用的汇率。电汇具有收付迅速安全、交易费用相对较高的特点。信汇汇率是指以信函方式通知收付款时采用的汇率。信汇业务具有收付时间慢、安全性低、交易费用低的特点。通常信汇汇率要比电汇汇率低一些。票汇汇率是指兑换各种外汇汇票、支票和其他各种票据时所采用的汇率。票汇汇率根据票汇支付期限的不同，又可分为即期票汇汇率和远期票汇汇率。

此外，按银行买卖外汇的营业时间不同，可分为开盘汇率和收盘汇率；按对外汇管理的宽严不同，可分为官方汇率和市场汇率。

（四）影响汇率波动的主要因素

1. 国际收支状况

国际收支反映了商品、劳务的进出口以及资本的流动。当一国国际收支出现顺差，即出口额大于进口额、外汇流入时，意味着外汇市场对该国货币的需求增加，导致本币升值，外汇贬值。反之，当一国国际收支出现逆差，即出口额小于进口额、外汇流出时，意味着外汇市场对该国货币的需求下降。对外汇需求的增加，会导致本币贬值，外汇升值。

2. 经济增长状况

汇率是经济基本面的“晴雨表”，经济增长是影响汇率波动的根本性因素。当一国经济走势稳定向好，则意味着投资利润较高，会吸引外资流入，对该国货币的需求上升，导致本币升值，外汇贬值。反之，当一国经济衰退，投资利润下降，对外资吸引力下降，该国资金也会流出形成对外投资，带动外汇需求增加，导致本币贬值，外汇升值。此外，经济发展态势良好也会增强公众信心，使本币币值更加坚挺。

3. 通货膨胀

通货膨胀意味着一国货币所代表的内在价值量下降，实际购买力降低，国内物价总水平上升，会削弱该国商品在国际市场上的竞争能力，引起出口减少、进口增加，导致本币贬值、外汇升值。此外，通货膨胀会削弱该国货币的信用地位，使人们纷纷减持本币转而增加对外汇的需求，导致本币贬值。

4. 利率政策

利率反映一国的资金借贷状况，利率变动会直接影响国际间短期的套利性资本的流动。金融市场上的利率差异会产生套利空间，高利率会引导短期资本不断流入，改变外汇市场供求状况，导致该国本币升值，外汇贬值；反之，则会导致本币贬值，外汇升值。

5. 中央银行的干预

为维护本币汇率稳定，各国中央银行通常会采取措施对外汇市场实施干预，通过影响外汇供求关系来达到调节汇率的目的。中央银行的干预方式主要有：通过货币政策工具干预利率的变化来间接影响汇率的走势；在外汇市场参与外汇买卖，直接影响外汇汇率的走势；通过官方发表声明或讲话，对外汇市场以舆论导向的方式进行试探性的打压或抬高。

6. 其他因素

军事冲突、政权更迭、经济制裁和自然灾害等非经济因素的变化也会不同程度地影响一国的经济政策和发展前景，改变公众的市场预期，引起汇率波动。此外，国际金融市场的一体化也会引致外汇市场的价格联动。

（五）汇率变动对经济的影响

1. 汇率变动对国际收支的影响

（1）对贸易收支的影响

汇率变动会直接影响到一国贸易收支的变化。若汇率变动引起本币贬值，则以外币表示的出口商品价格下降，以本币表示的进口商品价格上升，将有利于出口，而不利于进口，会改善贸易收支状况。但贸易状况是否会产生上述结果，还受两个因素的影响。一个因素是要满足马歇尔－勒纳条件。如果进口商品的需求价格弹性与出口商品的需求价格弹性之和的绝对值大于 1，说明本国的进出口商品对货币贬值比较敏感，则本币贬值的效果会比较明显，能改善一国的贸易状况；反之，如果进出口商品的需求弹性之和小于 1，则本国货币贬值的效果就不明显。另一个因素是“J 曲线效应”，也称时滞效应。研究发现，汇率变动在贸易收支上的效应并不是立竿见影的，货币贬值的初期，可能出现贸易收支短期恶化的现象，呈现出“J”形曲线的发展轨迹。因为汇率变动的收效快慢受进出口商品的供求弹性制约，所以存在一个时滞问题。

（2）对资本流动的影响

汇率变动主要影响短期资本的流动，而对长期投资资本的影响较小。短时间内汇率变动会直接影响追求保值或追求短期收益的短期资本的流动，长期看汇率预期的变化也会影响资本流动。若本币贬值，短期资本为减少持有本币资产的价值下降导致的损失会选择外逃。随着时间的推移，本币贬值已到位或预期本币将升值时，短期资本会流入；反之，若本币升值，则以本币表示的各种资产价值将上升，短期资本为了投机获利或保值会选择流入。当货币升值已到位或预期本币将贬值时，短期资本会选择流出。因此，长期来看，汇率变动对短期资本带来的影响可能会相互抵消，对长期投资的资本而言影响较小。

此外，资本流动对于汇率变化的敏感性还受其他因素制约，如一国政府的资本管制政策。资本管制严的国家，汇率变动对资本流动的影响较小；资本管制松的国家，汇率变动对资本流动的影响较大。大规模的短期资本流动对一国的经济、国际收支都会产生不利的影响。

（3）对外汇储备的影响。汇率变动会影响外汇储备的数量和实际价值。当本币汇率下降时，会刺激出口增加，进口减少，使外汇的收入增加而支出减少，进出口外汇储备净值增加。但从资本流动角度看，本币汇率下降同时也引起保值性和投机性短期资本减少；反之，当汇率上浮时，进出口外汇储备净值减少，短期资本增加。因此，汇率变动对外汇储备的增减变动取决于进出口外汇与资本项目收支变化的对比情况。

2. 汇率变动对国内经济的影响

（1）对国内物价水平的影响

汇率变动会影响到物价水平的升降。以本币贬值为例，从出口的角度看，本币贬值将有利于扩大出口，增加外汇收入，从而带动本币供给增加，造成物价上涨。同时由于对国内出口商品的需求增加，生产力在短期内还来不及调整，也会加剧国内供求矛盾，造成物价上涨，并由此引发通货膨胀。从进口的角度看，本币贬值会使进口商品的本币价格上升，那么以进口商品为原材料的产品生产成本也会上升，最终推动产品价格上涨。同时，这种原材料的国内替代品的价格也会上涨，进而带动国内同类商品价格的上涨。因此，本币贬值会推动国内物价水平上涨，本币升值会推动国内物价水平下降。

（2）对国民收入和就业的影响

汇率变动带来本国货币的升值或贬值，以一国货币贬值为例，本币贬值将刺激出口，抑制进口，使社会闲置资源向出口商品的生产部门和企业转移，而减少的进口需求也会转移到国内进口替代品的生产部门和企业。生产规模的扩大能够创造更多的就业机会，带动国民收入增加。因此，本币贬值会增加国民收入，推动就业水平的提高；本币升值会减少国民收入，抑制就业水平的提高。

3. 汇率变动对国际经济关系的影响

（1）对国际贸易的影响

汇率变动会影响国际贸易的平衡和竞争。汇率波动会改变企业的竞争力，尤其在出口方面，打破了国际贸易的平衡。例如一国实行货币贬值以扩大出口、改善贸易逆差，可能会引起对方国家的反制和报复，直接或隐蔽地抵制贬值国商品的进入，甚至爆发贸易战和汇率战。通过货币的竞相贬值来促进贸易的现象在国际上很普遍，也导致了国际经济关系的复杂化。

（2）对国际金融市场的影响

汇率变动给金融领域带来了一系列的挑战，促进了国际金融业务的不断创新。汇率变动给外汇交易的投机创造了一定的空间，加剧了国际金融市场上的投机和动荡。为了规避国际贸易与金融的汇率风险，外汇期货和期权交易、货币互换等衍生金融工具应运而生，国际金融业务的形式与市场机制不断创新。此外，国际化程度的加深也会带来一系列的监管和风险管理上的挑战，包括跨境监管和风险管理的协调和合作等。

第二节　国际收支

一、国际收支的概念

国际收支是一国居民在一定时期内与外国居民之间在政治、经济、文化往来中所产生的全部经济交易货币价值的系统记录。国际收支具有以下内涵：

第一，国际收支是一个流量概念。国际收支以统计表的形式呈现，与一定时期对应，可以是一年、一个季度或一个月，称为报告期，是一个流量概念。

第二，国际收支所反映的内容是经济交易。所谓经济交易，是指经济价值从一个经济实体向另一个经济实体的转移，包括：金融资产与商品劳务之间的交换，商品与商品及商品与劳务之间的交换，金融资产之间的交换，无偿、单向的商品劳务转移和无偿、单向的金融资产转移。

第三，国际收支只记载居民与非居民之间的交易。判定居民的标准并不是交易者的国籍，而是以其经济活动中心地点为依据。在国际收支统计中，居民是指一个国家经济领土内具有一定经济利益的经济体。一国驻外使馆人员是母国的居民，而非所在国居民，联合国等国际组织人员不属于任何国家或地区的居民。

二、国际收支平衡表

国际收支平衡表是一国对其一定时期（一年）内的国际经济交易，根据交易的特性和经济分析的需要，分类设置科目和账户，并按复式簿记的原理进行系统记录的报表。

根据国际货币基金组织 2008 年 12 月发布的《国际收支和国际投资头寸手册》（第六版），国际收支平衡表中的全部账户可分为三大项目：经常账户、资本和金融账户以及净误差与遗漏账户。我国国际收支平衡表如表 9–4 所示。

拓展阅读 9–2：2022 年中国国际收支报告

表9-4　中国国际收支平衡表（年度表）

单位:亿元人民币

项　目	2018年	2019年	2020年	2021年	2022年
1.经常账户	1882	7116	16963	22734	27177
1.A货物和服务	6053	9173	24508	29719	38850
1.A.a货物	25359	27180	35055	36254	45140
1.A.b服务	−19306	−18007	−10547	−6535	−6290
1.B初次收入	−4038	−2764	−8116	−8006	−12957
1.C二次收入	−133	706	571	1022	1284
2.资本和金融账户	9901	1800	−6181	−14153	−21164
2.1资本账户	−38	−23	−5	6	−20
2.2金融账户	9939	1823	−6176	−14159	−21143
2.2.1非储备性质的金融账户	10976	461	−4244	−2006	−14294
2.2.1.1直接投资	5987	3457	6666	10665	1707
2.2.1.2证券投资	6966	4003	6495	3266	−18783
2.2.1.3金融衍生工具	−415	−165	−761	661	−358
2.2.1.4其他投资	−1563	−6834	−16645	−16598	3140
2.2.2储备资产	−1037	1362	−1932	−12153	−6850
2.2.2.1货币黄金	0	0	0	0	−249
2.2.2.2特别提款权	2	−34	−25	−2693	127
2.2.2.3在国际货币基金组织的储备头寸	−47	−1	−159	5	−15
2.2.2.4外汇储备	−992	1397	−1748	−9466	−6712
2.2.2.5其他储备资产	0	0	0	0	0
3.净误差与遗漏	−11783	−8916	−10782	−8581	−6013

资料来源：国家外汇管理局官方网站。

（一）经常账户

经常账户又称经常项目，是国际收支平衡表中最主要、最基本的项目。经常项目显示的是居民与非居民之间货物和服务、初次收入、二次收入的流量，是对实际资源在国际的流动行为进行记录的账户。经常账户又细分为货物和服务、初次收入和二次收入三个子账户。

1. 货物和服务

货物和服务是经常账户中最重要的项目。货物记录一国商品的进口和出口。其中借方记录进口总额，贷方记录出口总额，商品进出口的差额称为贸易差额，即有形贸易收支。服务主要记录劳务的输出和输入，即无形贸易收支。服务包括：加工，维护和维修，运输，旅行，建设，保险和养老金服务，金融服务，知识产权使用费、电信、计算机和信息服务，其他商业服务，个人、文化和娱乐服务，以及别处未提及的政府货物和服务。借方记录劳务的输入，即本国利用外国的各种劳务数额。贷方记录劳务的输出，即本国为外国提供的各种劳务数额。

2. 初次收入

该账户记录因生产要素在国际流动而引起的要素报酬收支，包括雇员报酬、投资收益和其他初次收入。雇员报酬是因雇员在生产过程中的劳务投入而获得的酬金回报。贷方记录居民从非居民雇主处获得的薪资、津贴、福利及社保缴款等。借方记录居民雇主向非居民雇员支付的薪资、津贴、福利及社保缴款等。投资收益是因金融资产投资而获得的利润、股息（红利）、再投资收益和利息，但金融资产投资的资本利得或损失不是投资收益，而是金融账户统计范畴。贷方记录居民因拥有对非居民的金融资产权益或债权而获得的利润、股息、再投资收益或利息。借方记录因对非居民投资者有金融负债而向非居民支付的利润、股息、再投资收益和利息。其他初次收入是租金收入以及跨境产品和生产的征税和补贴。贷方记录我国居民从非居民获得的相关收入。借方记录我国居民向非居民进行的相关支付。

3. 二次收入

该账户记录居民与非居民之间的不涉及经济价值回报的实际资源和金融产品的转移，又称无偿转移。该账户主要包括两大类：个人转移和其他二次收入。个人转移包括侨民汇款、年金、赠予等。其他二次收入包括政府间经济援助、军事援助、战争赔款、捐款等。

（二）资本和金融账户

资本和金融账户是对资产所有权在国际流动进行记录的账户，反映了国际资本的流动，细分为资本账户和金融账户两个子账户。

1. 资本账户

资本账户记录居民与非居民之间的资本转移，以及居民与非居民之间非生产非金融资产的取得和处置。

资本转移包括三项所有权转移：固定资产所有权的资产转移；同固定资产收买或放弃相联系或以其为条件的资产转移；债权人不索取任何回报而取消的债务。非生产、非金融资产的收买或放弃是指各种无形资产如专利、版权、商标、经销权以及租赁和其他可转让合同的交易。贷方记录居民获得非居民提供的资本转移，以及处置非生产非金融资产获得的收入，借方记录居民向非居民提供的资本转移，以及取得非生产非金融资产支出的金额。

2. 金融账户

金融账户记录发生在居民与非居民之间、涉及金融资产与负债的各类交易。当期对外金融资产净增加记录为负值，净减少记录为正值；当期对外负债净增加记录为正值，净减少记录为负值。金融账户分为非储备性质的金融账户和储备性质的金融账户。非储备性质的金融账户反映的是居民和非居民之间投资与借贷的增减变化。按投资类型或功能可以细分为直接投资、证券投资、金融衍生工具和其他投资。储备性质的金融账户即储备资产，也称国际储备。这是一国货币当局直接掌握的、可随时动用的金融资产，包括：货币黄金、特别提款权、在国际货币基金组织的储备头寸、外汇储备以及其他储备资产。

（三）净误差与遗漏账户

净误差与遗漏账户是由于统计技术和其他一些原因使表上借贷双方总额无法平衡而人为设置的，以轧平借贷差额的一个账户。这一账户主要反映国际收支平衡表记载过程中出现的误差，通过分析误差与遗漏净额的大小和趋势，有助于找出有关数据信息中出现的问题。

如果经常账户、资本账户、金融账户的贷方出现余额，就在净误差与遗漏账户下的借方记入与贷方余额相等的数额；如果上述账户的借方出现余额，则在净误差与遗漏账户下的贷方记入与借方余额相等的数额。虽然净误差与遗漏账户可以达到使账面平衡的目的，但它是人为地平衡，对于数额大、持续时间长的差额，会妨碍对国际收支统计值的分析或解释，可信度不高。

三、国家收支的失衡与调节

（一）国际收支的平衡标准

一国国际收支平衡表的平衡并不意味着该国国际收支的平衡。实际上，一国国际收支常常出现失衡状况。收入大于支出，出现盈余，称为顺差；收入小于支出，出现亏损，称为逆差。国际收支平衡表上各个项目可以区分为两种不同性质的交易：自主性交易和调节性交易。判断一国国际收支是否平衡，主要是看其自主性交易是否平衡。

1. 自主性交易

自主性交易是指经济主体或居民出于某种经济目的而自发或自动进行的交易，包括商品劳务交易、收益转移、无偿转让以及各种形式的对外直接投资、证券投资等。自主性交易具有事前性、自发性和分散性的特点，主要对应国际收支平衡表中的经常项目、资本项目和金融项目（不包含储备资产）。

2. 调节性交易

调节性交易是指中央银行或货币当局出于调节国际收支差额、维护国际收支平衡、维持货币汇率稳定的目的而进行的交易，包括国际资金融通、国际储备变动等。调节性交易具有事后性、集中性和被动性等特点，主要对应国际收支平衡表中的净误差与遗漏项目及储备资产项目。

表9-5　我国国际收支差额主要构成（2015-2022年）

单位：亿美元

项　目	2015年	2016年	2017年	2018年	2019年	2020年	2021年	2022年
经常账户差额	2930	1913	1887	241	1029	2488	3529	4019
与GDP之比	2.6%	1.7%	1.5%	0.2%	0.7%	1.7%	2.0%	2.2%
非储备性质的金融账户差额	−4345	−4161	1095	1727	73	−611	−303	−2110
与GDP之比	−3.9%	−3.7%	0.9%	1.2%	0.1%	−0.4%	−0.2%	−1.2%

资料来源：国家外汇管理局《2022年中国国际收支报告》。

如果一国国际收支不必依靠调节性交易而通过自主性交易就能实现基本平衡，称为国际收支平衡；反之，如果自主性交易收支出现差额，必须通过调节性交易来维持收支平衡，则称为国际收支失衡。国际收支失衡差额一般指自主性交易形成的差额。现实中的国际收支是动态的、不断变化的，所以我们应具有动态平衡的观念，能结合国际收支在较长时期内发展变化的趋势来判断国际收支的状况。

（二）国际收支失衡的原因

微课 9-2：国际收支失衡的原因及调节

造成国际收支失衡的原因有经济因素，也有非经济因素；有来自内部的因素，也有来自外部的因素。具体包括以下几个方面：

1. 周期性失衡

周期性失衡是指因经济周期变化而引起的国际收支失衡。一国经济处于繁荣、衰退、萧条、复苏的周期性波动之中，国际收支也会受到影响。当一国经济处于衰退萧条期，社会总需求下降，进口需求减少，会引起经常项目盈余增加，出现顺差。此时投资前景黯淡，资本流出增加，会引起资本和金融项目盈余减少，出现逆差；反之，一国经济处于复苏繁荣期，社会总需求上升，进口需求增加，会引起经常项目盈余减少，出现逆差。此时投资前景看好，资本流入增加，则会引起资本和金融项目盈余增加，出现顺差。可见，经济周期对经常项目、资本和金融项目起到的作用是相反的，对国际收支的影响取决于两者的净效应。

2. 结构性失衡

结构性失衡是指由于国民经济、产业结构不能适应国际需求结构的变化而引起的国际收支失衡。各国由于地理环境、资源分布、技术水平等经济条件的不同，形成了各自独特的经济布局和产业结构。如果国际需求结构发生了变化，而一国不能相应地及时调整其产业结构和出口商品结构，则会导致国际贸易和国际收支的失衡。结构性失衡一般具有长期性，这种性质的失衡被称为持久性失衡。

3. 货币性失衡

货币性失衡是指由于一国货币价值变动引起的国际收支失衡。货币性失衡主要是由通货膨胀或通货紧缩引起的。如果一国发生通货膨胀，物价上涨，出口商品成本提高，使产品竞争力削弱，导致出口减少而进口增加，会出现国际收支逆差；反之，一国发生通货紧缩，物价下跌，出口商品成本降低，使产品竞争力增强，导致出口增强而进口减少，则会出现国际收支顺差。

4. 收入性失衡

收入性失衡是指由于国民收入的变化所引起的国际收支失衡。一般情况下，国民收入增加时，社会总需求随之扩大，对进口商品的需求增加，服务购买、捐赠、旅游及投资等方面的对外支出也会相应增加，从而导致国际收支逆差；反之，国民收入减少时，会导致国际收支顺差。

5. 临时性失衡

临时性失衡是指由于偶然的因素造成的国际收支失衡。一国政局的动荡、宏观经济政策、自然灾害和战争等因素都会引起国际收支的变化。通常这种非确定性或偶发的因素引起的国际收支失衡一般时间不长，被称为临时性失衡。

（三）国际收支失衡的调节

短期内适度的国际收支失衡是一国经济发展中的常态，但持续的巨额国际收支失衡则会对国内经济的稳定和发展产生不利影响。国际收支持续逆差可能导致外汇短缺、国际储备流失、国内经济发展受阻、对外负债增加、损害国际声誉等消极影响。而国际收支持续顺差的积极影响占据主导，但也会导致本币升值，出口受到抑制，容易引起贸易摩擦等。因此，各国普遍会针对国际收支失衡的原因采取相应的措施进行调节，一般包括以下政策措施：

1. 外汇缓冲政策

外汇缓冲政策主要通过运用官方储备或临时对外借款等措施来消除国际收支的短期性失衡。当一国国际收支失衡时，通过中央银行在外汇市场上进行买卖操作进行干预。虽然外汇缓冲政策简便易行，但它不适用于应对持久性巨额的国际收支逆差。因为一国的官方储备毕竟是有限的，长期实行可能会导致外汇储备枯竭，而向国外借款来填补外汇储备的不足又会增加外债，因此，一国政府通常会综合运用各种调节措施来解决持久性的巨额国际收支失衡。

2. 财政政策

财政政策主要通过增减财政开支和调整税率高低来调节国际收支。当国际收支出现逆差时，应采取紧缩性的财政政策，即减少财政支出或提高税率，通过抑制公共支出和私人支出，减少投资和需求，扩大出口，抑制进口，改善国际收支逆差；反之，当国际收支出现顺差时，应采取扩张性的财政政策，即扩大政府支出或降低税率，通过增加公共支出和私人支出，增加投资和需求，抑制出口，增加进口，改善国际收支顺差。

3. 货币政策

货币政策是最普遍、频繁采用的间接调节国际收支的政策措施。货币政策主要通过调节再贴现率、存款准备金率以及公开市场业务等操作来进行国际收支调节。当国际收支出现逆差时，政府采取紧缩性货币政策，通过提高再贴现率和法定存款准备金率或在公开市场卖出有价证券减少货币供应量，提高利率水平，减少投资和需求，扩大出口，抑制进口，达到消除国际收支逆差的目的；反之，当国际收支出现顺差时，则采取扩张性货币政策来改善国际收支顺差。

4. 汇率政策

汇率政策是一国政府通过变动汇率来调节国际收支失衡。当一国国际收支出现逆差时，政府实行货币贬值政策。本币贬值可以提高本国出口商品的竞争力，同时抑制进口，从而改善国际收支逆差；反之，当一国国际收支出现顺差时，则可以通过货币升值政策，减少和消除国际收支顺差。

5. 直接管制政策

直接管制是指政府通过行政管制的方式，对国际经济交易进行直接干预来调节国际收支失衡。直接管制包括外汇管制和贸易政策。外汇管制是指国家通过颁布外汇管理法令、法规和条例，对外汇买卖、国际结算、资本流动和外汇汇率等直接加以管制，控制外汇供给或需求，维持本国货币汇率的稳定，以调节国际收支。贸易管制是指国家通过关税、进出口配额、许可证制度等壁垒，对商品进出口实行管制，旨在增加外汇收入，限制外汇支出，改善国际收支。直接管制通常能起到迅速改善国际收支的效果，适用于由结构性因素引起的国际收支失衡。但是，直接管制并不能真正解决国际收支平衡问题，一旦取消管制，失衡仍会重新出现。

6. 国际经济合作政策

国际经济是相互关联的，各国为平衡国际收支而单方面采取的行动可能会损害他国的利益，招致对方报复性的反制措施。因此，有必要通过加强国际经济合作来共同解决国收支失衡问题。国际经济合作的具体措施包括：推行区域经济一体化，强化区域内各种经济政策的协调；加强国际货币基金组织等国际金融机构的职能和作用，帮助各成员国消除国际收支不平衡；加强世界贸易组织的职能与作用，加强各国外贸政策的协调，提倡贸易自由化，消除贸易壁垒；加强各国金融信贷方面的合作。

第三节　国际储备

一、国际储备的概念

国际储备也称官方储备，是一国货币当局持有的备用于弥补国际收支逆差、维持本币汇率稳定和对外应急支付的各种形式的资产。

微课 9-3：
国际储备的概念
及构成

二、国际储备的构成

国际货币基金组织（IMF）会员国的国际储备一般由以下四部分构成：黄金储备、外汇储备、在国际货币基金组织的储备头寸和分配给成员国的尚未动用的特别提款权。

（一）黄金储备

黄金储备是指一国货币当局所持有的货币性黄金。除货币当局外，其他经济实体所拥有的黄金一般视为非货币黄金。在国际金本位制度下，黄金是最重要的国际储备资产，执行着世界货币的职能，是国际支付和结算的最后手段。布雷顿森林体系确立了以美元为中心的国际货币制度，黄金虽然在各国的储备资产中所占比例不断下降，但本质上仍属于金汇兑本位制。自 20 世纪 70 年代中期布雷顿森林体系解体后，美元与黄金脱钩，国际货币基金组织实行黄金非货币化政策，进一步削弱黄金的地位。但黄金具有贵金属的稀缺属性，以及自身超主权的信用担保功能，仍被各国视为“最安全的储备资产”。

世界黄金协会 2023 年的“央行黄金储备调查”显示，各经济体央行继续对黄金抱持积极态度。24% 的受访央行打算在未来 12 个月内增加黄金储备。各经济体央行对美元未来地位的态度与之前的调查相比更为悲观。相较之下，各经济体央行对黄金未来的作用则变得更加乐观，其中有 62% 的受访央行表示黄金在总储备中的占比将在未来上升，而去年这一数字只有 42%。

表9–6　全球官方黄金储备（2023年6月）

名次	国家	持有量 /吨	占外汇储备百分比 /%
1	美国	8133.5	68.9%
2	德国	3352.6	68.2%
3	国际货币基金组织	2814.0	–

续表

名次	国家	持有量 /吨	占外汇储备百分比 /%
4	意大利	2451.8	65.2%
5	法国	2436.8	66.9%
6	俄罗斯	2329.6	25.1%
7	中国大陆	2092.3	3.9%
8	瑞士	1040.0	7.3%
9	日本	846.0	4.3%
10	印度	796.5	8.5%
11	荷兰	612.5	57.7%
12	欧洲央行	506.5	33.6%
13	土耳其	428.4	32.7%
14	中国台湾	423.6	4.6%
15	葡萄牙	382.6	69.6%

资料来源：世界黄金协会官方网站。

（二）外汇储备

外汇储备是一国货币当局持有的可兑换货币和用它们表示的支付手段和流动性资产，其主要形式为国外银行的存款和外国政府债券。

外汇储备由各种能充当储备货币的资产构成。一国货币能够成为国际储备货币，必须具备以下两个条件：一是其货币在国际货币体系中占有重要地位，能自由兑换成其他货币或偿付国际债务，并为各国所普遍接受。二是其内在价值相对比较稳定，人们对其购买力稳定性具有信心。在第一次世界大战之前，英镑是最主要的国际储备货币。20 世纪 30 年代，随着美国经济的崛起，英镑和美元共享储备货币的地位。第二次世界大战后到 20 世纪 70 年代初，布雷顿森林体系下的美元是各国外汇储备中最主要的储备货币。布雷顿森林体系崩溃后，在国际经济、政治多元化的背景下，随着欧元的诞生和人民币的崛起，多样化的储备货币格局逐步形成。目前，美元在国际储备货币体系中仍处于中心货币地位。根据国际货币基金组织发布的“官方外汇储备货币构成”数据，截至 2023 年第一季度末，美元占比为 59.02%，位居全球第 1；人民币占比为 2.58%，上升至全球第 5 位。

（三）在国际货币基金组织的储备头寸

储备头寸是指国际货币基金组织的会员国按其规定可无条件动用提取的在国际货币基金组织的普通资金账户中的一部分资金份额。在国际货币基金组织的储备头寸也被称为普通提款权，普通提款权在国际货币基金组织会员国国际储备资产中所占比重较小，主要包括三部分：

1. 向国际货币基金组织认缴份额中 25% 的黄金或可兑换货币部分。这部分以前用黄金缴纳，现在必须用可兑换货币缴纳。按照国际货币基金组织的规定，会员国可自由提用这部分资金，无须特殊批准，因此，它可以作为会员国的国际储备资产。

2. 国际货币基金组织为满足会员国借款需要而使用的本国货币。按照国际货币基金组织的规定，该会员国向国际货币基金组织缴纳份额的 75% 以本币缴纳，记入国际货币基金组织账户。国际货币基金组织向其他会员国提供某种货币的贷款，会产生该货币发行国对国际货币基金组织的债权。该会员国可无条件地提取并用于支付国际收支逆差。

3. 国际货币基金组织向该国借款的净额，也构成为该会员国对国际货币基金组织的债权。本国货币中被国际货币基金组织使用的部分可以作为本国的国际储备的一部分。

（四）特别提款权

特别提款权（special drawing rights，SDRs）是相对于普通提款权而言的，是国际货币基金组织为弥补会员国国际储备的不足，于 1969 年 9 月正式创造的一种储备资产形式。国际货币基金组织根据会员国所缴纳的份额进行分配，可以用于归还国际货币基金组织贷款和会员国政府之间偿付国际收支逆差的一种账面资产。由于它是会员国原有的普通提款权以外的提款权利，故称特别提款权。

特别提款权是布雷顿森林体系下美元危机和国际货币制度改革的产物。设立特别提款权的初衷在于稳定美元在国际货币体系中的地位，并防止美国黄金储备的过度流失。在特别提款权创立时，其价值量是以黄金来确定的，1 个单位的特别提款权的含金量与当时 1 个单位的美元的含金量等同（当时 1 个单位美元的含金量是 0.88867 克纯金），即 1 个单位的特别提款权等于 1 个单位的美元，但特别提款权不能兑换黄金，因此也被为"纸黄金"。实行浮动汇率制后，国际货币基金组织决定自 1974 年 1 月 1 日起，特别提款权定值与黄金脱钩，改用一揽子 16 种货币作为定值标准，但由于操作困难，1980 年 9 月 18 日起改为以美元、德国马克、日元、法国法郎和英镑定值。这 5 种货币在特别提款权中的比重每 5 年进行一次调整。1999 年 1 月 1 日欧元诞生后，国际货币基金组织对特别提款权的定值币种和比重做出了相应的调整。

视频链接 9–2：我国与国际货币基金组织

2016 年 10 月 1 日，国际货币基金组织宣布人民币加入 SDR 货币篮子正式生效，SDR 货币篮子的币种和权重进行了相应调整，正式扩大至美元、欧元、人民币、日元、英镑等 5 种货币。2022 年，国际货币基金组织决定维持现有 SDR 篮子货币构成不变，即仍由美元、欧元、人民币、日元和英镑构成，权重分别为：43.38%、29.31%、12.28%、7.59% 和 7.44%，新的 SDR 货币篮子于 2022 年 8 月 1 日正式生效。

表9-7 中国官方储备资产

单位：亿美元

项目	2023.01	2023.02	2023.03	2023.04	2023.05	2023.06
外汇储备	31844.62	31331.53	31838.72	32047.66	31765.08	31929.98
基金组织储备头寸	109.82	108.22	109.15	109.32	107.73	97.01
特别提款权	519.71	516.22	524.69	525.42	519.72	521.14
黄金	1252.83	1202.83	1316.53	1323.53	1321.52	1299.34
其他储备资产	−2.04	0.32	0.92	1.88	4.18	1.05
合计	33724.94	33159.12	33790.02	34007.80	33718.23	33848.53

资料来源：国家外汇管理局官方网站。

三、国际储备的作用

（一）弥补收支逆差，平衡国际收支

一国对外经济交往不可避免地会发生国际收支逆差，国际储备是弥补这种国际收支逆差的有力保证。如果国际收支困难是暂时性的，则可通过直接动用储备资产加以调节，而不必采取宏观经济政策影响内部经济均衡。如果国际收支为长期性或根本性的逆差，一国必须要采取调整政策或汇率政策时，国际储备则可以在调整力度、时间和范围等几个方面起到“缓冲器”的作用，避免因调节措施过于猛烈而可能带来的社会震荡。

（二）干预外汇市场，调节本币汇率

当本国货币汇率在外汇市场上发生波动时，国际储备可用于干预外汇市场，通过影响外汇供求，将汇率维持在一国政府所希望的水平上。通过出售外汇储备购入本币，可使本币汇率上升；反之，购入外汇储备抛出本币，可增加市场上本币的供应，从而使本国货币汇率下跌。外汇市场干预只能对汇率产生短期的影响。但是，由于汇率的波动在很多情况下是由短期因素引起的，故外汇市场干预仍能对稳定汇率乃至稳定整个宏观金融和经济秩序起到积极作用。

（三）增强本币信誉，提升信用保证

一国持有国际储备的多少表明了其平衡国际收支、维持汇率稳定的实力，充足的国际储备是本币币值稳定的信心保证。国际储备也是反映一国对外金融实力和评判一国偿债能力和资信的重要标志。国际储备多，就意

味着国际清偿力高，则该国向外借款的保证得到加强。一国拥有充足的国际储备可以提高国家信用的级别，有利于本国通过各种渠道对外融资和顺利偿还外债。

四、国际储备管理

（一）国际储备管理的含义

国际储备管理是指一国政府或货币当局根据一定时期内本国的国际收支状况和宏观经济发展的需要，对国际储备的规模、结构和储备资产的使用进行调整、控制，从而实现储备资产的规模适度化、结构最优化和使用高效化的整个过程。

国际储备管理分为两个方面：一是国际储备规模的管理，以求得适度的储备水平；二是国际储备结构的管理，使储备资产的结构得以优化。

（二）国际储备的规模管理

国际储备规模也称国际储备水平，是指一国在某一时点上持有的国际储备与某些经济指标的对比关系。国际储备的规模管理是指对国际储备规模的确定和调整，以保持足够、适量的国际储备水平。国际储备规模取决于以下影响因素：

1. 持有国际储备的机会成本

一国持有国际储备的机会成本可以用国外经济资源在本国的投资收益率来表示。由于持有国外银行的存款和购买外国政府的债券能获得一定的利息收益，因此，一国持有国际储备的净成本就等于本国投资的边际投资收益率与国际储备资产在国外的利息收益率之差。两者之间差额越大，表明持有国际储备的机会成本越高；反之，两者之间差额越小，则表明持有国际储备的机会成本越低。因此，则国际储备的需求与国际储备的机会成本呈负相关关系。

2. 对外贸易状况

贸易收支往往是决定国际收支的最重要因素，而国际储备的基本作用也是弥补国际收支逆差，因此，对外贸易状况是决定一国国际储备需求量的重要因素。人们常用进出口额来代表对外贸易规模，进出口规模越大，表明对外贸易在该国国民经济中的地位越高，对外贸易的依存度也就越高，需要的国际储备越多；反之，则需要的国际储备越少。出口商品缺乏竞争力的国家，需要的国际储备较多；反之，则需要的国际储备较少。

3. 汇率制度的选择

汇率制度是影响国际国储备规模的因素之一。当一国实行的是固定汇率制度，那么汇率的波动就必须依靠动用国际储备来平抑，则该国的储备规模要求高些。如果实行的是浮动汇率制度，其所需要的国际储备规模就可以相对较低。目前，管理式浮动汇率制是当今世界汇率制度的主流，加上现实经济中汇率的频繁波动，所以各国对市场的干预时时存在。总的来说，汇率制度越是灵活，干预程度越低，汇率的变动越是自由，货币当局对国际储备的需求也就越少。

4. 外汇管制程度

当一国发生国际收支逆差时，一国政府通过法令对国际结算和外汇买卖进行限制，借助外汇管制手段能够实现国际收支平衡。因此，一国经济开放度低，外泄管制严格，一切外汇收支都按计划或须经批准，则需要的国际储备就少；反之，一国外泄管制越松，则需要的国际储备就越多。

5. 货币的国际地位

如果一国货币是可以作为国际储备资产的自由兑换货币，那么该国的国际收支逆差可以用输出本国货币的方法进行弥补，对国际储备的需求就少；反之，则需要的国际储备就多。此外，一国货币的国际地位较高，则本国货币输出规模可以大一些，对国际储备的需求就少一些；反之，则需要的国际储备就越多。

6. 借债能力

如果一国具有较高的资信等级，具有较强的借用国外资金的能力，其国际储备规模就可以小一些；反之，则需要较大规模的国际储备。国际储备也是反映一国对外金融实力和评判一国偿债能力和资信的重要标志。

（二）国际储备的结构管理

国际储备结构管理是指一国如何合理地分布其储备资产，不仅包括对黄金储备、外汇储备、普通提款权和特别提款权四种形式储备资产的持有量比例的调整，还包括对外汇储备的币种结构以及外汇储备资产形式的选择与调整。国际储备结构管理包括币种结构管理和流动性结构管理。

1. 币种结构管理

由于外汇储备在各国的国际储备资产中占的比重最大，所以国际储备结构管理的重点实际上就落在外汇储备结构管理上，且主要包括对外汇储备资产的币种选择及其比例确定两方面的内容。其管理的核心就是要研究不同储备货币国家汇率、利率、通货膨胀及经济发展等的现状及将来可能的变化和趋势，并在此基础上，恰当地调整和搭配储备资产货币种类的构成，尽可能地增加收益，减少风险。为使储备货币结构合理化，在币种选择时应注意以下几点：一是原则上择“硬”，弃“软”，即在选择储备货币种类时，应尽可能地增加升值趋势的硬货币的储备量，减少有下跌趋势的软货币的储备量。二是币种选择与对外支付需求相符合。三是满足干预外汇市场的需求。四是在充分考虑到安全性和流动性的前提下，可以适当增加收益性较高的货币。

2. 流动性结构管理

国际储备资产流动性结构管理的核心任务是要确定在一种储备货币中如何安排各类资产形式，诸如存款、短期国债和中长期国债的各自比重。如果说币种管理强调的是储备资产的安全性和流动性，那么流动性结构管理则更强调流动性和收益性的关系。

一般来说，由于存在利率的期限结构，期限越长的资产风险越大，相应的收益率也越高，但是变现能力也越差，流动性与收益性成反向关系。通常，按照流动性的高低可将储备资产划分为三级：一级储备资产流动性最强，但收益率较低，如活期存款、短期存款、短期政府债券；二级储备资产流动性次之，收益率高于一级储备，如中期政府债券；三级储备资产流动性最差，但收益率相对较高，如长期公债券。普通提款权和特别提款权基于自身特点可分别视为一级储备和二级储备。至于黄金储备，由于其在稳定国民经济、抑制通货膨胀、提高国际资信等方面有着特殊作用，故可视为三级储备。

第四节　国际货币体系

一、国际货币体系的概念

国际货币体系又称国际货币制度，是各国为适应国际贸易和国际支付的需要，对货币在国际范围内发挥世界货币职能所制定的有关规定和制度安排的总称。

二、国际货币体系的内容

微课 9–4：国际货币体系概述

（一）汇率制度安排

汇率制度的安排是国际货币制度的核心。汇率制度安排包括如何决定和维持一国货币与其他货币之间的汇率，在对外支付方面是否加以全部或部分限制，一国货币能否自由兑换成支付货币，或者完全不加限制以及该国采取固定汇率制度、浮动汇率制度或者钉住某一货币的钉住汇率制度等。为了维护共同的利益，各国需要就货币汇率问题协商一致、达成共识，形成一种各国共同遵守的、在国际金融中占主导地位的汇率体系。

（二）国际储备资产的确定

为满足国际支付和调节国际收支的需要，国际货币体系首先必须明确用什么资产作为储备货币，必要时用于干预外汇市场，稳定本币汇率。第一次世界大战前，黄金是资本主义国家的主要国际储备资产。一战结束后，外汇储备开始发挥作用，此时黄金和外汇储备在国际储备资产中起同等重要的作用。第二次世界大战后，在布雷顿森林货币体系时期，美元和黄金是主要的国际储备资产。当前，黄金、外汇、在 IMF 的储备头寸和特别提款权共同构成一国的国际储备资产。

（三）国际收支调节机制的确定

各国国际收支的平衡发展是国际货币体系正常运转的基础。当前全球经济一体化背景下，各国需要根据国际协定，通过国际金融组织、外国政府贷款，或通过各国政府协调政策，干预市场达到国际收支平衡。国际收支调节机制包括国际收支的调节方式，以及执行国际货币制度而必须建立的调节和约束机构，如国际货币基金组织、世界银行等国际金融机构。

三、国际货币体系的演变历程

国际货币体系的形成有两种方式：一种是各国自发形成的金本位制体系；另一种是通过国际间协调人为建立的布雷顿森林体系和牙买加体系。

（一）金本位制体系

1. 金本位制体系的发展历程

1816 年，英国颁布《金本位制度法案》，实行以黄金作为本位货币的金本位制。到 19 世纪后期，金本位制已被西方各国普遍采用。金本位制先后出现过金币本位制、金块本位制和金汇兑本位制三种形式。金本位制解决了当时社会经济发展和商品流通的货币障碍问题，是各国自发形成的结果，并不是相互磋商和协议的产物。金本位制一直持续到 1929—1933 年的世界经济大危机时才宣告解体。金本位制崩溃的主要原因在于，黄金产量不能满足日益扩大的商品流通需要，加上黄金存储量在各国的分配不平衡，削弱了流通的基础。随着第一次世界大战和世界经济大危机的爆发，各国相继废除了黄金的自由输出和银行券兑现，最终导致金本位制的崩溃。

2. 金本位制体系的主要内容

（1）实行固定汇率制

金本位制实行严格的固定汇率制，货币之间的兑换率是通过单位货币所含的黄金量计算出来的，这种兑换率称为铸币平价。外汇市场的实际汇率会围绕铸币平价上下波动。由于金本位制下黄金可以自由输入输出，因此汇率的波动幅度始终维持在黄金输送点之间。铸币平价加减国家间运送黄金的费用，即为黄金输送点，从而形成汇率波动的上下界限。如果市场汇率波动超过黄金输送点，那么在偿还国际性债务时，使用黄金直接支付会比借助汇率兑换外汇更加便宜，使得外汇需求减少，从而促使汇率回到黄金输送点附近，保持了汇率的稳定性。

（2）黄金执行国际支付手段和国际储备货币的职能

各国的储备货币都是黄金，黄金执行国际支付的最终清偿手段，发挥国际储备货币的职能。银行券可以自由兑换成黄金，黄金可以自由铸造和输入输出，各国一般不对黄金的流出和流入进行任何限制。

（3）国际收支具有自动调节机制

由于黄金可以自由输入输出，当一国国际收支不平衡时，就会引起该国黄金的流动。黄金的流动带动该国银行准备金发生变动，进而引起国内货币数量的变化，国内物价也随之波动，而物价的变动又会反作用于国际贸易，调节国际收支的不平衡。因此，金本位制下的国际收支可以自发进行调节。

（4）金本位制体系是一个松散、无组织的体系

金本位制体系下，并没有一个常设的固定机构来规范和协调各国的行为，各国自发选择实行金本位制，遵守金本位制的原则和惯例，因而构成了一个松散、无组织的体系。

（二）布雷顿森林体系

1. 布雷顿森林体系的发展历程

第二次世界大战改变了世界政治和经济格局，美国一跃成为世界上经济实力最强的国家。1945 年美国国民生产总值占全部资本主义国家的 60%，其黄金储备占整个资本主义国家黄金储备的 3/4。1944 年 7 月，美国在新罕布什尔州的布雷顿森林主持召开了由 44 个国家参加的一次国际货币会议，通过了《国际货币基金组织协定》和《国际复兴开发银行协定》，总称《布雷顿森林协定》。这个协定建立了以美元为中心的国际货币体系，即布雷顿森林体系。

布雷顿森林体系在促进国际贸易、稳定汇率和发展国际经济方面发挥了巨大作用，但自身存在的弊端也逐渐显现。1971 年 7 月，第七次美元危机爆发，尼克松政府于当年 8 月 15 日宣布实行“新经济政策”，停止履行外国政府或中央银行可用美元向美国兑换黄金的义务。1971 年 12 月，以《史密森协定》为标志，美元对黄金贬值，美联储拒绝向国外中央银行出售黄金。至此，美元与黄金挂钩的体制名存实亡。1973 年 3 月 16 日，欧洲共同市场九国在巴黎举行会议并达成协议，分别对美元实行“联合浮动”或浮动汇率。至此，美元停止兑换黄金和固定汇率制的垮台，标志着布雷顿森林体系的瓦解。

知识链接 9-1

特里芬难题

特里芬难题又称特里芬悖论，由美国经济学家罗伯特·特里芬于1960年在其《黄金与美元危机——自由兑换的未来》一书中提出。特里芬认为，布雷顿森林体系存在着其自身无法克服的内在矛盾：由于实行双挂钩制度，美元与黄金挂钩，而其他国家的货币与美元挂钩，确立了美元的国际货币中心地位。但现实中各国为了发展国际贸易，必须用美元作为结算与储备货币，这样就会导致流出美国的货币在海外不断沉淀，对美国来说就会发生长期贸易逆差；而美元作为国际货币核心的前提是必须保持美元币值的稳定与坚挺，又要求美国必须保持长期的贸易顺差。这两个要求互相矛盾构成了一个悖论，因此被学界称为“特里芬难题”或“特里芬悖论”。正是这一原因，导致了布雷顿森林体系的不稳定性和瓦解的必然性。

2. 布雷顿森林体系的主要内容

（1）建立一个永久性的国际货币基金组织

国际货币基金组织是第二次世界大战后国际货币制度的核心，它具有对成员国进行监督、与会员国就国际货币领域的有关事项进行磋商、对国际收支逆差国融通资金等职能，在一定程度上维护着国际金融领域的秩序。

（2）确立美元的中心地位，实行美元和黄金本位制

实行所谓的双挂钩制度，即美元与黄金直接挂钩，各国随时可用美元向美国按官价兑换黄金；其他国家的货币与美元挂钩，规定与美元的比价，从而间接与黄金挂钩，进而决定各成员国货币之间的平价关系。储备货币和国际清偿力的主要来源是美元，美元既是美国本国货币，又是国际关键货币。因此，布雷顿森林体系是以美元和黄金为基础的国际金汇兑本位制。

（3）实行可调整的固定汇率制度

国际货币基金组织规定，各成员国货币与美元的汇率如果发生波动，范围不得超过平价的正负1%。当超过这个范围时，除美国外，各成员国中央银行有义务维持本国货币同美元汇率的稳定。只有在国际收支出现根本性不平衡时，经国际货币基金组织批准才允许进行汇率调整。汇率平价的任何变动都要经过基金组织批准，这就是战后所实行的可调整的钉住汇率制。

（4）国际货币基金组织有责任向国际收支逆差国提供援助

国际货币基金组织有责任向国际收支逆差国提供短期资金融通，以协

助其解决国际收支困难。成员国在需要贷款时，可用本国货币向国际货币基金组织按规定程序购买一定数额的外汇，在规定期限内，再用以黄金或外汇购回本币的方式偿还借用的外汇资金。

（三）牙买加体系

1. 牙买加体系的发展历程

布雷顿森林体系崩溃后，美元国际地位不断下降，国际储备呈现出多元化特征，许多国家实行浮动汇率，全球性国际收支失衡现象日益严重，国际货币金融领域动荡混乱，西方发达国家之间以及达国家与发展中国家之间的矛盾空前激化。各国都在探寻国际货币制度改革的新方案。1976 年 1 月 8 日，国际货币基金组织在牙买加首都金斯敦召开会议，会议就国际货币制度的相关问题达成了协议，即《牙买加协议》。1978 年 4 月 1 日，经过修改的国际货币基金协定正式生效。牙买加体系是继布雷顿森林体系之后在全球协调基础上建立起来的国际货币制度，自 1976 年建立以来运行至今。

2. 牙买加体系的主要内容

（1）汇率制度多样化

各国可以自由选择浮动汇率制或固定汇率制，但在汇率政策方面要接受国际货币基金组织的指导和监督，以防止各国采取损人利己的货币贬值政策。国际货币基金组织对会员国的汇率进行监督，使汇率水平能够反映各国长期经济状况，不允许会员国操纵汇率来阻止国际收支进行有效的调节或获取不公平的竞争利益。国际货币基金组织还有权要求会员国解释它们的汇率政策，实行适当的国内经济政策，来维持汇率体系的稳定。

（2）黄金非货币化

黄金非货币化即黄金与货币彻底脱钩，废除黄金条款，取消黄金官价，各会员国中央银行可按市价自由进行黄金交易，取消会员国相互之间以及会员国与国际货币基金组织之间须用黄金清算债权债务的义务。国际货币基金组织所持有的黄金应逐步加以处理，其中 1/6 按市价出售，以其超过官价部分作为援助发展中国家的资金。另外 1/6 按官价由原缴纳的会员国买回，其余部分根据总投票权的 85% 作出的决定处理，向市场出售或由各会员国购回。

（3）提高特别提款权的国际储备地位

各会员国之间可以自由进行特别提款权交易，而不必征得国际货币基金组织的同意。国际货币基金组织与会员国之间的交易以特别提款权代替黄金，国际货币基金组织一般账户中所持有的资产一律以特别提款权表示。会员国可用它来履行对国际货币基金组织的义务和接受国际货币基金组织的贷款，各会员国相互之间也可用它来进行借贷。

（4）扩大对发展中国家的资金融通

用出售黄金所得收益设立“信托基金”，以优惠条件向最贫穷的发展中国家提供贷款或援助，以解决其国际收支问题。同时，国际货币基金组织扩大信用贷款部分的总额，由占会员国份额的 100% 增加到 145%，提高国际货币基金组织“出口波动补偿贷款”在份额中的比重，由占份额的 50% 提高到 75%。

（5）增加会员国缴纳的基金份额

各会员国对国际货币基金组织所缴纳的基本份额由原来的 292 亿特别提款权，增加到 390 亿特别提款权，增加了 33.6%，各会员国的份额比例也有所调整。

牙买加体系对推动全球经济发展起到了一定的积极作用，但自身同样存在缺陷。由于该体系并没有严格的规范和约束，更多地是强调全球协调，而国际储备货币多元化的增长不均衡，且缺乏统一的货币标准，国际收支调节机制仍不健全，国际收支危机的隐患犹存。浮动汇率制下的汇率频繁波动加剧了世界性通货膨胀，影响了对外贸易和资本流动，不利于发展中国家的经济发展和稳定。

思考与练习

一、单项选择题

1. 以下不属于外汇基本特征的是（　　）。

A. 国际性　　B. 自由兑换性　　C. 可偿付性　　D. 流动性

2. 远期汇率比即期汇率高，高出的差额称为（　　）。

A. 升水　　B. 贴水　　C. 平价　　D. 汇差

3. 我国和世界上绝大多数国家和地区采用的汇价标价方法是（　　）。

A. 美元标价法　　B. 间接标价法　　C. 直接标价法　　D. 英镑标价法

4. 一国居民在一定时期内与外国居民之间全部经济交易的系统记录是（　　）。

A. 资本收支　　B. 国际收支　　C. 贸易收支　　D. 外汇储备

5.（　　）是国际收支平衡表中最主要、最基本的项目。

A. 经常账户　　B. 资本和金融账户

C. 净误差与遗漏账户　　D. 非储备性质的金融账户

二、多项选择题

1. 外汇的具体形式包括（　　）。

A. 外币现钞　　B. 外币支付凭证　　C. 外币有价证券

D. 特别提款权　　E. 其他外汇资产

2. 外汇汇率的标价法有（　　）。

A. 直接标价法　　B. 间接标价法　　C. 英镑标价法

D. 黄金标价法　　E. 美元标价法

3. 影响汇率波动的主要因素有(　　)。

A. 国际收支状况　　B. 经济增长状况　　C. 通货膨胀

D. 利率政策　　E. 中央银行的干预

4. 国际收支失衡的原因(　　)。

A. 周期性失衡　　B. 结构性失衡　　C. 货币性失衡

D. 收入性失衡　　E. 临时性失衡

5. 国际储备的构成包括(　　)。

A. 黄金储备　　B. 外汇储备　　C. 外债

D. 在国际货币基金组织的储备头寸　　E. 特别提款权

6. 国际货币体系的演变历程中出现过以下货币体系(　　)。

A. 金本位制体系　　B. 布雷顿森林体系　　C. 纸币货币体系

D. 牙买加体系　　E. 白银货币体系

三、判断题

1. 欧元不属于自由兑换货币。(　　)

2. 直接标价法是以一定单位的本国货币为标准，计算应收多少单位外国货币的方法。(　　)

3. 经济增长状况是影响汇率波动的根本性因素。(　　)

4. 特别提款权是1969年9月正式创造的一种储备资产形式。(　　)

5. 2016年10月1日，人民币正式加入SDR货币篮子。(　　)

6. 汇率波动对贸易收支的影响存在时滞效应 。(　　)

7. 判断一国国际收支是否平衡，主要是看其调节性交易是否平衡。(　　)

8. 美元在国际储备货币体系中仍处于中心货币的地位。(　　)

9. 充足的外汇储备有利于增强本币信誉，提升信用保证。(　　)

10. 布雷顿森林体系正式提出黄金的非货币化。(　　)

四、简答题

1. 简述影响汇率波动的主要因素。

2. 简述汇率变动对经济的影响。

3. 简述国际收支失衡的原因。

4. 国际储备管理的具体内容。

五、实训题

实训项目：人民币汇率问题研讨

1. 实训目标

汇率是市场预期最敏感、波动最大的宏观变量之一。项目采取案例分析的方式开展人民币汇率问题研讨，加深对汇率波动影响因素的理解，分析解读中央银行和国家外汇管理局实施外汇市场干预的手段措施，培养分析问题的国际视野。

2. 实训任务

（1）精选几则有关人民币汇率的财经新闻作为典型案例，组织学生分组研讨，重点围绕我国央行如何成功应对多轮外部冲击，维持人民币汇率稳定，外汇市场运行稳健。分析政策使用相机抉择的时机和汇率工具箱的应用，结合当前我国的宏观经济形势，分析人民币汇率的政策趋势。

（2）学生分组协作，完成小组任务。

（3）学生在课堂进行小组任务展示，分享实训项目成果。

3. 实训成果

以人民币汇率问题研讨为主题，形成一份 3000 字左右的实训报告。

思考与练习参考答案（第九章）

第十章　金融风险与金融监管

学习目标

知识目标

1. 理解金融风险的含义、种类及其经济影响；
2. 理解金融监管的含义、目标及基本原则；
3. 了解金融监管的方法和内容；
4. 掌握金融监管体制的含义与类型；
5. 了解各国的金融监管体系。

能力目标

1. 能结合案例分析金融风险的影响；
2. 能结合案例解读金融监管方法的具体运用；
3. 会比较分析各国金融监管体制的特点；
4. 能追踪并把握我国金融监管体制的改革发展趋势。

素养目标

1. 关注我国金融业的发展现状，建立风险管理意识；
2. 关注我国金融监管体制改革进程，坚定文化自信和制度自信。

知识图谱

金融风险与金融监管
金融风险
Z1.金融风险的含义及类型
Z2.金融风险对经济的影响
J1.能结合案例分析金融风险的影响
金融监管
Z1.金融监管的含义、目标及原则
Z2.金融监管的方法和内容
J1.能结合案例解读金融监管方法的具体运用
金融监管体制
Z1.金融监管体制的含义与类型
Z2.各国的金融监管体制的特点
J1.会比较分析各国金融监管体制的特点
我国金融监管体制的发展历程
Z1.我国金融监管体制的发展轨迹
J1.能追踪并把握我国金融监管体制的改革发展趋势
R1.我国金融监管体制改革调研报告
S1.关注我国金融业的发展现状，建立风险管理意识
S2.关注我国金融监管体制改革进程，坚定文化自信和制度自信
知识点
技能点
思政点
学习成果

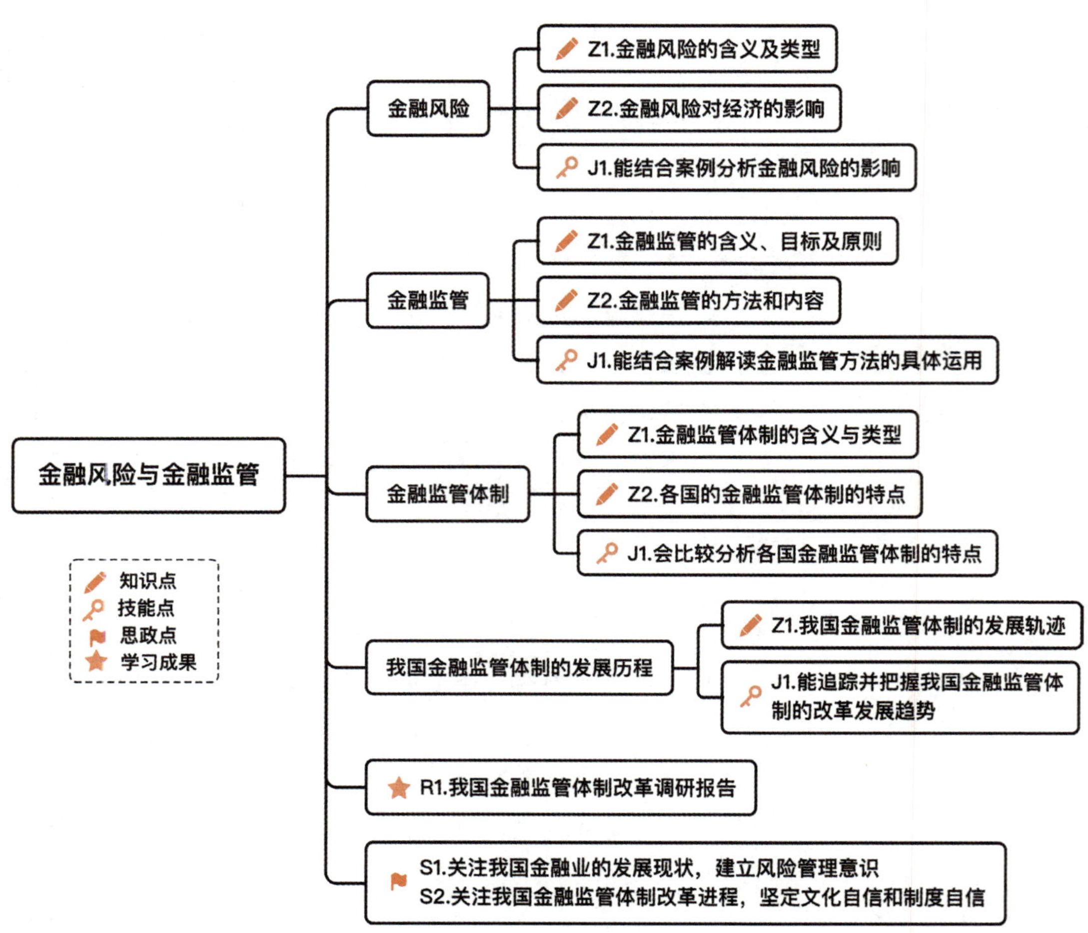

强化风险防控，严守金融安全底线

2023年上半年，大西洋两岸的银行业发生剧烈动荡。在美国规模体量巨大的硅谷银行、签名银行和第一共和银行接连倒闭。在欧洲有着167年历史的瑞士信贷陷入危机并最终被收购。银行接连倒闭事件反映了全球金融体系的哪些风险？金融业又能从中学到什么？

防范化解风险是金融业永恒的主题。党的二十大报告明确要求，强化金融稳定保障体系，依法将各类金融活动全部纳入监管，守住不发生系统性风险底线。要从国家安全的高度去认识和把握金融风险，坚持底线思维、极限思维，增强忧患意识，把促进实体经济健康发展作为防范化解金融风险的出发点和归宿点，不断完善全面风险管理体系，不断提高抗风险能力和可持续发展能力。

什么是金融风险？金融风险会造成什么影响？如何对金融行业进行有效监管并化解风险？通过本章学习，我们将认识金融风险及其影响，了解金融监管的含义、目标及基本原则，理解金融监管的方法和内容，理解金融监管体制类型，熟悉各国金融监管体制的特点。

第一节　金融风险

一、金融风险的含义与种类

（一）金融风险的含义

所谓风险是指发生损失的不确定性。不确定性是风险的基本特征，具有以下特征：风险是否发生不确定，风险何时发生不确定，以及风险发生的程度及损失大小不确定。

微课10–1：金融风险的含义与种类

广义的金融风险是指在货币经营和信用经营活动中，各种导致金融机构或投资者的实际收益与预期收益相背离的不确定性及其资产蒙受损失的可能性。

（二）金融风险的种类

1. 信用风险

信用风险又称违约风险，是指由于信用活动中存在不确定性而使本金和收益遭受损失的可能性。它是金融机构面临的主要风险，交易的一方因各种原因，不愿或无力履行合同条件而构成违约，致使交易对方遭受损失的可能性。例如，贷款企业因经营亏损，导致到期不能偿还银行贷款，就属于信用风险。

2. 市场风险

市场风险是指因市场因素如利率、汇率、股价的不利变动，而使投资者蒙受经济损失的可能性。市场风险包括利率风险、汇率风险、证券价格风险等。

3. 操作风险

视频链接 10–1：巴林银行倒闭案

操作风险是指金融机构由于不完善或有问题的内部程序、员工和信息科技系统，以及外部因素所造成财务损失或声誉影响、客户和员工的操作事件而导致损失的可能性。具体的操作事件包括：内部欺诈，外部欺诈，就业制度和工作场所安全性，客户、产品和业务活动，实物资产损坏，业务中断和信息技术系统瘫痪，执行、交割和流程管理七种类型。巴林银行的倒闭就充分说明了操作风险管理及控制的重要性。

4. 通货膨胀风险

通货膨胀造成货币购买力下降，由于债权人收到的本金和利息是贬值后的货币，所以债权人将面临损失的风险。由于通货膨胀率难以预计，因而投资者无法知道其投资收益率是否会高于通货膨胀率，故而面临着损失的可能性。

案例 10–1

不良贷款——影响银行业高质量发展的关键原因

防范化解风险是银行业实现高质量发展的前提，也是银行业永恒的主题。影响银行业高质量发展的因素众多，从国内外发生的银行风险事件来看，主要与信用风险、市场风险、操作风险等密切相关，其中巨额不良贷款是影响银行业高质量发展的关键原因。

过去几年，银行业按照党中央提出的“统筹兼顾、稳定大局、精准拆弹、分类施策”的基本方针，减存量、控增量、防变量、提质量，金融风险从快速发散转为逐步收敛，一些高风险金融机构和重点领域风险得到稳妥处置，不良资产率呈现下降趋势，但不良资产绝对额仍在增长。

数据显示，2022 年末我国银行业金融机构不良贷款率 1.71%，去年全年累计处置不良资产 3.1 万亿元。2012 年以来累计处置不良资产 16 万亿元，其中 2018—2022 年处置不良资产超过 13.25 万亿元。（资料来源：国家金融监督管理总局官方网站）

思考与讨论：

产生不良贷款的原因有很多，形成的不良贷款状况也不尽相同。请结合当前银行业存在的金融风险，分析造成不良贷款的主要原因。

5. 流动性风险

流动性风险是指金融机构因流动性的不确定性变化而遭受损失的可能性。流动性就是变现能力，是指持有的金融资产能随时得以偿付，能以合理的价格在市场上出售，或者能以比较方便合理的利率借入资金的能力。保持流动性对金融机构特别是商业银行来说至关重要。

6. 国别风险

国别风险是指由于某一国家或地区经济、政治、社会变化及事件，导致该国家或地区借款人或债务人没有能力或者拒绝偿付银行业金融机构债务，或使银行业金融机构在该国家或地区的商业存在遭受损失，或使银行业金融机构遭受其他损失的风险。国别风险可能由一国或地区经济状况恶化、政治和社会动荡、资产被国有化或被征用、政府拒付对外债务、外汇管制或货币贬值等情况引发。

此外，金融风险还包括法律风险、合规风险、声誉风险和系统风险等。

二、金融风险对经济的影响

（一）金融风险对微观经济的影响

1. 给参与主体带来直接或潜在的经济损失

金融市场的波动可能会给参与主体造成直接的经济损失，如投资者参与证券市场投资，可能因股票、债券等价格下跌而蒙受损失。有些损失是潜在的，如银行深陷信贷危机，坏账呆账增加，严重影响其正常的经营活动。一旦存款人对其失去信心，就会形成挤兑风潮，则其他信用良好的银行也可能会受到牵连而陷入危机中，给金融系统带来潜在的损失。

2. 影响投资者的预期收益

一般而言，投资者大多属于风险厌恶者，即投资风险越高，投资者要求对其自身承担风险的收益补偿也会越多。因此，金融风险越高，则风险溢价也相应越高，此时投资者会根据金融风险调整预期收益。

3. 增加企业经营管理成本

金融机构建立专业的风险控制部门会增加其经营管理成本。为规避风险，资金融通过程中的交易成本会提高，如银行会加大信贷审核标准，或提升贷款利率，增加贷款企业的财务成本等。金融风险的不确定性会加大经济主体收集信息的工作量和难度。此外，金融风险还可能会影响资金配置效率，降低资金利用率等。

（二）金融风险对宏观经济的影响

1. 导致社会整体投资水平下降

金融风险将引起实际收益率、产出率、消费和投资的下降。金融风险越大，下降幅度越大。一国整体投资水平的下降将最终影响经济增长率。

2. 造成产业结构不合理

由于金融风险的存在，经济资源会流向安全性较高的部门，从而导致边际生产力下降。因此，资源错配可能会造成关键部门发展较慢，形成经济结构中的“瓶颈”。

3. 影响一国的国际收支

金融风险直接影响国际贸易和国际投资活动。金融风险增大，汇率出现波动，会直接影响商品的进出口。利率波动会导致利率风险增大，投资环境的恶化也将影响国际资本的流入和流出，影响一国的国际收支。

此外，严重的金融风险会引起金融市场秩序混乱，甚至使社会陷入动荡，此外，对宏观经济政策的制定和实施也会对金融市场产生重大影响。

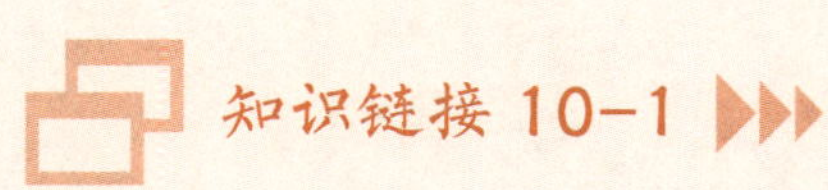

金融危机

金融风险具有隐蔽性、不确定性和传染性等特点，当金融风险积聚到一定程度时以突发性、破坏性的方式表现出来便形成了金融危机。金融危机是金融风险的极端表现，使金融活动中的可能损失转化为现实损失。国际货币基金组织在《世界经济展望：金融危机案例分析与指标预示》中将金融危机大致分为以下四种类型：

一、货币危机。当某种货币的汇率受到投机性袭击时，该货币出现持续性贬值，或迫使当局扩大外汇储备，大幅度地提高利率。

二、银行业危机。银行不能如期偿付债务，或迫使政府出面，提供大规模援助，以避免违约现象的发生，一家银行的危机发展到一定程度，可能波及其他银行，从而引起整个银行系统的危机。

三、外债危机。一国内的支付系统严重混乱，不能按期偿付所欠外债，不管是主权债还是私人债等。

四、系统性金融危机，又称“全面金融危机”，是指主要的金融领域都出现严重混乱，如货币危机、银行业危机、外债危机的同时或相继发生。

第二节　金融监管

一、金融监管的含义

金融监管是政府通过特定机构对金融交易行为主体进行的某种限制或规定。金融监管本质上是一种具有特定内涵和特征的政府规制行为。

金融监管可以分成金融监督与金融管理。金融监督指金融监管机构对金融机构实施的全面性、经常性的检查和督促，并以此促进金融机构依法稳健地经营和发展。金融管理指金融监管机构依法对金融机构及其经营活动实施的领导、组织、协调和控制等一系列的活动。

微课 10-2：金融监管的含义、目标和原则

广义的金融监管除金融监管机构实施的监督管理之外，还包括金融机构的内部控制和稽核、同业自律性组织的监管、社会中介组织的监管等内容。

二、金融监管的目标

金融监管目标是指对金融业实施监管所要达到的目的，是实现金融有效监管的前提和金融监管机构采取监管行动的依据。

现阶段我国金融监管的一般目标是：防范和化解金融风险，维护金融体系的稳定与安全，保护公平竞争和金融效率的提高，保证中国金融业的稳健运行和货币政策的有效实施。具体目标为：一是经营的安全性，是指保护存款人和其他债权人的合法权，规范金融机构的行为，提高信贷资产质量；二是竞争的公平性，是指通过中央银行的监管，创造一个平等合作、有序竞争的金融环境，保证金融机构之间的适度竞争；三是政策的一致性，是指通过监管使金融机构的经营行为与中央银行的货币政策目标保持一致。

拓展阅读 10-1：加强和完善现代金融监管

三、金融监管的原则

金融监管的原则是指金融监管机构进行金融监管活动应当遵循的价值追求和最低行为准则。

（一）监管主体独立性原则

监管主体的独立性是金融监管机构实施有效金融监管的基本前提。监管主体的独立性是指金融监管机构及其从事监管工作的人员依法履行监督管理职责，受法律保护，各级政府部门、社会团体和个人不得干涉。在一个有效的金融监管体系下，参与金融监管的各个机构要有明确的责任和目标，并享有操作上的自主权和充分的资源。

（二）依法监管原则

金融监管机构依法监管是确保金融体系正常运行的保证。依法监管包含三层含义：一是国家必须以法律的形式确定金融监管机构的法定地位和职责等；二是金融监管机构必须依据有关法律、法规和规定实施金融监管，即金融监管必须有明确的法律授权，通过立法赋予监管机构必要的监管权利，并为其提供有效行使这些权利的法律保证，体现公正性、权威性和强制性；三是金融机构应合法经营，依法接受监管机构的监督，确保监管的有效性。

（三）监管与自律并重原则

监管与自律并重是指金融机构内部的自我约束、自我管理要与社会外部的监管相结合。要实现监管有效性和高效性，既不能完全依靠外部监管，也不能完全寄希望于金融机构的自律，需两者并重，紧密配合，实施金融监管。

（四）安全稳健与经营效率结合原则

保证金融业的安全稳健运行与可持续发展是金融监管的基本目标。金融监管法规应着眼于维护金融市场的稳定，促进金融业降低成本，提高效率，为社会公众提供高质量的金融服务。因此，金融监管并非消极被动地防范风险，而是要积极地把防范风险同提高金融业的经营效率协调起来。

（五）适度竞争原则

竞争是市场经济的基本规律。金融监管的重心应放在保护、维持、培育和创造一个公平、高效、适度和有序的竞争环境上，既要避免造成金融高度垄断排斥竞争，从而丧失效率与活力，又要防止出现过度竞争和破坏性竞争，波及金融业的安全和稳定。

（六）本国监管与国际监管相结合的原则

随着金融市场的一体化，跨国资本流动频繁，本国金融与国际金融相互渗透，跨行业、跨国界的金融合作增加了金融监管的难度。各国的金融监管机构往往从自身国家利益出发来制定相应的金融监管政策，彼此间的监管协调难免存在一定的制度障碍。唯有构建金融监管的国际合作机制，遵循本国监管与国际监管相结合的原则，才有可能对跨国金融活动实施有效监管。

四、金融监管的方法与内容

（一）金融监管的方法

1. 现场稽核与非现场稽核

现场稽核是指金融监管机构安排人员到被稽核的金融机构就地检查监督。非现场稽核是指按照稽核检查的操作程序，由金融监管机构对被稽核金融机构提供的报表、数据和相关材料，在人员不到场的情况下，按照一定程序和标准进行稽核分析监督。

2. 定期检查与随机抽查

定期检查是指按照事先确定的日期进行稽核检查，被稽核的金融机构预先可知。随机抽查是根据情况随时进行稽核检查，不预先通知被稽核金融机构。

3. 全面监管与重点监管

全面监管是指对金融机构从申请设立、日常经营到市场退出的所有活动都进行全方位的监管。重点监管是指在全面监管的基础上，抓住关键问题或重要环节进行特别监管。

4. 外部监管与内部自律

外部监管既包括官方监管，也包括审计、律师事务所和信用评级机构等开展的社会性督。内部自律主要包括金融机构内部的自我控制机制和行业公会的同业互律等。

拓展阅读 10–2：资管新规出台，监管再升级

（二）金融监管的内容

按监管业务领域的不同，金融监管主要包括银行业监管、证券业监管和保险业监管等。

1. 银行业监管

商业银行在银行业体系中居于主体地位，商业银行监管是银行业金融监管的核心内容。商业银行监管包括市场准入监管、业务运作监管和市场退出监管等。

拓展阅读 10–3：商业银行资本管理办法（征求意见稿）

（1）市场准入监管。银行监管机构根据法律、法规的规定，对商业银行及其分支机构进入市场进行管制。主要包括审批商业银行设立，审批注册资本，审批高级管理人员的任职资格，审批业务范围，审批金融机构内部组织结构，以及制度建设和业务发展规划。

（2）业务活动监管。对商业银行业务活动的监管包括：资本充足率监管，流动性监管，资产质量监管，外汇风险监管等。如依据《巴塞尔协议》和《商业银行资本管理办法（试行）》对资本充足率进行监管，《商业银行金融资产风险分类办法》对资产质量进行监管，《商业银行流动性风

拓展阅读 10–4：商业银行金融资产风险分类办法

拓展阅读 10-5：商业银行负债质量管理办法

拓展阅读 10-6：商业银行表外业务风险管理办法

拓展阅读 10-7 中华人民共和国企业破产法

拓展阅读 10-8：证券公司监督管理条例

拓展阅读 10-9：证券发行与承销管理办法

拓展阅读 10-10：证券公司和证券投资基金管理公司合规管理办法

拓展阅读 10-11：保险公司管理规定

险管理办法（试行）》对流动性进行监管，《商业银行内部控制指引》对银行内部控制进行监管。

（3）市场退出监管。由于银行破产倒闭会影响到整个金融体系的稳定和存款人的正当利益，银行监管机构对银行的市场退出进行严格监管，主要措施包括：协调银行同业对有问题银行进行救助；中央银行进行救助，对有问题银行进行重组，接管有问题银行等。如《中华人民共和国商业银行法》《中华人民共和国企业破产法》等对商业银行的接管、解散、清算、撤销和破产均有所规定。

2. 证券业监管

证券业监管的主要包括发行市场监管、交易市场监管、证券经营机构和从业人员监管、上市公司监管等。公平、公开、公正的“三公”原则是各国证券业监管的核心原则。公平原则要求证券市场上的所有参与者一律平等地拥有相同的机会，不存在任何歧视和特殊待遇。公开原则要求证券市场各种信息向所有参与者公开披露，不得利用内幕信息从事市场活动。公正原则要求证券市场监管者公正无私地进行市场管理和对待所有参与者。

（1）发行市场监管。对发行市场的监管是证券业监管的最基础内容，证券发行上市监管的核心是发行决定权的归属。我国目前已由审核制全面过渡到注册制，证监会通过常态化开展券商投行内控现场检查，督促保荐机构真正发挥“看门人”功能。此外，严格执行信息披露制度和证券发行上市保荐制度，保护公众投资者，使其免受欺诈和不法操纵行为的损害。

（2）交易市场监管。对证券交易市场的监管主要包括：对不正当证券交易行为的监管，重点是反操纵监管和反内幕交易监管。对市场过度投机和稳定市场的监管，重点是价格限制制度、交易停止制度、保证金制度等。

（3）证券经营机构和从业人员监管。证券经营机构监管包括业务范围监管、市场准入监管、经营行为监管等。对证券从业人员的监管包括资格管理制度和证券市场禁入制度。

（4）对上市公司监管。上市公司监管的重点是贯彻执行国家证券法规，规范上市公司以及关联人员在股票交易中的行为，督促其按照法规要求履行信息披露义务。

3. 保险业监管

保险业监管主要包括对市场准入监管和业务活动监管等。

（1）市场准入监管。保险业市场准入监管主要包括保险公司的设立审批、资本金和保证金要求、组织形式要求等。保险公司设立必须向主管部门申请批准，提交提交资本金的证明、章程、人员资格、营业范围等。保险公司申请开业必须具备保证金相关要求。各国普遍要求采用的组织形式是股份公司，此外还有相互保险公司、保险合作社等。

（2）业务活动监管。保险业务监管是保险监管的重要内容，包括业务经营范围的监管、保险条款与费率的监管、偿付能力的监管、承保限额的监管等。

①业务经营范围监管主要规定保险公司除保险业务外是否可经营其他的金融业务等。

拓展阅读 10-12：保险集团公司监督管理办法

②保险条款与费率的监管。在保险监管宽松的国家和地区，国家一般只审核各险种的基本条款，具体条款根据市场的需要，由保险同业工会制并实施。在监管严格的国家和地区，由国家规定各种标准保险单的格式、条款，保险公司制定的费率和保险条款必须经国家主管部门审批。

③偿付能力的监管。偿付能力指保险公司对所承担的风险在发生超出正常年份的损失数额时具有的赔偿或给付能力。当偿付能力低于法定最低限度时，监管部门就会进行干预，或者要求增加资本金，或者限制业务发展，直至停业清算。

拓展阅读 10-13：互联网保险业务监管办法

④承保限额的监管。各国保险监管部门均规定了保险公司每笔非寿险业务的最大承保金额，超过这一金额，保险公司必须办理再保险业务。

第三节 金融监管体制

一、金融监管体制的含义

金融监管体制是金融监管的职责划分和权力分配的方式和组织制度。金融监管体制主要有三种类型：统一监管体制、分业监管体制和不完全集中监管体制。

微课 10-3：金融监管体制的含义与类型

二、金融监管体制的类型

（一）统一监管体制

统一监管体制也称集中监管或混业监管，是指只设立一个统一的金融监管机构对金融机构、金融市场以及金融业务进行全面监管。这种监管体制模式的优点在于能够全面综合地掌握金融市场信息，降低分业监管所产生的摩擦成本，减少监管真空和重叠；缺点在于单一监管机构缺乏必要的制约和补充机制，且容易由于官僚化导致监管效率下降。目前，瑞士、新加坡、韩国等国均实行统一监管体制。

（二）分业监管体制

分业监管体制是指在银行、证券和保险等领域分别设立一个专业的监管机构，负责各行业的审慎监管和业务监管。这种监管体制模式的优点在于监管机构之间有明确的业务分工，监管专业性较强；缺点在于监管机构之间沟通协调的摩擦成本较高，容易产生监管真空或监管重叠，影响金融混业监管效果。目前，中国香港、墨西哥等实行分业监管体制。

（三）不完全集中监管体制

随着金融创新与混业经营不断深化，金融风险更容易跨行业、跨地区和跨产品传染，从而引发系统性风险。不完全集中监管体制是为了适应这种监管需求而形成的监管体制，具体分为“牵头式”监管、“双峰式”监管和“伞式”监管＋功能监管等类型。

1.“牵头式”监管是在分业监管机构之上再设置一个牵头监管机构，负责不同监管机构之间的协调工作。巴西是典型的“牵头式”监管体制。

2.“双峰式”监管是依据金融监管目标设置监管机构。一类机构专门对金融机构和金融市场进行审慎监管，控制金融行业的系统性风险。另一类机构专门对金融业务进行合规性管理和保护消费者利益的管理。澳大利亚和英国是典型的“双峰式”监管体制。

3.“伞式”监管＋功能监管体制是是一种典型的分权型多头监管模式。目前实行这一监管体制的国家主要是美国。对于同时从事银行、证券、互助基金、保险等业务的金融持股公司实行“伞式”监管制度，即从整体上指定美联储为金融持股公司的伞形监管人，负责该公司的综合监管。金融持股公司又按其所经营业务的种类接受不同行业功能监管人的监督。

“双峰”监管

1995 年，英国经济学家迈克尔·泰勒首先提出“双峰”监管理论。他认为，金融监管的目标应当是“双峰”的：第一，以防范风险、维护金融稳定为目标，实施审慎监管；第二，以促进市场行为规范、防止投机行为、保护消费者权益为目标，实施行为监管。目标导向的监管理念和“双峰”监管模式逐步成为金融监管体制的主流。

澳大利亚于 1998 年率先开始实践并运行至今。澳大利亚政府设置审慎监管局和证券与投资委员会，分别负责金融系统稳定和消费者权益，这种金融监管体制使得澳大利亚在全球金融危机中保持了金融系统良好的稳定性。英国在 2012 年金融危机后进行监管体制改革并转向“双峰”监管模式。

三、世界主要国家的金融监管体制

（一）美国的金融监管体制

美国的金融监管体制是一种典型的分权型多头监管模式，这与美国的政治经济体制相适应。“伞式”监管＋功能监管的体制实际上是功能监管与机构监管的混合体，监管机构形成横向和纵向交叉的网状监管格局。

1. 银行业的监管。美国是联邦制国家，美国是实行双轨银行制的典型国家，金融市场准入实行联邦政府许可和州政府许可两级核准制度，在美国，联邦政府、州或美属领地相关机构同时对银行进行监管。联邦政府有四个主要的监管机构：美国联邦储备体系（FED）、美国货币监理署（OCC）、联邦存款保险公司（FDIC）和国家信用合作社管理局（NCUA）。

拓展阅读 10–14：银行业危机凸显美欧监管体系“黑洞”

美国联邦储备体系是美国银行监控体系的伞形监管部分，负责监督和定期检查所有由州、美属属地授权成立的会员银行及在美国营业的银行控股公司，强制收取银行的存款准备金，受理和批准会员银行的兼并收购、开立分支机构和经营信托业务的申请，负责监督和检查他国银行机构在美国的经营。货币监理署是美国最早成立的联邦政府金融监管机构，隶属于财政部，它是国民银行的监管机构，负责授权成立新的国民银行和国民储蓄机构，对所有的国民银行和国民储蓄机构进行监督和定期稽核，受理和批准国民银行和国民储蓄机构的兼并收购、开立分支机构和经营信托业务的申请。

此外，各州、美属地金融机构委员会授权成立新的州立、属地银行，监督和检查所属管辖范围内的州立银行。

2. 证券业的监管

美国的证券市场（包括国债、市政债券、公司债、股票、衍生品市场等）分别由美国财政部、市政债券决策委员会（MSRB）、证券交易委员会（SEC）、全美证券交易商协会（NASD）以及商品期货交易委员会（CFTC）等不同的监管机构负责监管。

3. 保险业的监管

美国实行联邦政府和州政府两级保险监管模式，联邦政府和州政府分工明确、各司其职。联邦政府主要进行宏观经济政策的调控、保险规则的制定、直接行政监管等监管行为。各州的保险监管局则主要对保险公司法人治理、机构组织、偿付能力、资产负债业务等具体保险事宜的监管，旨在从宏观和微观层面稳定保险主体，保障被保险人的权益。此外，各州保险监管局共同设立了美国保险监管官协会（NAIC），作为州保险监管局的辅助监管机构。

（二）英国的金融监管体制

英国在次贷危机前通过金融监管改革，取消了英格兰银行的监管权，成立了新的监管机构金融服务局（Financial Service Authority，FSA），确立混业监管的“三方体系”，即财政部负责确立监管框架与相关立法，英格兰银行负责制定货币政策和维护金融稳定，金融服务局对所有金融机构具有独立统一的监管权。FSA 的主要监管职责包括四方面：维护市场对英国金融体系的信心；促进公众对金融制度的理解，教育投资者正确认识风险；确保金融机构有适当经营能力，保护投资者权益；监督、防范和减少金融犯罪。

2012 年，受次贷危机冲击影响，英国对金融监管体系再次进行改革。《2012 年金融服务法》最重要的举措是撤销 FSA，同时设立审慎监管局（Prudential Regulation Authority，PRA）和金融行为监管局（Financial Conduct Authority，FCA），分别承担 FSA 原有职能，形成了“双峰”监管模式。PRA 负责对存款类机构、保险公司、投资机构以及其他系统重要性的金融机构的稳定性进行微观审慎监管，主要是通过制定监管标准和评估单体风险来确保单个金融机构的倒闭不会影响整个金融体系的安全。FCA 是独立于央行之外的监管机构，负责监督英国金融企业的业务和市场行为，并对小微企业如保险经纪和咨询公司进行审慎监管。FCA 侧重保护金融消费者的利益，旨在为消费者打造诚信、公平和高效的金融市场，并促进英国金融市场的有效竞争。

（三）香港的金融监管体制

香港作为国际金融中心，其金融监管体制属于典型的分业监管模式。香港的监管机构主要包括香港金融监管局（简称金管局）、证券及期货事务监察委员会（简称证监会）和保险业监管局（简称保监局）三大监管机构。

金管局负责监管银行业，主要发挥维持金融体制、银行业稳定、管理外汇基金和货币政策的运作维持港币稳定性等中央银行的功能。证监会主要负责监管证券和期货业，促进和推动证券期货市场的发展，制定以及执行市场法规、向申请进行受证监会规管的活动发牌并监管，规管和监察香港交易及结算所有限公司及其附属机构等。保监局主要负责监管保险业，职能是保障保单持有人的利益，促进保险业的整体稳定，以及监管保险公司和三个保险中介人的自律机构。

香港的金融监管体制具有政府监管与行业自律并重的特点。银行业、证券业和保险业分别成立了行业自律机构香港银行公会、香港交易所和香港保险业联会。政府在金融监管中担当管理者的角色，行业自律机构则重在内部风险的控制和审查。政府监管及行业自律的两级监管模式，使得政府和行业自律机构合理分工，各尽其职，有利于监管当局维持有效监管，同时发挥行业和市场的积极性，保持市场的活力。

（四）新加坡的金融监管体制

新加坡金融管理局（Monetary Authority of Singapore，MAS）成立于1971年，是新加坡行使中央银行职能的政府机构，同时也是负责监控金融机构的主管部门。MAS作为新加坡唯一的金融监管机构，实行统一监管模式。MAS的职能可以划分为四部分：

1. 宏观经济研究与监测。经济政策部门负责监督和预测国内外经济、制定货币政策、宏观审慎监督以及经济研究，密切关注全球各项经济动态，为宏观经济政策的制定提供参考。

2. 执行货币和汇率政策。市场与发展部门负责通过管理汇率、流动性、发行政府有价证券等执行政府制定的货币和汇率政策。该部门负责管理新加坡政府的外汇储备，并通过直接操作或通过外部基金等形式在国际主要债券和货币市场寻求投资回报。

3. 对银行、保险、资本市场进行监管。金融监管部门负责对银行、保险公司、金融公司、资本市场中介等进行从牌照申请核准、日常运营、保护消费者权益等经营领域的全方位规范，同时对反洗钱、偿付能力等重点领域进行密切监管。

4. 自身及新加坡金融基础设施建设。发展部门除负责其自身的系统建设、网络安全、人才培育、风险管理、法律事务外，还肩负发行货币、服务企业等职能。

第四节　我国金融监管体制的发展历程

我国的金融监管体制与金融业的发展同频共振，经历了改革不断深化、特色鲜明的发展历程，表现为“由统向分”，再到“由分向统”的演进脉落。

微课10-4：我国金融监管体制的发展历程

一、统一监管体制的建立和发展（1948—1991年）

1948年12月1日，中国人民银行在河北石家庄成立。直到1984年1月1日之前，我国实行的是大一统的管理模式，即中国人民银行履行全部金融职能，没有监管当局和监管的对象，也没有监管的法律法规。成立初期，中国人民银行的主要任务是发行人民币，没收官僚资本银行，整顿私人银行与钱庄，行使最原始的金融监管职能。

从1952年开始，全国金融体系形成大一统的局面，由中国人民银行

拓展阅读 10-15：中国人民银行的主要职责

和财政部主导全国金融体系。1969 年，中国人民银行也被并入了财政部，对外只保留了中国人民银行的牌子，各级分支机构也都与当地财政局合并，成立财政金融局。1978 年，中国人民银行从财政部独立，既行使银行监管等职能，又办理信贷、储蓄等具体银行业务，具有中央银行和商业银行的双重职能。在监管方式上主要采取计划控制，实行货币信贷的统收统支、统存统贷体制。

十一届三中全会之后，我国的经济体制改革逐步拉开序幕。中国农业银行、中国银行等专业银行先后组建或恢复。中国银行成为国家指定的外汇专业银行，同时设立了国家外汇管理局。之后，又恢复了国内保险业务，重新建立中国人民保险公司，各地相继组建信托投资公司和城市信用合作社，出现了金融机构多元化和金融业务多样化的局面。

1984 年 1 月 1 日起，中国人民银行过去承担的工商信贷和储蓄业务由工商银行专业经营。工商银行和中国人民银行的正式分家，标志着中国人民银行的商业银行职能完全剥离，开始专门行使中央银行的职能。

1986 年 1 月，国务院颁布《中华人民共和国银行管理暂行条例》，从法律上明确人民银行作为中央银行和金融监管当局的职责，一方面行使货币政策调控职责，另一方面也肩负起对整个中国金融业的监管职责，形成中央银行和专业银行的二元银行体制，中国人民银行行使央行职能，集货币政策和所有金融监管于一身，同时履行对金融行业的全面监管。

二、分业监管体制的建立和发展（1992—2016 年）

为了适应我国金融业在广度和深度上迅速发展的要求，分业监管的体制架构逐步形成，并不断加以强化和精细化，以推进和保障金融业的平稳健康发展。

1992 年 10 月，国务院证券委员会和证券监督管理委员会宣告成立，标志着中国证券市场统一监管体制开始形成。证券业的监管职能从中国人民银行分离出去，中国人民银行主要负责对银行、保险、信托业的监管，金融监管体制开始由统一监管走向分业监管。

1998 年 5 月，国务院证券委员会和证券监督管理委员会合并成立中国证券监督管理委员会，统一监管全国证券和期货经营机构。同年 11 月，国务院决定成立中国保险监督管理委员会，专司对中国保险业的监管，中国人民银行仍负责对银行、信托业的监管。2001 年 12 月，中国人民银行出台《贷款风险分类指导原则》，提出五级分类概念。2007 年 7 月，原银监会发布《贷款风险分类指引》，进一步明确五级分类监管要求，奠定了中国银行业风险监管的基础。

2003 年 4 月，《全国人民代表大会常务委员会关于中国银行业监督管理委员会履行原由中国人民银行履行的监督管理职责的决定》，确定中国银行业监督管理委员会履行原由中国人民银行履行的审批、监督管理银行、金融资产管理公司、信托投资公司及其他存款类金融机构等相关职责。至此，金融监管开始实行分工协作、各司其职的分业监管体系，形成“一行三会”的分业监管格局。

2008 年国际金融危机后，为加强对银行业消费者权益保护的监管。2012 年 12 月，原银监会成立银行业消费者权益保护局，并相继出台《银行业消费者权益保护工作指引》等制度。

三、中国特色金融监管体制的不断完善（2017 年至今）

近年来，金融业态、风险形态、传导路径和安全边界发生了巨大变化，监管环境面临日益严峻的形势，金融监管能力亟待提升。为提高金融监管质效，有效防范化解金融风险，牢牢守住不发生系统性风险的底线，在党中央领导下，我国不断优化金融监管体制改革发展的顶层设计，建立并形成了由中央金融委员会和中央金融工作委员会集中统一领导，中国人民银行、国家金融监督管理总局、中国证监会、外汇管理局等部门共同组成的中国特色金融监管体制。

拓展阅读 10-16：国家金融监督管理总局的主要职责

2017 年 7 月，国务院金融稳定发展委员会宣布成立，作为国务院统筹协调金融稳定和改革发展重大问题的议事协调机构。在分业监管的框架下，“一委一行三会”的金融监管格局形成。

拓展阅读 10-17：中国证券监督管理委员会的主要职责

2018 年年 3 月，国务院机构改革方案将中国银行业监督管理委员会和中国保险监督管理委员会的职责整合，组建中国银行保险监督管理委员会，旨在监管协调加强，防范化解风险，形成“一委一行两会”的金融监管格局。

2023 年 3 月，中共中央、国务院印发《党和国家机构改革方案》，进一步推动金融监管体制的改革。具体改革措施包括：

拓展阅读 10-18：国家外汇管理局的主要职责

1. 组建中央金融委员会。加强党中央对金融工作的集中统一领导，负责金融稳定和发展的顶层设计、统筹协调、整体推进、督促落实，研究审议金融领域重大政策、重大问题等，作为党中央决策议事协调机构。不再保留国务院金融稳定发展委员会及其办事机构。

拓展阅读 10-19：我国构建系统性金融风险防控体系的实践探索

2. 组建中央金融工作委员会。统一领导金融系统党的工作，指导金融系统党的政治建设、思想建设、组织建设、作风建设、纪律建设等，作为党中央派出机关，同中央金融委员会办公室合署办公。

3. 组建国家金融监督管理总局。作为国务院直属机构，统一负责除证券业之外的金融业监管，强化机构监管、行为监管、功能监管、穿透式监管、持续监管，统筹负责金融消费者权益保护，加强风险管理和防范处置，依法查处违法违规行为。国家金融监督管理总局在中国银行保险监督管理委员会基础上组建，将中国人民银行对金融控股公司等金融集团的日常监管职责、有关金融消费者保护职责、中国证券监督管理委员会的投资者保护职责划入国家金融监督管理总局。不再保留中国银行保险监督管理委员会。

4. 深化地方金融监管体制改革。建立以中央金融管理部门地方派出机构为主的地方金融监管体制，统筹优化中央金融管理部门地方派出机构设置和力量配备。地方政府设立的金融监管机构专司监管职责，不再加挂金融工作局、金融办公室等牌子。

5. 中国证券监督管理委员会调整为国务院直属机构。中国证券监督管理委员会由国务院直属事业单位调整为国务院直属机构，强化资本市场监管职责，划入国家发展和改革委员会的企业债券发行审核职责，由中国证券监督管理委员会统一负责公司（企业）债券发行审核工作。

6. 统筹推进中国人民银行分支机构改革。撤销中国人民银行大区分行及分行营业管理部、总行直属营业管理部和省会城市中心支行，在 31 个省（自治区、直辖市）设立省级分行，在深圳、大连、宁波、青岛、厦门设立计划单列市分行。中国人民银行北京分行保留中国人民银行营业管理部牌子，中国人民银行上海分行与中国人民银行上海总部合署办公。不再保留中国人民银行县（市）支行，相关职能上收至中国人民银行地（市）中心支行。对边境或外贸结售汇业务量大的地区，可根据工作需要，采取中国人民银行地（市）中心支行派出机构方式履行相关管理服务职能。

7. 完善国有金融资本管理体制。按照国有金融资本出资人相关管理规定，将中央金融管理部门管理的市场经营类机构剥离，相关国有金融资产划入国有金融资本受托管理机构，由其根据国务院授权统一履行出资人职责。

8. 加强金融管理部门工作人员统一规范管理。中国人民银行、国家金融监督管理总局、中国证券监督管理委员会、国家外汇管理局及其分支机构、派出机构均使用行政编制，工作人员纳入国家公务员统一规范管理，执行国家公务员工资待遇标准。

至此，我国的金融监管体制从“一委一行两会”演变为“两委一行一总局一会”的金融监管格局，如表 10–1 所示。本轮改革体现了宏观调控职能与金融监管职能相分离的改革思路。中央银行的宏观调控职能侧重于宏观审慎政策、货币政策、信贷政策、汇率政策及金融改革开放相关政策的制定与执行，进一步完善了符合国情的中央银行体系；组建国家金融监管总局，明确除证券业务外，其他的金融活动均属于金融监管总局监管的范围，实现监管的统一与全覆盖。

表10–1　我国金融监管体制的演变

年份	金融监管体制的演变内容
1948	中国人民银行成立
1992	国务院证券委员会和中国证券监督管理委员会成立，后两者合并
1998	中国保险监督管理委员会成立

续表

年份	金融监管体制的演变内容
2003	中国银行业监督管理委员会成立，形成“一行三会”的金融监管格局
2017	国务院金融稳定发展委员会成立，形成“一委一行三会”的金融监管格局
2018	中国银行业监督管理委员会和中国保险监督管理委员会合并组建中国银行保险监督管理委员会，形成“一委一行两会”的金融监管格局
2023	组建中央金融委员会、中央金融工作委员会、国家金融监督管理总局，不再保留国务院金融稳定发展委员会、中国银行保险监督管理委员会，形成“两委一行一局一会”的金融监管格局

思考与练习

一、单项选择题

1. 由于股票价格的不利变动所带来的风险是(　　)。

A. 信用风险　　B. 流动性风险　　C. 市场风险　　D. 操作风险

2. 由于借款人违约而使本金和收益遭受损失的风险是(　　)。

A. 操作风险　　B. 流动性风险　　C. 市场风险　　D. 信用风险

3. 金融监管机构安排人员到被稽核的金融机构就地检查监督属于(　　)。

A. 现场稽核　　B. 非现场稽核　　C. 定期检查　　D. 随机抽查

4.《巴塞尔协议》实施监管的主要对象是(　　)。

A. 保险公司　　B. 商业银行　　C. 证券公司　　D. 基金公司

5. 以下金融监管机构成立最晚的是(　　)。

A. 中国人民银行　　B. 中国证券监督管理委员会

C. 国家金融监督管理总局　　D. 国家外汇管理总局

二、多项选择题

1. 下列选项属于金融风险的是(　　)。

A. 信用风险　　B. 市场风险　　C. 操作风险

D. 流动性风险　　E. 通货膨胀风险

2. 我国现阶段金融监管的一般目标是(　　)。

A. 防范和化解金融风险

B. 维护金融体系的稳定与安全

C. 保护公平竞争和金融效率的提高

D. 保证中国金融业的稳健运行

E. 货币政策的有效实施

3. 金融监管的原则包括(　　)。

A. 监管主体独立性　　B. 依法监管与适度竞争　　C. 监管与自律并重

D. 安全稳健与经营效率结合　　E. 本国监管与国际监管相结合

4. 国际货币基金组织将金融危机大致分为以下四种类型(　　)。

A. 货币危机　　B. 银行业危机　　C. 外债危机

D. 系统性金融危机　　　　E. 次贷危机

5.“两委一行一总局一会”的金融监管格局主要是指以下机构：(　　)。

A. 中央金融委员会　　　　B. 中央金融工作委员会　　　　C. 中国人民银行

D. 国家金融监督管理总局　　　　E. 中国证券监督管理委员会

三、判断题

1. 金融风险是由于各种不确定性因素带来损失的可能性。(　　)

2. 由不完善或有问题的内部程序、员工等所导致的风险是操作风险。(　　)

3. 中国证券监督管理委员会不属于金融监管机构。(　　)

4. 公平、公开、公正的“三公”原则是各国证券业监管的核心原则。(　　)

5. 统一监管体制的优点在于监管机构之间业务分工明确，专业性较强。(　　)

6. 中国香港实行分业监管体制。(　　)

7. 澳大利亚和英国是典型的“双峰式”监管体制。(　　)

8. 美国实行的是统一金融监管体制。(　　)

9.1984 年 1 月 1 日起，中国人民银行开始专门行使中央银行的职能。(　　)

10. 保持流动性对商业银行来说无关紧要。(　　)

四、简答题

1. 简述金融风险对经济的影响。

2. 简述金融监管的原则。

3. 简述我国金融监管体制的改革发展历程。

五、实训题

实训项目：我国金融监管体制改革调研

1. 实训目标

2023 年 3 月，中共中央、国务院印发《党和国家机构改革方案》，进一步推动金融监管体制的改革。通过探寻我国金融监管体制改革的演进历史，深化对中国特色金融监管体系的全面认识，讨论我国金融监管体制的未来发展方向，增强制度自信和道路自信。

2. 实训任务

（1）查阅相关书籍和人民银行、证监会等网站，搜集金融监管体制改革的相关研究报告，结合我国经济社会转型发展的历史背景，重点围绕当前我国正在深化推动的新一轮金融监管体制改革深入展开研讨，探析改革开放以来我国持续推进金融监管体制改革的内在动力和前进方向。

（2）学生分组协作，完成小组任务。

（3）学生在课堂进行小组任务展示，分享实训项目成果。

3. 实训成果

以我国金融监管体制改革为主题，形成一份 3000 字左右的研究报告。

思考与练习参考答案（第十章）

参考文献

[1] 易纲，吴有昌 . 货币银行学 [M]. 上海：格致出版社，上海人民出版社，2014.

[2] 中国金融思想政治工作研究会 . 中国红色金融史 [M]. 北京：中国财政经济出版社，2021.

[3] 张红力，徐焰 . 红色金融 [M]. 北京：五洲传播出版社，2021.

[4] 曹龙骐 . 金融学 [M]. 6 版 . 北京：高等教育出版社，2019.

[5] 黄达，张杰 . 金融学 [M]. 4 版 . 北京：中国人民大学出版社，2017.

[6] 杜放，朱疆 . 货币银行学 [M]. 北京：清华大学出版社，2015.

[7] 张晓华 . 金融基础 [M]. 2 版 . 北京：机械工业出版社，2020.

[8] 沈立君，梁云，欧捷 . 金融学基础 [M]. 大连：东北财经大学出版社，2020.

[9] 张晓晖，吕鹰飞 . 金融学基础 [M]. 3 版 . 北京：中国财政经济出版社，2021.

[10] 郭福春，吴金旺 . 金融基础 [M]. 3 版 . 北京：中国财政经济出版社，2022.

[11] 弗雷德里克・S. 米什金 . 货币金融学 [M].12 版 . 北京：中国人民大学出版社，2021.

[12] 高鸿业 . 西方经济学 [M]. 8 版 . 北京：中国人民大学出版社，2021.

[13] 孟昊 . 国际金融理论与实务 [M]. 2 版 . 北京 : 人民邮电出版社，2014.

[14] 张孝君 . 金融理论与实务 [M]. 3 版 . 北京：中国人民大学出版社，2018.

[15] 钱晔，崔宏伟 . 金融学基础 [M]. 7 版 . 大连：东北财经大学出版社，2022.

[16] 孙黎 . 金融学基础 [M]. 2 版 . 北京：中国人民大学出版社，2022.

[17] 林贵，陈艳 . 金融市场基础知识 [M]. 北京：经济科学出版社，2022.

[18] 翟建华，李军燕 . 金融学概论 [M]. 6 版 . 大连：东北财经大学出版社，2021.

[19] 马勇 . 金融监管学 [M]. 北京：中国人民大学出版社，2021.

[20] 宋鸿兵 . 货币战争 3：金融高边疆 [M]. 北京：中信出版社，2017.

[21] 江西财经大学九银票据研究院 . 票据史 [M]. 北京：中国金融出版社，2020.

[22] 朱新蓉 . 货币金融学 [M]. 北京：中国金融出版社，2021.